本书为吉林师范大学学术著作出版基金资助项目

大兴安岭南麓地区脱贫经验研究

A Study on
Poverty
Alleviation
Experience
in the Southern
Foothills
of
the Daxing'anling
Mountains

王兰 著

社会科学文献出版社
SOCIAL SCIENCES ACADEMIC PRESS (CHINA)

代　序

2021 年全国两会期间，习近平总书记在参加内蒙古代表团审议时强调，"脱贫摘帽不是终点，而是新生活、新奋斗的起点"。[①] 受资源禀赋、地理区位、历史文化等因素的影响，大兴安岭南麓地区在未来一个时期仍存在相对贫困，其巩固拓展脱贫攻坚成果、缓解相对贫困的任务仍十分艰巨。

此书通过对大兴安岭南麓地区的社会调查，以发展人类学理论为指导，研究探讨了该区域致贫原因及贫困特点，分析了该区域如何发挥地区、民族、文化等优势进行脱贫减贫，研究了全面建成小康社会后该区域如何持续减贫和高质量发展。此研究有利于丰富和发展中国反贫困理论和民族地区持续发展理论，有利于边疆开发、社会和谐和民族团结，以及加强民族传统文化的传承和保护，有利于丰富脱贫的中国经验和中国模式。

世界每个民族都在特定的生存空间内演绎成特定的文化认同，这一文化又改造和影响其生存空间中的各种物理条件和精神框架，以维系该民族的延续。而发展人类学反思传统和现代的关系，强调各民族文化对其生存与发展的影响。作者创造性地从发展人类学的视角分析大兴安岭南麓地区精准扶贫经验，本身就是一个研究方法的创新。该

---

① 习近平在参加内蒙古代表团审议时强调 完整准确全面贯彻新发展理念 铸牢中华民族共同体意识 ［N］. 人民日报，2021-03-06（1）.

研究路径核心在于强调发展的焦点应是人的发展，积极发挥地方性民众知识的积极作用，调动发展主体的积极性，参与"自下而上"与"自上而下"相结合的发展，更好地高质量摆脱贫困。作者通过广泛的田野调查，了解到大兴安岭南麓片区生活着多个民族，如汉族、蒙古族、满族、达斡尔族、朝鲜族、柯尔克孜族等，每个民族致贫的原因也有所不同，除了因病致贫这一最主要的因素之外，还有恶劣的自然环境下的生计方式单一、农业生产基础薄弱、地理区隔下由于交通不便影响市场竞争力，以及主观性的贫困亚文化的影响等。大兴安岭南麓地区的贫困是几种因素综合作用的结果，针对脱贫的复杂性和扶贫工作的艰巨性，应对症下药、因地制宜、精准施策。此书采用"深描"和文献资料等研究方法，具有一定的创新性。

大兴安岭南麓地区脱贫攻坚是一种由政府主导、以农牧民贫困群体为主体统筹发展，努力提升扶贫对象和贫困地区自身发展能力的重要举措，旨在用好外力、激发内力、形成合力，是一种"新内生发展"理论指导下的减贫与发展实践，包含了"认同+赋权+创新+合作"的机制，这也是该区域成功脱贫的重要经验，并对之后的巩固拓展脱贫攻坚成果同乡村振兴有效衔接具有重要价值。认同就是对乡村地域的精神性依附、农民身份的认可、乡土文化的认同，这种文化认同是凝结和聚合乡村发展主体的重要力量；赋权包括确权、赋能，以及在此基础上的有效参与，即村民群体通过个人、组织、社区等不同赋权单元，致力于本地区的政治、经济、文化、社会等多层面权利和资源的获得，更好地落实和发挥村民的主体作用，积极参与到乡村建设中；创新有利于推动乡村产业结构改革、培育新的经济增长点、促进农民就业增收，只有在制度上、政策上、业务上、技术上创新，才能拉动乡村经济增长，建设美丽乡村；合作是要充分整合乡村发展的内外资源，将其转化为内部发展动力才能更好地建设美丽乡村。"新内生发展"理论的运用可以说是一个理论上的创新应用。

在当前形势下，"脱贫攻坚"已经成为"过去式"，相对贫困治理和高质量发展成为中国式现代化的研究重点。此书探索了全面建成小康社会后大兴安岭南麓地区持续减贫与发展的几条路径：一是针对我国城乡二元结构的弊病，要解决相对贫困需要城乡一体、城乡并重的减贫战略；二是完善农村的社会保障，建立"农村社会保障社区化"模式，发展农村社区组织、完善农村社区福利服务，提升农村社会保障水平；三是建立政府、社会、农户三位一体的联动参与的扶贫机制，构建相对贫困治理长效机制的"三力模型"，即减贫干预的回应力、市场经济的益贫力和社会力量的参与力，努力实现多元共治。同时，此书针对大兴安岭南麓地区脱贫摘帽后的脆弱性进行了分析，并强调将内源打造、外力协助和合理识别相结合以巩固拓展脱贫攻坚成果，不仅在宏观制度、机制政策领域给出了一定的建议，而且从中观产业层面和微观村民主体层面给出了持续减贫与发展的实现路径，有着重要的研究价值。

此书也有一些不足之处，例如，由于大兴安岭南麓地区面积广，不同地区因地制宜实行的脱贫政策有所不同，因讨论需要，未能全部纳入此书的写作中，可能会造成不全面的状况；缺乏对片区内各民族进行跨民族的横向对比研究，日后还需进一步研究。

综合此书内容，既有广泛的社会田野调查，又有理论联系实际的宏观机制研究，也有具体可操作的对策分析。采取田野调查和文献资料相结合的方法，此书研究了大兴安岭南麓地区的贫困成因和反贫困经验，论点正确、论据翔实、论证合理，虽然有小小的缺憾，但是瑕不掩瑜，扎实的学风值得肯定，针对"相对贫困"的有关建议也有一定借鉴意义。

何生海

2024 年 1 月于呼和浩特

目 录

绪　论

一　研究背景与研究意义

（一）研究背景

2011 年，中共中央、国务院印发《中国农村扶贫开发纲要（2011—2020 年）》，明确划定了包括大兴安岭南麓集中连片特殊困难地区（简称"大兴安岭南麓地区"）在内的 14 个集中连片特困地区为新时期新阶段我国扶贫攻坚的主战场。2013 年 11 月 3 日，习近平总书记在湖南湘西考察扶贫开发工作时提出要实行"精准扶贫"。[①] 在精准扶贫思想指导下，大兴安岭片区的整体脱贫工作有序开展。该片区存在着众多少数民族，是典型的老、少、边、穷地区，脱贫工作较为艰巨，仅靠政府单方面的努力难以实现全面脱贫和全面建成小康社会的目标。鉴于学术界有关大兴安岭南麓地区的研究比较少且零散的现实，需要思考以下几个问题：首先，大兴安岭南麓地区致贫原因及贫困特点是什么？其次，该地区因地制宜，将内生动力与外源动力相结合，发挥地区、民族、文化等优势进行高质量脱贫的经验有哪些？最后，全面建成小康社会后，如何巩固脱贫成果？

基于这些问题，笔者深入大兴安岭南麓地区进行长期的田野调查，

---

① 霍小光，等. 又乘春风浩荡时——习近平总书记同全国两会代表委员共商国是十年纪实 [N]. 人民日报，2022-03-13（1）.

以发展人类学理论为指导，研究其贫困产生的原因，并对其脱贫政策及政策演变进行分析，探寻该地区的扶贫机制，为巩固拓展脱贫攻坚成果同乡村振兴有效衔接提供实践基础和现实案例。

（二）研究意义

1. 学术价值

本书的研究有利于进一步丰富我国脱贫理论，并为世界其他地区的脱贫工作，特别是民族地区的脱贫工作提供参考。我国的贫困地区多分布在民族地区，因各地文化、自然、社会、历史等不同，其扶贫开发政策的制定必须考虑地方性，考虑当地居民所需，进行精准扶贫，而以往的研究对此关注较少。本研究将通过田野调查法进行调查分析，用发展人类学的知识进行探讨，有利于丰富扶贫理论。

2. 应用价值

积极探讨大兴安岭南麓地区脱贫经验也是促进东北边疆开发和稳定、民族文化保护和传承的现实需要。大兴安岭南麓地区位于我国东北，有 2 个边境市（旗），生活着蒙古族、满族、朝鲜族、达斡尔族、锡伯族、柯尔克孜族、鄂伦春族、鄂温克族、回族等民族。经过多年的扶贫实践证明，必须将政府的自上而下政策和民众的自下而上反馈相结合，将生态保护、文化传承与经济发展相结合才能提高扶贫效率，遏制"返贫"现象。因此，本研究对于促进边疆开发、国防稳固、社会和谐、民族团结，以及加强传统文化的传承和保护具有政治和现实意义。

3. 现实价值

通过对大兴安岭南麓地区精准扶贫经验的总结，能够为巩固拓展脱贫攻坚成果和乡村振兴战略的实施提供借鉴。《中共中央 国务院关于全面推进乡村振兴加快农业农村现代化的意见》[①] 提出了巩固

---

① 中共中央 国务院关于全面推进乡村振兴加快农业农村现代化的意见 ［EB/OL］. http：//www.moa.gov.cn/xw/zwdt/202102/t20210221_6361863.htm，2021-02-21.

拓展脱贫攻坚成果同乡村振兴有效衔接的要求。为了更好地巩固脱贫成果，需要总结脱贫攻坚经验，因此，本研究具有一定的现实价值。

二　相关理论

（一）贫困理论

目前国内外有关贫困的理论和研究较多，学者们从不同学科、不同视角对贫困的含义、贫困的特征、致贫原因、扶贫策略等进行研究，取得了丰硕的成果。另外，也有众多著作和论文对这些理论进行了研究和综述。在此仅就以下两个方面做简单介绍。

1. 贫困识别

究竟何为贫困，如何判定贫困？按照时间的大概顺序对贫困识别进行以下梳理。

20 世纪初，朗特里在其撰写的《贫穷：对城市生活的研究》中运用生物学方法识别贫困和界定绝对贫困。他认为，绝对贫困指的是一个家庭的总收入不足以获得维持身体正常状态所需的基本生活必需品。这些必需品包括食品、住房、衣着和其他必需的项目。[①] 但是针对用生物学方法界定绝对贫困的方式，学术界也产生了疑惑。例如，人们生存所必需的最低食物量到底是多少？是否能够进行不变价的计算呢？即使赞成最低食物需求量，计算这个费用非常复杂。满足贫困人口最低生活费用所需的支出，可能大大超过一个国家的负担能力。20 世纪40 年代流行的方法是测量人们实际摄入的热量并计算平均值，然后把摄入低于这个平均值的看成营养不足，而这种长期营养不足造成的营养不良是绝对贫困的重要组成部分。

20 世纪60~70 年代，彼得·汤森在其《贫穷的意义》一文中，

---

① Rowntree B S. Poverty: A Study of Town Life [M]. Macmillan, 1902.

从社会学视角基于收入不平等的现实提出相对贫困。① 绝对贫困是把贫困当作穷人的个人境况来研究的，而相对贫困理论则把贫困看成这些人的社会处境问题。相对贫困与绝对贫困是反映贫困程度的一组概念，两者相互联系、相互共存。他认为相对贫困指的是在相同环境下与其他社会成员相比较而言的贫困。在世界上，相对贫困线通常以一个国家或地区社会中位收入或平均收入的50%作为衡量标准。

20世纪70~90年代，对贫困问题的研究呈现了多元化状态，经济学、政治学等学者不断参与讨论，这一时期具有代表性的研究成果是权利贫困。20世纪80~90年代，学界更多关注能力贫困，代表人物为阿马蒂亚·森。他在《贫困与饥荒》和《以自由看待发展》两本书中，从能力和权利视角研究贫困内核。② 森认为饥荒不仅源于食物的缺乏，更源于食物分配的不平等；一个合理的制度最基本的是个人选择的自由、公平的收入分配、每个人都能达到最适宜的生活水平；绝对贫困的核心不是"最低需要"而是"最低限度的能力"；仅仅以收入作为衡量贫困的工具是不够的，应该关注能力的指标；能力是发展所追求的目标，能力贫困是指人的能力被剥夺而产生的贫困。扶贫的目标不应仅是提高贫困人口的收入，更重要的是重塑穷人参加社会生产创造收入的能力。森构建的这种分析贫困的权利方法，直指贫困的内核——饥饿是人类关于食物所有权的反映。

21世纪以来，国际上更多关注贫困的动态性。其实，在此之前也有学者关注到贫困不是静止的，而是不断变化的。例如，20世纪初的英国学者朗特里就根据需求与供给的相对状况，把劳动者的一生分成5个阶段，每个阶段贫困状况都不同，他的这一研究成果被称为"贫

---

① Townsend P. The Meaning of Poverty [J]. The British Journal of Sociology, 1962 (13): 210-227.
② 〔印〕阿马蒂亚·森. 以自由看待发展 [M]. 任赜，于真，译，刘民权，刘柳，校，北京：中国人民大学出版社，2013.

困生命周期理论"。① 贫困动态性分析是通过对个体或家庭进行纵向的观察，追踪其进出贫困的运动轨迹，记录贫困的动态演变过程。贫困动态性分析有利于更加全面地认识和解释贫困。

国内外还有诸多有关贫困测量方法的研究，即贫困线的划定标准。例如收入比例测量法、热量测量法、土地测量法、恩格尔系数法、多维测量法等。这些都影响中国贫困线的划定和贫困户的识别。

2. 反贫困理论

用于探讨贫困成因和消除贫困的理论被称为"反贫困理论"，较有代表性的研究如下。

马克思在《1844年经济学哲学手稿》中，从政治经济学的视角重新思考无产阶级贫困的问题，并提出"贫困从现代劳动本身的本质中产生出来"，将工人贫困的原因指向了异化劳动。② "当然，劳动为富人生产了奇迹般的东西，但是为工人生产了赤贫。劳动生产了宫殿，但是给工人生产了棚舍。"③ 虽然马克思没有给贫困明确的定义，但他从不同维度分析了绝对贫困和相对贫困、物质贫困和精神贫困。他还提出消除无产阶级贫困问题的根本途径是推翻资本主义私有财产制。可以说，从时间上看，马克思的贫困理论比朗特里的早；从完整性上看，马克思有关贫困的成因和解决措施形成了严密的逻辑体系；从指导意义上看，马克思主义贫困理论及其中国化的成果，是指导我国开展有关理论研究和制定反贫困政策的重要依据。因此，要对马克思主义反贫困理论予以特别关注。

哥伦比亚大学教授讷克斯在他的《不发达国家的资本形成问题》一书中提出"贫困恶性循环"理论，他认为发展中国家贫困的两个原因，其一低收入导致低储备，形成低资本、低生产投入，再到低收入；

① Rowntree B S. Povery: A Study of Town Life [M]. Macmillan, 1902.
② 马克思恩格斯文集（第1卷）[M]. 北京：人民出版社，2009：124.
③ 马克思恩格斯文集（第1卷）[M]. 北京：人民出版社，2009：158.

其二低收入导致低购买、低资本、低生产、低产出，再到低收入。如果想要摆脱贫困，就必须加大投资力度，提高国民储蓄能力。[①] 但是过分强调储蓄和资本在经济中的作用也存在一定的问题。

刘易斯在 1954 年的论文《劳动力无限供给下的经济发展》中提出二元经济论，并由耶鲁大学的费景汉和拉尼斯加以完善，形成了"刘易斯-拉尼斯-费景汉"模型，此理论认为不发达地区的经济中并存着以制造业为核心的现代部门和农村中以农业为核心的传统部门，从而形成"二元经济"。[②] 传统部门的劳动力数量远远超过其他生产要素，从而导致劳动力的边际生产率趋近于零。发展中国家或地区经济长期难以摆脱贫困的主要原因在于存在大量"零值劳动人口"和"二元经济结构"转型难。

缪尔达尔在 1957 年提出了循环积累因果关系理论，他认为低收入是政治、经济、社会等多种因素综合作用的结果，但最重要的因素是资本缺乏和社会分配不公。[③] 所以要消灭贫困就需要进行权力关系、土地制度、教育制度等的改革，进而实现收入平等，提高贫困人口的消费能力。

舒尔茨在 1960 年著名的《人力资本投资——一个经济的观点》演说中提出了人力资本形成理论。他认为经济发展受到诸多因素影响，其中最重要的是人的因素。贫困国家经济落后的根本原因就在于人力资本的缺乏和对人力资本投资的漠视。[④] 他还认为在现代经济中，人的知识水平、能力和综合素质等人力资本的提高对经济增长的贡献远

---

① 〔美〕讷克斯. 不发达国家的资本形成问题［M］. 谨斋，译，北京：商务印书馆，1966.

② Lewis W A. Economic Development with Unlimited Supplies of Labour［J］. Manchester School，1954（22）：139-191.

③ Myrdal G. Economic Theory and Under-developed Regions［M］. London：Duck-worth，1957.

④ 〔美〕西奥多·W. 舒尔茨. 论人力资本投资［M］. 吴珠华，等译，北京：北京经济学院出版社，1990.

比物质资本和劳动力的增加更为重要。

除了这些知名经济学家的分析外，地理学方面有环境决定论、区域经济增长阶段理论等；人口学方面有马尔萨斯的人口陷阱理论；社会学方面的贫困文化理论、贫困功能理论以及贫困冲突理论等。和理论相伴的是各国在实践中创造的多种扶贫开发模式，如英国的福利补偿模式、区域推动模式、合作开发模式；巴西重视政策设计的社会参与、重视基础性公共服务的供给、重视"收入直接转移支付"的实施；孟加拉乡村银行的小额贷款模式；等等。国外成功的扶贫经验和理论研究为我国治理贫困提供了借鉴，但因国情不同，我国扶贫工作的实践主要是发展乡村的内生力量，通过乡村自身不断努力、探索和创新，完成了脱贫工程。

（二）发展人类学理论

人类学在解决贫困问题中也进行了诸多探讨，并从应用人类学中裂化出发展人类学。1971 年，锡拉丘兹大学人类学系的格林·考奇伦（Glynn Cochran）教授出版了第一部直接以"发展人类学"命名的专著。他认为人类学对发展问题的研究不仅仅是现代化的研究，还应包括更广泛的领域。他特别强调人类学家应该专注于小规模的社区发展项目，并提出自己的观点。他认为除了人类学传统外，同时还要对农学、林学、发展经济学、教育理论、法律和公共管理等知识熟知了解，这都是社会科学研究需要的。[①] 因此，他认为要开展多学科综合研究，而且要使用人类学知识表述民族的意义。"考奇伦认为，发展工作有三个重要的特征，一是有关当地文化的知识，二是在对涵盖发展所有方面的其他领域和趋向进行分析与研究基础上的精妙的知识，即可能付诸操作的是什么，三是怎样实施发展计划的知识。"[②] 著名发展人类学家陈庆德说："发展人类学提出的实践方法，基于对一个社区的文

① 陈庆德.发展理论与发展人类学 [J].思想战线，1998（08）：48-53.
② 陈庆德，等.发展人类学引论 [M].昆明：云南大学出版社，2001：43.

化在历史的和地理的各方面明显关系中深层变化的理解，包括社区半掩饰的态度和隐含的价值。这一方法常常涉及对社区无意识群体的个性或心理体系的认识。"① 因此，发展人类学就是在面对全球民族文化和发展的多样性时，从民族文化的全方位角度出发进行研究。这决定了人类学家对于发展的研究和经济学家不同，不再过多关注经济增长，而是将社会置于关注的焦点，将发展引入社会、政治、文化、环境等领域进行研究，强调社会因素和政治因素的作用。

发展人类学更多地强调民族文化对发展的影响。世界上有众多民族，每个民族都在特定的生存空间内形成特有的文化。该文化又会改造和影响其生存空间中的各种条件维系该民族。发展人类学有利于重新反思传统和现代的关系。传统和现代并不是对立的，而是统一在一个民族的发展中。过去被人们认为传统的东西未必是制约民族发展的根本因素，应看到这是民族文化的重要因子，在现实民族发展中可以选择性地采用，并利用其助力发展。

发展人类学的理论和实践强调整体性，认为一个民族的发展问题是一个涉及民族整体的问题，必须有整体观。不能将发展简单理解为经济增长、技术进步、生活水平的提高和个人与社会财富的增加，而不去考虑文化因素，特别是发展引起的文化变迁、社会转型以及生态环境等所受到的冲击和影响。

发展人类学强调"地方性知识"的重要作用，"发展人类学者以田野工作为核心考察手段，判断、确认和分析不同场景中的文化与发展的关联程度，并在此基础上获取地方性知识和经验，从而提供可资决策者参考和借鉴的依据、信息和建议……通过发挥自身学科专长，来研究和探讨社会及文化因素在项目实施过程中产生的制约性问题以及项目本身给当地民众带来的影响，从而帮助发展中国家和地区解决

---

① 陈庆德，等. 发展人类学引论［M］. 昆明：云南大学出版社，2001：45.

经济建设中遇到的实际问题"。① 在发展项目实施过程中，要"将主导中心从技术专家转向当地社区的普通民众，最大限度地挖掘本体知识（local knowledge）和传统智慧的潜在价值"。② 同时，发展人类学者在项目具体实施过程中，可以因地制宜，对传统的人类学参与观察法进行调整，使其更具变通性和操作性。

发展人类学强调参与式发展。在地区发展过程中一定要注意将自上而下的政策与自下而上的当地人的需求和知识相结合。"参与式基本原则是：建立'伙伴'的关系；社区需要的原则；看重乡土知识、群众的技术与技能和执行者主人翁地位；重视项目的过程，而不仅仅只看重结果。参与式发展思想的核心在于：强调发展的焦点应是人的发展，人并不是一个被动和消极的客体，而是发展过程的主体。"③ 因此，在反贫困过程中，发展人类学发挥了重要作用，充分尊重参与主体，特别是穷人的实际情况和现实需要，以平等和尊重的心态协助他们发展，摆脱贫困。以人类学的眼光看待发展，积极发挥地方性知识的积极作用，因地制宜，调动发展主体的积极性，将自下而上的地方知识与自上而下的政策相结合，如此才能更好地高质量摆脱贫困。

三　我国的扶贫实践与学术研究回顾

（一）我国的扶贫实践

1. 1949~1977 年广义的扶贫阶段

这一时期我国实行的是单一的计划经济体制，国家在农村的扶贫是一种广义的扶贫，主要针对的是集体经济下的五保户等贫困人口。国家建立全国农田水利设施、交通运输等基础生产生活设施，改变农

---

① 潘天舒. 发展人类学十二讲［M］. 上海：上海教育出版社，2019：4.
② 潘天舒. 发展人类学十二讲［M］. 上海：上海教育出版社，2019：16.
③ 叶敬忠，刘金龙，林志斌. 参与·组织·发展：参与式林业的理论、研究与实践［M］. 北京：中国林业出版社，2001：70.

村农业发展的基本条件。同时，覆盖全国的乡镇科技服务网络和农业技术推广服务网络，为农业的发展提供科技支撑。还建有新型农村金融服务机构和以乡村合作医疗、赤脚医生为主的基本医疗卫生体系，并加大乡村教育的投入力度。这对于农村整体经济社会发展都有巨大影响。"这个时期，贫困治理从理论上属于经济发展型贫困治理模式。"①

这一阶段中国其实没有严格意义上的扶贫政策和措施，农村的新型供销社和农村信用社在加强对贫困地区的建设和发展方面取得了一定的成效，但是这个时期典型的城乡二元体制，农村不能形成发展积累效应，而不断增长的人口使中国落入了纳尔逊的"低水平均衡陷阱"中。据统计，1978年人均年收入水平在100元以下的人口为2.5亿人，贫困发生率为30.7%。②

2. 1978~1985年体制改革推动扶贫阶段

这一时期对农村扶贫影响最重要的措施是土地经营制度的变革，即以家庭联产承包责任制取代人民公社的集体经营制度，释放了农民生产的积极性，活跃了农村经济。1979年，中国农业银行恢复设立，其对于农村农业的开发性贷款、林业贷款、商品粮棉基地贷款等都起了重要作用。1994年，中国农业发展银行成立，成为全国性专业扶贫开发银行。在农村进行的农产品价格逐步放开、大力发展乡镇企业等多项改革，也为解决农村的贫困人口问题打开了思路。通过农产品价格的提升、农业产业结构向附加值更高的产业转化以及农村劳动力在非农领域就业三种途径，将利益传递给贫困人口，使贫困农民得以脱贫致富，农村贫困现象显著缓解。

在这一时期，中国仍有诸多深度贫困地区，即革命老根据地、少数民族聚居地区、边远地区、山区，被称为"老、少、边、穷"地

① 胡兴东，杨林. 中国扶贫模式研究 [M]. 北京：人民出版社，2018：50.
② 黄承伟. 中国扶贫开发道路研究：评述与展望 [J]. 中国农业大学学报（社会科学版），2016（05）：5-17.

区。针对这些地区，中共中央、国务院发布了《关于帮助贫困地区尽快改变面貌的通知》和《国民经济和社会发展第七个五年计划》，为脱贫工作指明了方向。《关于帮助贫困地区尽快改变面貌的通知》提出，国家要集中力量解决十几个连片贫困地区的问题，给这些地区提供资金和物资；从 1985 年开始对贫困地区减免农业税，并鼓励外地资本到贫困地区兴办开发性企业，搞活商品流通；重视贫困地区的教育，增加智力投资，有计划地发展和普及初等教育；等等。① 1984 年国家计划委员会开始针对贫困地区实施基础设施建设工程，目的是通过以工代赈，让贫困地区贫困人口参与基础设施建设，获得实物和资金收入，改善贫困。这一年国务院还针对甘肃定西、河西和宁夏西海固三个深度贫困地区开展定点专项扶贫计划。经过几次调整，20 世纪 80 年代我国集中连片特困区分别是努鲁儿虎山地区、太行山地区、吕梁山地区、陕北老区、甘肃中部地区、西海固地区、秦岭大巴山地区、武陵山地区、乌蒙山地区、横断山地区、滇东南地区、桂西北地区、九万大山地区、井冈山地区、闽西粤北老区、大别山地区、沂蒙山地区、西藏地区。② 针对这些地区，国家采取专项扶贫，减免农业税、企业所得税等措施，并采取多种优惠政策鼓励农林牧副产品自由购销。

经过努力，1978 年全国农村农民人均年纯收入为 133.6 元，1985 年增至 397.6 元，贫困人口从 2.5 亿人减少到 1.25 亿人。③ 这说明"这个时期经济增长下的'涓滴'效应与针对贫困集中地区实施的特别发展支持项目的扶贫政策是成功的"。④

3.1986~1993 年大规模开发式扶贫阶段

1986 年是我国扶贫工作的关键年和转折年，是我国政府扶贫工作

① 中共中央 国务院关于帮助贫困地区尽快改变面貌的通知［EB/OL］. https://www.pishu.cn/jzfpjyzj/tzggjddfpzcn/zdzc/553614.shtml, 2020-08-07.
② 艾云航. 关于贫困山区经济开发问题的探讨［J］. 开发研究, 1989（03）：45-48.
③ 程丹峰. 中国反贫困——经济分析与机制设计［M］. 北京：经济科学出版社, 2000：42.
④ 胡兴东，杨林. 中国扶贫模式研究［M］. 北京：人民出版社, 2018：56.

在真正意义上开始的一年。中国政府的扶贫性质发生重大变化，从之前的"救济型"向"开发型"转变，由"输血"变成"造血"。自1986年起采取了一系列重大措施，如成立专门扶贫工作机构、安排专项资金、制定专门的优惠政策等，确定了开发式扶贫方针。

1986年5月，国务院成立专门负责贫困地区经济发展和扶贫工作的贫困地区经济开发领导小组，于1993年更名为国务院扶贫开发领导小组，并且从中央到基层都成立了专门负责扶贫的机构和团队，扶贫工作有了制度和组织保障。这一阶段，我国农村贫困人口由1.25亿人减少到8000多万人。①

4. 1994~2010年区域专项扶贫攻坚阶段

1994年国务院印发《国家八七扶贫攻坚计划（1994—2000年）》，我国扶贫开发工作进入了攻坚阶段。该计划明确指出，集中人力、物力、财力，动员社会各界力量，力争用7年左右的时间，到2000年底基本解决当时全国农村8000万贫困人口的温饱问题，在扶贫方法上坚持采用开发式扶贫。② 这是我国历史上第一个有明确目标、明确对象、明确措施和明确期限的扶贫开发行动纲领。

2001年国务院印发《中国农村扶贫开发纲要（2001—2010年）》（简称《纲要》），继续以开发式扶贫为扶贫工作的中心，这是我国第一个十年农村扶贫开发纲要。《纲要》开头就强调"缓解和消除贫困，最终实现全国人民的共同富裕，是社会主义的本质要求，是中国共产党和人民政府义不容辞的历史责任"。③ 为了实现这个目标，继续把发展种植业作为扶贫开发的重点，同时积极推进农业产业化经营，进行

---

① 扶贫办主任：扶贫开发工作是项暖人心的伟大事业 [EB/OL]. https://www.gov.cn/jrzg/2006-10/17/content_415029.htm，2006-10-17.

② 国务院关于印发国家八七扶贫攻坚计划的通知 [EB/OL]. https://www.ah.gov.cn/content/article/8107451，2002-08-29.

③ 国务院关于印发中国农村扶贫开发纲要（2001—2010年）的通知 [EB/OL]. http://www.gov.cn/zhengce/content/2016-09/23/content_5111138.htm，2016-09-23.

产业扶贫。除此之外，要改善贫困地区的基本生产生活条件，力争绝大多数行政村通电、通路、通邮、通电话、通广播电视。另外强调科技扶贫，鼓励广大科技人员到贫困地区创业，建立科技扶贫示范基地，并努力提高贫困地区群众的科学文化素质；积极稳妥地扩大贫困地区劳务输出，通过转移农村剩余劳动力的方式减少贫困人口。针对少数居住在生存环境恶劣、自然资源贫乏地区的特困人口，实行搬迁式扶贫。《纲要》还鼓励多种所有制经济组织参与扶贫开发。同时政府加强财政扶贫资金的投入和管理，并且结合西部大开发，促进贫困地区发展。《纲要》提出还应加强与国际交流和合作，借鉴国际社会的成功经验和行之有效的方法，提高我国扶贫工作的整体水平。在组织方面，实行扶贫工作责任制加强贫困地区干部队伍建设。

这一时期我国的贫困瞄准在"单元"上，将贫困开发的重点从贫困县转向贫困村，以整村推进作为扶贫的基本单元。2001 年，国家制定贫困村识别标准，划定了 14.8 万个贫困村作为国家扶贫开发的工作对象。在不断努力下，我国贫困县基础设施有了很大改善，农民生产生活水平有了实质性的提升，我国农村的贫困人口逐步减少，贫困发生率逐步下降，由 2000 年的 9422 万人减少到 2010 年底的 2688 万人。①

5. 2011~2020 年精准扶贫阶段

2011 年中共中央、国务院印发《中国农村扶贫开发纲要（2011—2020 年）》，明确提出扶贫目标是让贫困户实现"两不愁三保障"。②为了更好地实现这个目标，2013 年习近平总书记提出"精准扶贫"概念，之后这一概念发展成为中国政府针对农村贫困人口分布分散、致

---

① 中国十年扶贫开发成绩突出 贫困人口减至 2688 万人［EB/OL］. https://www.gov.cn/jrzg/2011-11/16/content_1994713.htm, 2011-11-16.

② 中共中央 国务院印发《中国农村扶贫开发纲要（2011—2020 年）》［EB/OL］. https://www.gov.cn/gongbao/content/2011/content_2020905.htm, 2020-09-05.

贫原因多样的重要扶贫模式，我国的扶贫开发工作进入了精准扶贫时期。这一时期中国政府以贫困户、贫困村、贫困县、集中连片特困区为瞄准对象，通过建档立卡进行精确瞄准。针对扶贫工作，提出"六个精准""五个一批""四个切实"。重点实施了"五个一批"工程，即通过发展生产脱贫一批、易地搬迁脱贫一批、生态补偿脱贫一批、发展教育脱贫一批、社会保障兜底一批。对集中连片特困地区和革命老区、民族地区、边疆地区出台针对性政策，主要强化了"四个措施"，即强化基础设施建设，推进生态保护和建设，进行资源的合理开发和有效利用，加大民族地区、边疆地区的脱贫攻坚力度。强化政策措施，比如强化财政投入保障，加大金融扶贫支持力度。加大深度贫困地区的政策倾斜力度，推进"万企帮万村"精准扶贫行动，鼓励有条件的大型民营企业通过设立扶贫产业投资基金等方式参与脱贫攻坚。

这一时期还出台了《中共中央 国务院关于打赢脱贫攻坚战的决定》，实施了《"十三五"脱贫攻坚规划》。2015 年 11 月 27 日至 28 日，习近平总书记在中央扶贫开发工作会议上强调，"消除贫困、改善民生、逐步实现共同富裕，是社会主义的本质要求，是我们党的重要使命。全面建成小康社会，是我们对全国人民的庄严承诺。脱贫攻坚战的冲锋号已经吹响。我们要立下愚公移山志，咬定目标、苦干实干，坚决打赢脱贫攻坚战，确保到 2020 年所有贫困地区和贫困人口一道迈入全面小康社会"。[①] 2016 年的《"十三五"脱贫攻坚规划》指出，贫困问题是我国经济社会发展中的"短板"，且主要分布在国家级贫困县、集中连片地区等，贫困程度深，要坚持精准扶贫、精准脱贫，全面落实主体责任，统筹推进改革创新，绿色协调可持续发展，激发群众内生动力活力，跨越"中等收入陷阱"，促进民族团结、边疆稳固。规划还指出产业发展脱贫、转移就业脱贫、易地搬迁脱贫、

---

① 鞠鹏．习近平在中央扶贫开发工作会议上强调 脱贫攻坚战冲锋号已经吹响 全党全国咬定目标苦干实干［N］．人民日报，2015-11-29．

教育扶贫、健康扶贫、生态保护扶贫、兜底保障、社会扶贫、加强国际交流合作等扶贫措施。①

按照 2010 年我国贫困线 2300 元/（人·年）进行划定贫困人口，到 2019 年申请脱贫摘帽的 344 个贫困县实现全部脱贫摘帽。为了更好地促进乡村发展，党的十九大提出了乡村振兴战略，后制定了《乡村振兴战略规划（2018—2022 年）》，明确提出精准扶贫是乡村振兴的第一步，要努力将乡村振兴与脱贫攻坚有机衔接，共同服务"三农"发展。

总之，通过不断努力，我国脱贫攻坚取得了决定性成就。"贫困人口从 2012 年年底的 9899 万人减到 2019 年年底的 551 万人，贫困发生率由 10.2% 降至 0.6%，连续 7 年每年减贫 1000 万人以上。到 2020年 2 月底，全国 832 个贫困县中已有 601 个宣布摘帽，179 个正在进行退出检查，未摘帽县还有 52 个，区域性整体贫困基本得到解决。"② 为了确保 2020 年底我国可以实现全面建成小康社会的目标，打赢脱贫攻坚战，2020 年 6 月国务院办公厅印发了《关于开展国家脱贫攻坚普查的通知》，对全国 832 个国家扶贫开发工作重点县和集中连片特困地区县、享受片区政策的新疆维吾尔自治区阿克苏地区 7 个市县，以及在中西部 22 个省（区、市）抽取的部分其他县进行普查，确保提供脱贫攻坚成果的真实准确的统计信息，确保经得起历史和人民检验。③

6. 2021～2025 年巩固脱贫成果阶段

到 2020 年底我国现行标准下农村贫困人口全部实现脱贫、贫困县全部摘帽、区域性整体贫困得到解决。"两不愁"质量水平明显提升，"三保障"突出问题彻底消除。2021 年 2 月 25 日习近平总书记在全国脱贫攻坚总结表彰大会上庄严宣告："经过全党全国各族人民共同努

---

① 国务院关于印发"十三五"脱贫攻坚规划的通知［EB/OL］. http://www.gov.cn/zhengce/content/2016-12/02/content_5142197. htm，2016-12-02.

② 习近平. 在决战决胜脱贫攻坚座谈会上的讲话［N］. 人民日报，2020-03-07.

③ 国务院办公厅关于开展国家脱贫攻坚普查的通知［EB/OL］. http://www.gov.cn/zhengce/content/2020-06/29/content_5522558. htm，2020-06-29.

力，在迎来中国共产党成立一百周年的重要时刻，我国脱贫攻坚战取得了全面胜利，现行标准下 9899 万农村贫困人口全部脱贫，832 个贫困县全部摘帽，12.8 万个贫困村全部出列，区域性整体贫困得到解决，完成了消除绝对贫困的艰巨任务，创造了又一个彪炳史册的人间奇迹！"① 虽然已经完成了对绝对贫困的治理，但是接下来的任务依然很重。贫困人口依然还存在着不稳定的因素，依然有返贫的危险。因此，中共中央、国务院提出"要在巩固拓展脱贫攻坚成果的基础上，做好乡村振兴这篇大文章，接续推进脱贫地区发展和群众生活改善。做好巩固拓展脱贫攻坚成果同乡村振兴有效衔接，关系到构建以国内大循环为主体、国内国际双循环相互促进的新发展格局，关系到全面建设社会主义现代化国家全局和实现第二个百年奋斗目标"。② 脱贫攻坚目标任务完成后，设立 5 年过渡期。在过渡期内脱贫不脱政策。到 2025 年，脱贫攻坚成果巩固拓展，乡村振兴全面推进。

总之，中国脱贫工作取得了重大成就，探索出了"中国经验"和"中国模式"，如脱贫工作要注重综合性、精准性、衔接性、发展性等，它既不同于社会扶贫、金融扶贫，也不是单纯的政策扶贫，而是在经济发展与财政投入之外，包括了大量行政工作的扶贫模式。"中国经验"和"中国模式"对世界其他地区脱贫工作具有重要借鉴作用。

（二）国内反贫困研究学术史

新中国成立至今，我国政府一直致力于解决贫困问题，并取得了巨大成就，而学术界在 20 世纪 80 年代以后针对扶贫的研究才日益增多，学者们从不同视角研究我国的贫困问题。

1. 国家整体扶贫开发的视角

以国家整体视角来研究的代表人物有李含琳、陈端计、都阳、蔡

---

① 习近平. 在全国脱贫攻坚总结表彰大会上的讲话 [N]. 人民日报，2021-02-26.

② 中共中央 国务院关于实现巩固拓展脱贫攻坚成果同乡村振兴有效衔接的意见 [EB/OL]. https://www.gov.cn/zhengce/2021-03/22/content_5594969.htm? eqid = aae1836c0004c2ef00000003646761db，2021-03-22.

昉、成卓、范小建等。李含琳把贫困根源概括为资本短缺论、资源贫乏论、自然环境论、人口素质论、劳动挤压论、科技落后论和阶级划分论等七类，并对每一类根源进行了深入剖析①；陈端计把贫困的根源概括为主体不发育论、供体不平等论和载体不完善论②；都阳和蔡昉提出了"整体性贫困""边缘性贫困""冲击型贫困"等③；成卓认为中国扶贫开发应完成战略转型，即由区域式转向针对人口式、由开发式转向发展式、由政策型转向制度型、由纵向转向横向、由经济式转向能力式，最终更好地实现我国扶贫开发目标④；范小建总结了2001~2010 年我国扶贫的成就和经验，并提出要加强行业以及社会扶贫，完善扶贫政策体系，强化扶贫责任⑤。

2. 精准扶贫开发的视角

面对我国扶贫开发出现的新问题，2013 年 11 月 3 日，习近平总书记在湖南湘西州考察扶贫开发工作时提出了"精准扶贫"理念。精准扶贫是对之前扶贫模式的超越，实现了由"大水漫灌"式的扶贫到"滴灌式"扶贫的转变。此理念的提出，为学者们开启了新思路。从CNKI 文献检索中看到，截至 2020 年 10 月，以"精准扶贫"为主题的论文有 27578 篇（见图 0-1）。

邓维杰认为针对精准扶贫存在的问题，要开展贫困普查，实行自上而下和自下而上融合的贫困识别和帮扶机制，同时购买独立第三方社会服务来协助和监督这个过程⑥；汪三贵和郭子豪指出精准扶贫是抵消扶贫效用下降的有效措施，应从改革扶贫标准制定方法等方面完

---

① 李含琳. 关于贫困实质的七种观点及其简评 [J]. 开发研究，1994（03）：32-34.

② 陈端计. 贫困经济学导论 [M]. 乌鲁木齐：新疆大学出版社，1997.

③ 都阳，蔡昉. 中国农村贫困性质的变化与扶贫战略调整 [J]. 中国农村观察，2005（05）：2-9+22-80.

④ 成卓. 中国农村贫困人口发展问题研究 [D]. 西南财经大学，2009.

⑤ 范小建. 中国扶贫开发的回顾和展望 [J]. 老区建设，2011（21）：10-12.

⑥ 邓维杰. 精准扶贫的难点、对策与路径选择 [J]. 农村经济，2014（06）：78-81.

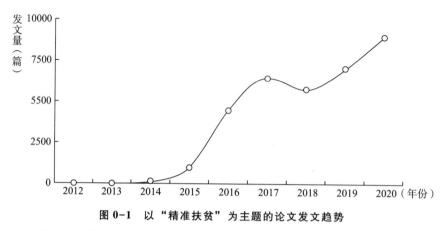

图 0-1 以"精准扶贫"为主题的论文发文趋势

资料来源：摘自 CNKI 计量可视化分析检索结果。

善精准识别、精准扶持、精准考核机制，从改革资金管理、加强资金整合等方面创新精准到户机制，以提高我国扶贫开发实效性①；邓小海等将精准扶贫思想与旅游扶贫模式结合，提出了旅游精准扶贫模式②；代正光在梳理和评述国内外扶贫研究理论的基础上，提出开展精准扶贫应从瞄准对象、精确识别、对症下药、联动帮扶、动态管理、量化考核、内生转型、外强联合等方面入手③；虞崇胜和余扬认为精准扶贫和精准脱贫之间存在根本区别，只有从精准扶贫到精准脱贫才能实现中国脱贫致富议程的战略性转换，而能否真正实现精准脱贫，关键在于能否建立健全以能力、权利、制度为中心的精准脱贫实现机制④。

概括起来看，基于国家整体视角对贫困成因的研究已经基本完成了从资源要素贫困观向贫困文化观再向能力贫困观的转变。精准扶贫

① 汪三贵，郭子豪. 论中国的精准扶贫 [J]. 贵州社会科学，2015（05）：147-150.

② 邓小海，曾亮，罗明义. 精准扶贫背景下旅游扶贫精准识别研究 [J]. 生态经济，2015（04）：94-98.

③ 代正光. 国内外扶贫研究现状及其对精准扶贫的启示 [J]. 甘肃理论学刊，2016（04）：143-147.

④ 虞崇胜，余扬. "扶"与"脱"的分野：从精准扶贫到精准脱贫的战略转换 [J]. 中共福建省委党校学报，2017（01）：41-48.

的研究为我国区域性扶贫开发制定卓有成效的反贫困战略和巩固脱贫
成果提供了新的思路。

3. 集中连片困难地区扶贫开发的视角

相对于国家整体视角的研究，学术界以区域扶贫开发为视角的研
究成果更加丰富，从研究区域来看，涉及东部、中部、西部所有地区；
从民族来看，主要涉及少数民族。2011 年，中共中央、国务院印发
《中国农村扶贫开发纲要（2011—2020 年）》，明确规定了包括大兴安
岭南麓山区在内的 11 个区域被划定为集中连片特困地区，并与已明确
实施特殊政策的西藏、四省涉藏州县、新疆南疆三地州一同作为新时
期新阶段我国扶贫攻坚的主战场。① 随后各片区制定本片区的扶贫规
划，学术界也展开了相应的研究。在 CNKI 以"集中连片+扶贫"为关
键词进行检索，截至 2020 年 9 月 9 日有 490 篇论文。其中，刘学探讨
了连片特困地区城镇化的空间发展模式及发展路径②；周静茹③、刘汉
成和程水源④、柏振忠⑤、沈茂英⑥、韩斌⑦、黄承伟和周晶⑧分别对六
盘山回族地区、大别山连片特困区、武陵山经济协作区、四川藏区、
滇黔桂石漠化片区、贵州省石漠化片区开展了扶贫研究。

---

① 中共中央 国务院印发《中国农村扶贫开发纲要（2011—2020 年）》［EB/OL］. https://
www.gov.cn/gongbao/content/2011/content_2020905.htm，2020-09-05.

② 刘学. 中国西南连片特困地区城镇化路径研究——以滇东北为例［M］. 昆明：云南出
版集团公司，云南科技出版社，2012.

③ 周静茹. 六盘山回族地区反贫困研究［D］. 兰州大学，2014.

④ 刘汉成，程水源. 大别山连片特困区农村文化建设的调查研究［J］. 湖北农业科学，
2014（04）：964-968.

⑤ 柏振忠. 武陵山经济协作区脱贫的现实困难与政策选择［J］. 理论月刊，2011（12）：
159-162.

⑥ 沈茂英. 四川藏区精准扶贫面临的多维约束与化解策略［J］. 农村经济，2015（06）：
62-66.

⑦ 韩斌. 推进集中连片特困地区精准扶贫初析——以滇黔桂石漠化片区为例［J］. 学术探
索，2015（06）：73-77.

⑧ 黄承伟，周晶. 减贫与生态耦合目标下的产业扶贫模式探索——贵州省石漠化片区草场
畜牧业案例研究［J］. 贵州社会科学，2016（02）：21-25.

邹波等认为我国集中连片地区应实施绿色扶贫和产业扶贫工程。①
黄承伟和王铁志主编的"专项扶贫模式与少数民族社区发展研究丛
书"，内容包括"整村推进""产业扶贫""连片开发"三项专项扶贫
政策实施效果的评估研究报告，涉及彝族、苗族、布依族、蒙古族、
保安族、土家族、塔吉克族、回族等处于不同生态环境、经营不同生
计的民族，对研究民族地区，特别是连片地区扶贫有重要参考价值。
张玉强和李祥基于对大别山区、武陵山区、秦巴山区的对比研究，提
出三地的旅游精准扶贫、金融精准扶贫、易地搬迁扶贫三种模式之间
存在着差异性，需要尊重地区间的差异，创新精准扶贫模式。② 贾林
瑞等认为中国集中连片特困地区贫困具有多维性和多重内涵，贫困户
帮扶需求多种多样，但最重要的是加大资金帮扶力度、提高基本公共
服务水平。③ 彭清燕针对集中连片特困地区的现实问题，提出新时代
反贫困战略是从单中心转变成多中心贫困治理模式。④ 张怀英等提出
连片特困区的扶贫攻坚需要构建区域经济一体化发展的跨界合作机
制。⑤ 冯朝睿提出从产业扶贫、教育扶贫等七个方面构建云南集中连
片特困地区多中心协同反贫困治理评价指标体系。⑥

4. 大兴安岭南麓地区的扶贫研究

学术界对于大兴安岭南麓地区的研究比较少且零散。2013 年农业

---

① 邹波，张彬，柴盈. 我国连片特困区的绿色贫困问题研究 [J]. 上海经济研究，2016
（02）：29-37.

② 张玉强，李祥. 我国集中连片特困地区精准扶贫模式的比较研究——基于大别山区、武
陵山区、秦巴山区的实践 [J]. 湖北社会科学，2017（02）：46-56.

③ 贾林瑞，刘彦随，刘继来，等. 中国集中连片特困地区贫困户致贫原因诊断及其帮扶需
求分析 [J]. 人文地理，2018（01）：85-93+151.

④ 彭清燕. 集中连片特困地区贫困治理与扶贫战略转型 [J]. 甘肃社会科学，2019（01）：
51-58.

⑤ 张怀英，杨安华，杨瑾. 跨界治理：连片特困地区区域发展与扶贫攻坚的新挑战和新应
对 [J]. 新疆师范大学学报（哲学社会科学版），2019（04）：108-116.

⑥ 冯朝睿. 后精准扶贫时代云南集中连片特困地区多中心协同反贫困治理效果评价研究
[J]. 经济问题探索，2020（07）：135-146.

部办公厅印发了《大兴安岭南麓片区农牧业发展规划（2012—2020年）》，确定大兴安岭南麓片区跨内蒙古、吉林、黑龙江三省区，内有 13 个国家级贫困县，2 个边界市（旗），是典型的老、少、边、穷地区。① 随后引起了学术界的关注，截至 2020 年 9 月 9 日，CNKI 检索中标题内含有"大兴安岭南麓"关键词的有 39 篇论文。例如，钱琨认为大兴安岭南麓地区的贫困呈现出长期性、代际传递性、易返贫性的特征，要建立以政府为主体的减贫体系②；赵安提出要靠金融支持来解决大兴安岭南麓连片特困区的贫困问题③。北京师范大学中国扶贫研究中心课题组对该片区总体绿色减贫指数进行分析和比较，并提出减贫建议。④ 郭永田针对大兴安岭南麓片区农业政策性金融扶贫进行了调查研究。⑤ 王衍彦提出教育信息化可以推进大兴安岭南麓地区教育现代化，进而实现教育均衡发展。⑥

从国内的这些研究可以看到，我国主要扶贫模式有：产业扶贫模式（包括旅游扶贫、互联网+扶贫等）、教育扶贫模式、救济式扶贫模式、开发式扶贫模式、小额信贷扶贫模式、易地搬迁开发扶贫模式、对口扶贫模式、区域扶贫模式、直接到户扶贫模式、整村推进扶贫模式、参与式扶贫模式、公益扶贫模式、金融扶贫和消费扶贫等。

---

① 农业部办公厅关于印发《大兴安岭南麓片区农牧业发展规划（2012—2020 年）》的通知 ［EB/OL］. http://www.moa.gov.cn/nybgb/2013/dsiq/201805/t20180505_6141439.htm，2013-04-20.
② 钱琨. 大兴安岭南麓山区少数民族长期贫困问题研究 ［D］. 内蒙古财经大学，2015.
③ 赵安. 金融支持大兴安岭南麓连片特困区的状况及建议 ［J］. 大庆社会科学，2015（02）：106-108.
④ 北京师范大学中国扶贫研究中心课题组. 大兴安岭南麓等集中连片特殊困难地区绿色减贫指数分析及建议 ［J］. 经济研究参考，2017（07）：3-4.
⑤ 郭永田. 农业政策性金融扶贫成效、问题与建议——大兴安岭南麓片区农业政策性金融扶贫调查 ［J］. 农业发展与金融，2018（04）：22-27.
⑥ 王衍彦. 教育信息化推进民族地区教育现代化——以大兴安岭南麓地区为例 ［J］. 科教导刊，2020（06）：5-6.

（三）国内外学术史反思

其一，纵观国内外的反贫困问题研究，其主导理论都经历了一个从经济学路径逐渐转向社会发展研究，最终转向对"人"的发展研究的转变。扶贫主体主要由社会、第三部门、政府等组成。可以说，国内外有关扶贫的研究成果颇丰，呈现出百花齐放的格局。这些研究成果为本书的研究提供了重要的参考价值。

其二，国内学者对民族地区或集中连片地区的研究成果颇丰，但仍存在着以下不足。①着重强调以政府为主导的扶贫框架，而对民族地区地方性知识系统认识不足。特别是对地方性知识系统的运行机制和对反贫困的影响机理缺少深入研究，更没有将地方性知识与民族地区内源性发展动力联系起来。②政策措施的针对性问题。民族地区贫困的复杂和多元决定了反贫困策略必须限定适用的条件与范围，没有放之四海皆准的理论，非民族地区的反贫困策略和政策在民族地区能否奏效值得商榷。③"重西轻东"现象严重。过多地强调西部民族地区的发展，而对东北民族和大兴安岭南麓地区的反贫困研究不足，造成"忽略东北"的刻板印象，不利于我国整体的发展。

因此，本书提出在发展人类学的视阈下研究大兴安岭南麓地区的扶贫经验，是符合学术发展动态的。发展人类学强调，不能忽略不同民族在历史发展中的特点和差异。在推进反贫困项目时，既要通过自上而下的方式加强对贫困群体（作为发展主体）的关注，也要用内部的眼光解释那些难以用科学技术理解的"地方性知识"，从而真正理解贫困群体的需求和处境。笔者认为，只有这样才能更有效地实现扶贫和脱贫目标。

四 研究思路和方法

（一）基本思路

大兴安岭南麓地区是民族聚居地区，生计方式复杂多样、民族杂居和聚居并存、宗教多元、文化多样，促使其扶贫形势也更为严峻，需要在精准扶贫理念和发展人类学理论的指导下，通过深入调研和分析，创新扶贫机制，加强地方性知识的应用，最终实现脱贫致富。本书以此逻辑结构为出发点，对大兴安岭南麓地区进行多维度的分析和研究，力图对脱贫经验进行总结，以期为巩固脱贫成果和乡村振兴提供可用资源。

（二）研究方法

1. 深描

"深描"是民族志研究方法中非常重要的一种方法，用来作为一种文化的解释方式，即按照他们自己对自己行为的解释来理解一个民族的文化。本书运用此方法对贫困群体的自我认知与态度进行描写，来达到对文化符号的内在意义的观察和对"理解"的理解，从而深化对贫困现象复杂性的认识。

2. 文献资料研究法

通过运用国家图书馆、北大图书馆、CNKI 等国内学术期刊和国际期刊网，搜集整理有关贫困理论、治理贫困的理论和成效、集中连片特殊困难地区研究、各县县志村史等，这些国内外相关研究为本书的实地调查准备了充足的案例资料，同时也为整个研究顺利进行提供了借鉴和指导。

3. 田野调查法

这是本书在搜集资料方面主要运用的方法，这种方法注重实地调查，以此获取第一手资料，为本书的撰写提供了重要的素材。田野调查法也分为观察与参与观察、深度访谈、调查会、问卷法、跟踪调查等具体方法。根据在农村调查的经验，了解脱贫状况这个较为"敏感"的话题时，当地居民习惯口头表达，不便书写在材料上，问卷法对于了解当地居民脱贫情况不是很理想。因此，在进行一轮问卷调查后，笔者将问卷内容转换为访谈提纲，在与当地群众"聊天"的过程中获得相关信息。

　　此次的田野调查持续时间较长，从 2017 年 4 月到 2020 年 6 月，其中深入当地调查的时间为 2017 年 4 月至 2019 年 8 月。因工作和疫情的影响，2019 年 9 月至 2020 年 6 月为电话或微信回访，调研的地点涉及大兴安岭南麓地区的诸多贫困县，并在民族分布较多的地区进行了驻村深入调查，以深度访谈为主，兼用微信等对当地脱贫结果进行跟踪调查，如科尔沁右翼中旗、科尔沁右翼前旗、扎赉特旗、乌兰浩特市、镇赉县、通榆县、富裕县，特别是作为多民族聚居的富裕县是本研究的重点考察地点。同时，为了进行有针对的对比研究，总结该片区的贫困特点和脱贫机制，本书也对片区之外的地区进行了研究，如吉林省延边朝鲜族自治州的龙井市、汪清县，吉林市大荒地村，四平市伊通满族自治县和梨树县；辽宁省大连市后石村；黑龙江省齐齐哈尔市梅里斯达斡尔族区等地。为了探索全面建成小康社会后的相对贫困治理新路径，笔者于 2021 年和 2023 年多次前往镇赉县调研当地脱贫成果以及巩固拓展脱贫攻坚成果同乡村振兴有效衔接的情况。

第一章　大兴安岭南麓地区生境
及贫困概况

第一节　地理位置与民族生境

一　行政区划

大兴安岭南麓地区跨内蒙古、吉林、黑龙江三省区，是我国原扶贫开发攻坚战的主战场之一，包括内蒙古自治区兴安盟的阿尔山市、科尔沁右翼中旗、科尔沁右翼前旗、扎赉特旗、突泉县；吉林省白城市的镇赉县、通榆县、大安市；黑龙江省齐齐哈尔市的龙江县、泰来县、甘南县、富裕县、克东县、拜泉县，大庆市的林甸县，绥化市的望奎县、兰西县、青冈县、明水县。① 片区内有 13 个原国家扶贫开发工作重点县（市、旗），即阿尔山市、科尔沁右翼中旗、科尔沁右翼前旗、扎赉特旗、突泉县、镇赉县、通榆县、大安市、泰来县、甘南县、拜泉县、林甸县、兰西县。②

---

① 农业部办公厅关于印发《大兴安岭南麓片区农牧业发展规划（2012—2020 年）》的通知［EB/OL］. http://www.moa.gov.cn/nybgb/2013/dsiq/201805/t20180505_6141439. htm，2013-04-20.

② 中国扶贫开发工作重点县名录［EB/OL］. http://fupin.chinagate.cn/minglu/node_7153019. htm，2022-01-01.

据统计，到 2010 年末，全片区共有 833.3 万人，其中乡村人口 563.4 万人，少数民族人口 111.4 万人。2010 年 1274 元扶贫标准以下的农村人口有 67.6 万人，贫困发生率为 12%。[①] 片区内主要有汉族、蒙古族、满族、朝鲜族、回族、达斡尔族、锡伯族、柯尔克孜族、鄂温克族、鄂伦春族等。蒙古族是该片区人口最多的少数民族，不仅大量分布在兴安盟，而且在镇赉县、通榆县等地也有分布。该片区居民主要信奉基督新教、佛教、伊斯兰教、天主教等。

二　民族生境

根据《大兴安岭南麓片区区域发展与扶贫攻坚规划（2011—2020年）》（简称《规划》）记载，规划区域土地总面积为 14.5 万平方公里，地处大兴安岭中段和相连的松嫩平原西北部，地貌类型以低山丘陵和平原为主。气候类型为温带大陆性季风气候，≥10℃ 年积温 2300~3461 度，无霜期 101~190 天，冬季严寒漫长，年均降水量 275~532 毫米，气候四季分明。[②] 春季降水量少且变化大，常有春旱发生，冷暖空气交替频繁，还会出现大风扬沙天气；夏季温热短促，最高气温在 7 月，时而有冰雹天气；秋季降水量明显减少，冷空气活动频繁，秋霜来得早；冬季漫长，冬雪分布不均。

嫩江及其支流阿伦河、乌裕尔河、雅鲁河、绰尔河、洮儿河，以及呼兰河及其支流通肯河等流经本区，汇入松花江。片区内土壤类型和土壤结构多样，可划分为暗棕壤、灰色森林土、棕色针叶林土、黑土、黑钙土、草甸土、栗钙土、风沙土等 12 个土类，30 个亚类，52 个土属，133 个土种，166 种土壤类型。片区内土地资源丰富，耕地总

---

① 「脱贫攻坚」巍巍兴安岭，脱贫新风景——大兴安岭南麓集中连片特困地区精准扶贫 "拔穷根" ［EB/OL］. https://baijiahao. baidu. com/s?id = 1653142822850265620&wfr = spider&for = pc, 2019-12-17.

② 大兴安岭南麓片区区域发展与扶贫攻坚规划（2011—2020 年）［EB/OL］. http:// cn. chinagate. cn/infocus/2013-09/18/content_30067443. htm, 2013-09-18.

面积449.9万公顷，草地286.5万公顷，森林227.65万公顷，森林覆盖率15.7%。兴安盟的森林资源以天然次生林为主，集中分布在大兴安岭岭脊及西侧，是大兴安岭林区的组成部分和国家培育后备森林资源的基地之一。主要有落叶松、油松、蒙古栎、桦、杨、柳、榆等17种树种。铅锌铝、石油等矿产资源都有一定储量。片区内有矿泉群，特别是阿尔山地区被开发为疗养避暑胜地。

第二节 民族人口分布与经济文化变迁

大兴安岭南麓地区虽然有众多民族，但从文献和调研中可以发现，主要有蒙古族、满族、达斡尔族、朝鲜族和柯尔克孜族等。下面将对这些民族进行简单介绍。

一 蒙古族

大兴安岭南麓地区的少数民族中蒙古族人数居多。

兴安盟是中国蒙古族人口比较集中的盟（市），有蒙古族人口71.51万人，人口比例大，聚居程度高，传统文化保护比较好。其中，科尔沁右翼中旗是中国蒙古族人口比例最高的旗（县），有蒙古族人口21.88万人，占总人口的86.6%。其他主要分布在吉林省镇赉县的莫莫格蒙古族乡和哈吐气蒙古族乡，通榆县的包拉温都蒙古族乡、向海蒙古族乡、西艾力蒙古族乡，大安市的新艾里蒙古族乡，洮北区德顺蒙古族乡，洮南市胡力吐蒙古族乡、呼和车力蒙古族乡；黑龙江泰来县胜利蒙古族乡、宁姜蒙古族乡、好新蒙古族乡；其他地区也有少量蒙古族分布。

一个民族的生产生活方式和文化总是受到自然地理环境和历史社会环境影响，大兴安岭南麓地区的蒙古族以牧业和农业为主。因近几年生态保护的需要，各地开始实施禁牧政策，使得长期以畜牧业为生的蒙古族不得不进行圈养牲畜或放弃这种生产方式，有地者从事农业生产，无地或少地者外出务工。在产业扶贫政策的推动下，各嘎查（村）根据当地实际情况，因地制宜发展特色产业，例如，莫莫格蒙古族乡发展柳条编织业、烤烟业、花生榨油业、渔业等。调研发现，以传统游牧生活为主的蒙古族已改变以往单一依靠牧业或农业的生产方式，发展出了多种生产经营方式。

该片区内的蒙古族与汉族长期接触，其文化和生产生活方式也发生了变化，与内蒙古其他地区、青海、新疆等地的蒙古族有所不同。在语言方面，从调研中可以看到，除了兴安盟一些偏远牧区外，其他地方的蒙古族都懂汉语，可以进行双语交流，年轻人一般只会汉语。在服饰方面，传统蒙古袍、长靴等在此片区并不常见，片区内蒙古族与其他民族着装基本相同，现代服饰遍及各个年龄段。在饮食方面，蒙古族还保留了一些习俗，如"白食""红食"，也有一些地方特色饮食，如猫耳朵汤是莫莫格蒙古族地区独具特色的荞面系列主食之一。具体做法为：把荞面和好，揪成小剂子放于手掌上，用拇指捻成猫耳朵形状投入烧开的汤里，故称"猫耳朵汤"。猫耳朵要配在鸡汤或骨肉汤里，汤内猫耳朵犹如一颗颗小"珍珠"上下浮动。食前放入香菜碎、西红柿片等各种佐料，味道极佳。在舞蹈方面，目前各村、各嘎查都流行跳广场舞，但片区蒙古族的广场舞既有其他地区特别是城市中的舞种，也加入了蒙古族传统的舞蹈元素，如骑马和抖肩等传统舞蹈动作。安代舞是片区蒙古族保留最好的民族舞蹈。在音乐方面，"乌力格尔"（蒙古语，意为"说书"）流传甚广，相传自19世纪中叶，在科尔沁右翼中旗发展起来，沿袭至今。2006年科尔沁右翼中旗乌力格尔艺术入选了第一批国家级非物质文化遗产代表性项目名录；一直以来，科尔沁右翼中旗委、政府十分重视四胡文化的保护、开发、挖掘和利用，2014年"蒙古族四胡音乐"获批第四批国家级非物质文化遗产代表性项目，调研中也在各嘎查中时常能听到四胡的声音。在传统节日方面，那达慕大会仍然是蒙古族传统的节庆活动，虽因各种原因时断时续，但对于骑马，蒙古族人们仍情有独钟。2018 年 7 月 27日科尔沁右翼中旗召开了那达慕大会暨赛马节（见图 1-1），笔者有幸参与并感受这种来自蒙古族传统文化和体育的魅力。大会还吸引了众多其他民族群众参与。在婚俗方面，现代化因子的融入使得传统婚俗发生了一定的变化，但能歌善舞的传统在喜宴中仍表现得淋漓尽致。

图 1-1　科尔沁右翼中旗那达慕大会暨赛马节

资料来源：笔者于 2018 年 7 月 27 日在科尔沁右翼中旗拍摄。

总之，从片区蒙古族的传统文化保留与传承情况看，兴安盟地区做得相对较好，但也融入了其他民族文化和现代文化的元素，片区内其他地区即便是蒙古族乡，其文化与汉族等文化融合程度高，民族传统文化不断走向现代化。

二　满族

满族是我国历史悠久、勤劳勇敢的民族，广泛分布在东北各地。下面简单介绍区域内几个满族聚居区的具体情况。

兴安盟的科尔沁右翼前旗西北部的满族屯满族乡，距乌兰浩特市150 公里，成立于 1984 年，是我国唯一一个经营畜牧业的满族民族乡。它的西北与蒙古国接壤，有约 32 公里的边境线，西与锡林郭勒盟交界，北靠阿尔山市，东临索伦河谷，南与乌兰毛都苏木、勿布林嘎查相连。满族屯附近有清康熙皇帝的额驸（即驸马）府遗址。天聪八年（1634 年），札萨克图君王布达齐第五子诺尔布台吉迎娶了皇太极堂弟的次女，随公主定居科尔沁右翼前旗，在此扎根逐渐与其他民族相融相依。该乡满蒙文化促进协会在 2018 年 6 月举办了高格斯台罕乌拉戊戌年祭祀敖包活动，周边近千名慕名而来的游客参加了活动。满蒙各族人民载歌载舞，唱响民族团结新乐章。该乡的主导产业是畜牧业，已进行了牲畜改良、科学育种育肥，还发展了草原生态游，使当地实现了增产增收。

富裕县有塔哈满族达斡尔族乡和友谊达斡尔族满族柯尔克孜族乡两个民族乡。其中，友谊达斡尔族满族柯尔克孜族乡的三家子村位于黑龙江西部，嫩江东岸，距齐齐哈尔市 40 公里，是满语保留较好的地区，村中有满文教师，有一所小学教授满语。三家子村的满族先人原住吉林长白山一带，17 世纪中叶随萨布素将军抗击沙俄迁来黑龙江，在《尼布楚条约》签订后，萨布素水师兵士计、陶、孟三家定居此地，满语称此地为"伊兰孛"，译成汉语即"三家子"。后又有其他姓氏的满族人迁居于此。2019 年三家子村有辖区面积 3.5 万亩，共有 1106 人，其中满族占 65% 以上，每户有 7.5 亩水田，全村只有旱田几百亩，水田 1.5 万亩，旱田基本上用于育秧。三家子满族学校始建于 1977 年，占地面积 4775 平方米，满语教师 2 人。① 村中居民岁数大的还能用满语唱歌、讲故事等。

望奎县有厢白满族乡、灵山满族乡、惠七满族镇等满族聚居地。其中，厢白满族乡距县城 15 公里，有 7 个行政村，39 个自然屯，其中有 5 个满族村，总人口 22754 人。② 厢白满族乡是全县土地面积比较

---

① 数据来自 2019 年 4 月 26 日笔者在富裕县调研时获得的资料。

② 数据来自 2018 年 11 月 29 日笔者在望奎县调研时获得的资料。

大的乡镇之一。土质优良、土地肥沃，适宜农业生产和各种农作物栽培。以种植业为主，兼有家庭饲养业，在扶贫开发时，兴起了玉米地里养大鹅等产业项目，帮助贫困户脱贫。

满族传统文化与东北地方文化有机融合，形成了独具特色的东北满族文化。在语言方面，片区除了富裕县三家子村外，泰来县依布气村也是全国知名的现代满语口语村。但在调研中发现，其实村中只有年龄大的一些人会说些满语。除此之外，因为村中满语小学的存在，在校学生可以学一些满语，但是满语在其之后的教育中几乎很少出现，故容易被遗忘。在服饰方面，新中国成立前满族人一般还穿旗袍，但现今的服饰和其他民族没有区别，现代服饰颇受欢迎。在房屋建筑方面，满族"口袋房、万字炕、烟囱出在地面上"的居室特点越来越少见。在饮食方面，满族忌食狗肉，忌讳穿戴狗皮衣帽。满族舞蹈主要是扭秧歌，农闲时分，村民开始前往文化广场扭秧歌。满族的剪纸艺术也保留了下来，为一些村发展旅游助力。由于长期和其他民族生产生活交往交流，满族传统文化不断发生变迁，与周边民族相融合，一起迈向现代化共同富裕的目标。

三　达斡尔族

大兴安岭南麓地区中达斡尔族人口也占有一定比例，主要在黑龙江齐齐哈尔市的几个县中，兴安盟也有一定的分布。

兴安盟的达斡尔族主要分布在科尔沁右翼前旗，"1933~1944年，伪喜扎嘎尔旗公署从齐齐哈尔地区分批迁入达斡尔族居民300户、2000多人，分别安置在索伦、岗根套海、金银沟、伊尔施、杜拉尔等地"。[①] 这就是今天科尔沁右翼前旗的达斡尔族的来源。

富裕县的达斡尔族分布在塔哈满族达斡尔族乡和友谊达斡尔族满

① 兴安盟地方志编纂委员会. 兴安盟志［M］. 呼和浩特：内蒙古人民出版社，1997：194.

族柯尔克孜族乡的 DK 村、东极村、大哈洲村、两出房村、十五里村、东塔哈村、小高粱村、西塔哈村、库木村、吉斯堡村、富丰村等地是17 世纪 50 年代从黑龙江流域迁来的。其中 DK 村的大 DK 自然村是达斡尔族最早定居的村落。2019 年 DK 村有 589 户，总人口 1455 人。调研中了解到，DK 村之前村里建有奶站（见图 1-2），村民养牛卖奶，每户月收入可达数千元，但是大约在 2014 年奶站关闭后，村民的日子大不如前，仅靠种植玉米、卖牛为生。

图 1-2 昔日的奶牛养殖场原址

资料来源：笔者于 2019 年 4 月 27 日在富裕县 DK 村拍摄。

塔哈满族达斡尔族乡距离齐齐哈尔市 65 公里。塔哈，古称"塔哈尔"，为达斡尔语"河蚌"之意，因塔哈河盛产河蚌而得名。吉斯堡村位于富裕县塔哈镇，是以达斡尔族为主的民族村，地处松嫩平原北部，紧邻 S302 省道，是一个历史悠久、钟灵毓秀、人杰地灵的古老村落。"吉斯堡"为达斡尔语，意旨"相貌或容颜"，相传在清朝中期，江西音钦屯官员在这里设牧场和房子，常年守护着"吉斯堡"，该村由此得名。全村总人口 1412 人，共 417 户，其中达斡尔族 555 人，约占总人口的 39%。全村面积 7 万亩，其中耕地 3 万亩、草原 2 万亩。① 光伏发

---

① 数据来自 2019 年 4 月 28 日笔者在吉斯堡村调研时获得的资料。

电和合作社经济的发展，改变了当地的经济状况，也改善了当地民生和人居环境。村里改造厕所 271 户，其中室内 115 户，室外 156 户，改厕率达到 91.8%。① 村中以种植业为主，兼营旅游业。吉斯堡村的基础设施较好，不仅有公共浴室、村史馆、幼儿园，还有文化广场、路灯等。

达斡尔族有语言，无文字，语言属于蒙古语系。目前会说达斡尔语的人逐渐减少，因其无文字，保护和传承工作更为困难。片区的达斡尔族人喜欢饮酒，热情好客。达斡尔族传统上喜欢用皮革缝制皮袄、皮裤，男子喜欢穿两边开衩的长袍，扎腰带，女子喜欢穿宽敞的长袍，但现今也与当地其他民族无异。只有在民族传统节日和表演时才着民族盛装。达斡尔族能歌善舞，会弹奏木库莲、四胡、三弦等民族乐器，说唱"乌钦"，跳"罕伯"舞，特别是各民族村广场舞中更多融入了民族传统服饰和舞蹈元素。达斡尔族的"包考"球（又称曲棍球）至今仍是片区流行的传统体育活动。柳编手工制品也是民族旅游产品的重要组成部分。达斡尔族的鲫鱼汤和柳蒿芽菜肴是重要的民族饮食。

达斡尔族所分布的村子大多开展民族旅游业。2015 年吉斯堡村以打造达斡尔族特色建筑为重点，以保护和传承民族文化为主线，以发展特色农业经济为依托，着力打造"幸福达斡尔村——吉斯堡村"。东塔哈村是发展达斡尔族旅游的重要村落。进村后明显能看到达斡尔族房屋建筑的特色，特别是墙外大烟囱。四合院、屋内设施按照传统达斡尔族的民居建立。但是值得注意的是这些建筑仅是为了增强游客旅游体验，并非真正居民生活的地方。从调研中明显感受到，达斡尔族的传统文化保留得比满族好，发展民族旅游的村子也较多，日常中讲达斡尔语的人数比讲满语的多。

---

① 数据来自 2019 年 4 月 28 日笔者在吉斯堡村调研时获得的资料。

四 朝鲜族

朝鲜族是大兴安岭南麓地区民族群体的重要组成部分。乌兰浩特市乌兰哈达镇三合村建于 1937 年，以朝鲜族为主，占当地总人口的62%，以水稻种植为主。村中的部分房屋还保留朝鲜族建筑风格。2013 年三合村开始打造朝鲜族民俗旅游村。市内还有建于 1956 年的乌兰浩特朝鲜族小学和中学，这是内蒙古自治区唯一的全日制朝鲜族完全小学和完全中学，实行双语教学。

科尔沁右翼中旗也有朝鲜族分布。据记载，1919 年沈愚楚带领 30余户朝鲜族农民，从朝鲜半岛来到扎赉特旗巴岱腰屯村落脚，开发水田种植水稻。到 1925 年腰屯村临近的牧特豪已集聚了 140 多户朝鲜族居民。九一八事变之后，又有来自朝鲜半岛的 600 余户居民，在保安沼地区开发水田，形成朝鲜族居民的基础。1929 年从朝鲜半岛来到科尔沁右翼前旗和突泉县的就有 114 户 540 人。1941 年朝鲜族崔林虎一家和两名朝鲜族青年，从吉林省东丰县迁入科尔沁右翼中旗定居，到新中国成立前，科尔沁右翼中旗共有朝鲜族 11 户。[1]

朝阳村是龙江县华民乡下辖的朝鲜族村，有着丰富的水稻种植经验。2019 年与齐齐哈尔日报社联合成立的首个股份制水稻专业合作社——龙江县齐报水稻种植专业合作社，为当地民众脱贫致富做出了重要贡献。

兴鲜村位于甘南县兴隆乡乡政府所在地，距县府 18 公里，是甘南县唯一一处朝鲜族村，朝鲜族占总人口的 1/3，有少量的蒙古族、满族人口。全村下辖 9 个自然屯，人口 1146 户 3308 人，其中朝鲜族 147户 515 人。[2] 这里交通便利，以种植水稻为主，靠米业脱贫。这里超过90% 的朝鲜族人在韩国打工。目前这里没有朝鲜族学校，平时村民在

---

① 兴安盟地方志编纂委员会. 兴安盟志 [M]. 呼和浩特：内蒙古人民出版社，1997：194.

② 数据来自 2017 年 10 月 13 日笔者在兴鲜村调研时获得的资料。

家讲朝鲜语。

从调研中看到，朝鲜族村普遍以种植水稻为主。在体育方面，朝鲜族人喜欢踢足球，每逢重要节日都会和邻村进行比赛。在语言方面，他们沿用朝鲜语，也正因为此种优势，大部分朝鲜族人会去韩国打工。在服饰方面，朝鲜族平时着装与其他民族相同，都穿现代服饰，民族传统服饰仅在婚礼等重要场合才会穿。在饮食方面，朝鲜族传统饮食为大米，泡菜、腌制的鱼类和蔬菜是冬季的主要食品。在居住方面，部分朝鲜族仍然保持着传统的民居风格。朝鲜族是一个能歌善舞的民族，而且比较讲究卫生。

朝鲜族村落在旅游扶贫方面也在不断努力，例如兴鲜村力求打造朝鲜族旅游村。在其村落墙壁上绘有朝鲜族传统文化的宣传画，这种外在文化符号，不断塑造和建构着民族传统文化和民族认同感。

五　柯尔克孜族

片区的柯尔克孜族主要聚居在富裕县。2010 年第六次全国人口普查数据显示，黑龙江省柯尔克孜族人口有 1431 人，哈尔滨市 72 人，大庆市 31 人，双鸭山市 3 人，鹤岗市 4 人，佳木斯市 11 人，齐齐哈尔市 1243 人，绥化市 17 人，大兴安岭地区 27 人，牡丹江市 10 人，黑河 12 人，伊通 1 人。其中齐齐哈尔的富裕县共有 1113 人，包括富裕牧场 312 人，友谊乡 324 人，塔哈乡 203 人，富裕镇 221 人，二道湾 7 人，龙安桥 24 人，富海镇 22 人。友谊乡的七家子村 151 人，占全村人口的 38%，五家子村 254 人，占全村人口的 51%。[①] 富裕县柯尔克孜族是清乾隆二十六年（1761 年）由新疆迁来的，一共有六个姓，达本、额其克、嘎普韩、散德尔、博勒特尔、格尔额斯，最后演变成吴、韩、常、蔡、郎、司姓。迁来的柯尔克孜族被编入八旗正红、

---

① 数据来自 2019 年 4 月 26 日笔者在五家子村博物馆调研时获得的资料。

正蓝、正白、镶黄四旗，由蒙古族官员管理。

2019 年，五家子村总户数为 181 户，总人口 554 人，2016 年建档立卡的贫困户 99 户，贫困人口 246 人。[①] 五家子村有一座村级博物馆，于 2010 年建成。村子以种植业为主，很少从事养殖业，村中也发展旅游业。村里没有幼儿园，村里外出务工的人较多。五家子村的发展定位是民族风情游，将全村规划为"四区三景"，即种植区、养殖区、居住区、休闲旅游区，其中休闲旅游区又细分为柯尔克孜族文化展览景区、休闲娱乐景区和白马湖旅游景区，涵盖了经济发展、社会事业、民族文化等各方面。

在语言方面，柯尔克孜族有自己的语言和文字，但是长期的民族交往交流交融，使得目前已经很少有人会使用传统语言文字。在服饰和饮食等方面，柯尔克孜族的传统文化在民众中逐渐消失。在生计方式方面，2023 年当地种植水稻 5000 亩，同时还发展牛羊鹅等养殖业。除了种植粮食外，还种有杂粮、甜菜、马铃薯等，但温室大棚较少。在公共设施方面，五家子村有 2400 平方米的广场，广场上配有各种健身器材。村中已有安全用水，有线电视、道路、宽带等设施也已完善。

总之，随着现代化的发展，大兴安岭南麓地区的民族传统文化有流失现象，能够看到的民族文化大多是因为发展民族旅游而重新挖掘、塑造、整理的。但这些在旅游中开发的文化符号又会重新塑造民族文化，构建民族认同，影响民族认知。故在扶贫时也要注意这些文化符号的作用。

第三节　区域贫困的整体状况

改革开放以来，中国加大了扶贫力度，力图在巩固温饱成果、加

---

① 数据来自 2019 年 4 月 26 日笔者在五家子村博物馆调研时获得的资料。

快脱贫致富、改善生态环境、提高发展能力、缩小发展差距等方面做出更大努力。但是由于扶贫对象规模很大，特别是集中连片特殊困难地区的扶贫工作十分艰巨，所以我国在 2011 年印发的《中国农村扶贫开发纲要（2011—2020 年）》中，提出了未来 10 年扶贫的重点和扶贫开发的主战场在 11 个连片特困地区。这些地区有着共同的特点：首先，都是跨省区、地处边缘地带，生存和温饱问题基本解决，但是巩固脱贫的任务很艰巨；其次，片区多为革命老区、民族地区、边疆地区，政治和战略地位都很重要，对于稳定边疆、加强民族团结、共同繁荣发展具有重要意义；最后，从地理角度看，这些地区的自然条件较为恶劣，交通不便，与市场互动中处于劣势地位。

因民族地区在大兴安岭整个片区之内，故民族地区的贫困状况与整个片区的经济社会环境、政策导向等都是一体的。因此，研究民族地区的贫困状况就要对整个片区的状况有较好的认识。截至 2015 年底，片区脱贫攻坚成效明显，片区贫困人口自我发展能力显著增强。2015 年贫困人口减少到 59 万人，贫困发生率为 11.1%，比 2011 年减少了 13 个百分点，农民人均可支配收入达到 7484 元，相比 2011 年增长了约 65%。[①] 虽然大兴安岭南麓地区的经济社会发展取得了良好的效果，但是扶贫开发仍然面临诸多问题和挑战。

一 农业生产基础薄弱

片区大部分农村从事种植业生产，但农业生产的基础较为薄弱，离现代农业还有较大的差距。

（一）农田水利问题突出

片区的农田水利设施基础薄弱，农业支撑体系乏力。水利建设滞后，工程性缺水问题突出。很多灌溉设施老化失修，工程不配套。农

---

① 农业部：大兴安岭南麓脱贫攻坚行动启动［EB/OL］. https://www.gov.cn/xinwen/2016-07/05/content_5088192. htm，2016-07-05.

田低压电网普遍缺乏，电力设施支撑农田水利化的能力不足。《规划》中也提到该片区在 2010 年时，基本农田中有效灌溉面积占比仅为 31.3%，农业灌溉水利用系数低。要清楚农田水利设施不仅包括灌溉，还包括排水、除涝、防治盐渍灾害等。好的农田水利建设可以保证旱涝保收、高产稳产的基本农田建立。大兴安岭南麓地区气候条件差，"十年九春旱"，如何能够稳定地保持农业产量的增加，减少旱涝特别是干旱带来的损失，值得关注。农业靠天吃饭，但也要发挥人的主动性，加大政府投入力度，修建农田水利设施。黑龙江省为了加快发展农田水利事业，规范农田水利建设、管理和使用，改善农业生产条件，有效防御自然灾害，提高农业综合生产能力，在 2009 年通过了《黑龙江省农田水利条例》，并于 2010 年 2 月实施。该条例有利于黑龙江省农田水利事业走向法治化、规范化，建立农田水利长效机制。其他地区也在抓紧进行农田水利建设，力求保证农业的增产增收。同时加强对农村电网的改造，在安全用水之外，加大通电力度，不仅要保证基本生活用电，还要保证与农田水利相配套的低电压使用。

（二）农机具不符合规模生产的要求

农业现代化的关键是农业机械化。大兴安岭片区的土地相对于东北东部长白山地区的土地平坦得多，能够进行机械化生产。例如镇赉、通榆、甘南等地可以进行大规模机械化种植、收割等。农业机械化的水平反映出一个地区农业生产综合水平。但是从调研获得的资料看到，2012 年末，兴安盟的拖拉机保有量达到 14.77 万台，但这些都是小型农机具，缺乏大型的农机具。没有大型农机具，就很难进行规模经营。而且收割机也相对短缺，收小麦、油菜的机械多，收割玉米、马铃薯的较少，这也是农业生产遇到的一大问题。在农机具提高农业生产力方面有一个鲜明的例子，即甘南县兴十四村。"南有华西村，北有兴十四"，该村经济发展快，乡村建设美。从该村发展史来看，改变村命运的当数拖拉机的使用。1972 年，当时二十几岁的付华廷带领村民开始农业机械化的尝试，受各种条件限制，他们硬是用牛拉、用筐背回来1000多个拖拉机的零部件，并在村中组装出了第一台拖拉机，有了拖拉机大大提高了生产力，后来又将拖拉机进行改装，提高了耕收效率，以后逐渐购置了大批农机具。兴十四村较其他地区发展农业的一个明显优势就是各种农机具比较齐全，尤其是大型农机具，方便在村内进行规模作业。所以，提高农业生产水平、进行农机具改造、实现农业机械化都是片区发展农业需要关注的。

（三）　农业科技创新和推广应用体系不健全

"科学技术是第一生产力"，农业科技主要是指在农业生产方面的科学技术以及专门针对农村的一些简单的农产品加工技术。片区在2010年后虽然有一定的农业技术运用，但是创新力度不大，农民创新的积极性不高。调研中能够看到，该片区对于新品种、新技术的应用相对较少，较为保守。

（四）　农村金融服务不足

农村金融服务主要是指农村金融机构运用货币交易手段融通有价物品，向农村金融需求主体提供的共同受益、获得满足的活动。其中的主体不仅包括小农户，还包括家庭农场、个体工商户、农村经济合作组织等。农村金融服务的资金匮乏，周期性强；农民和小微企业贷款较难；金融机构覆盖率低，竞争不足；人员素质偏低，风险偏高；农村贷款投放不足，"贷富不贷贫"，对欠发达地区和中低收入人员服务存在障碍。

（五）　农业保险滞后

调研中了解到农村购买农业保险的人数较少，发展滞后。农民一般没有保险意识，即便有，买了保险，赔付率较低，很难弥补损失，索性不再买保险，其中透露出一些问题。①农民的收入低，保险意识不强。由于农产品价格低，农民微薄的收入主要用于购买日常生活必需品、子女教育、购置化肥农药种子等，能够用于额外开支的钱较少。

一部分农民曾经买过保险，但是受灾后赔付得很少，这样使其再次参保的积极性受到打击，也使没买过农业保险的人失去购买兴趣。②保险公司实力不足，很难继续下去。农业本身对自然环境的依赖性较高，而农业保险是一种收费低、风险大的险种。一旦暴发洪涝、干旱等不可预期的自然灾害，保险公司所收的保费不足以维持赔付。同时，农业保险在赔付之前的调查程序烦琐，耗时耗力，稍有疏忽就会有虚报风险。国家的财政支持不足等原因也使得农业保险处于一种尴尬的境地，很难满足现实需求。③农业保险的人才缺乏，对于理赔、核保、营销、培训等缺乏相应的人才，制约了保险业的发展。另外，险种也较少，不能满足不同主体的需求。

二 土地生产力不足

（一）土地潜力难以发挥

大兴安岭片区虽然人均耕地面积较多，但因片区的纬度高，太阳直射少，积温不足，无霜期短，降水量少，土地潜力不足，生产力不高。

（二）土地沙化问题严重

由于土壤受到侵蚀，表土失去细粒，逐渐沙质化。特别是大兴安岭南麓地区常年雨水较少，加之乱砍滥伐、过度放牧等原因，致使土地沙化逐渐加重。《规划》中提到土地沙化面积达 20383.7 平方公里，占区域总面积的 14.1%。低山丘陵地区水土流失比较严重，土壤沙化退化问题也不断加剧。

（三）土地盐碱化程度不断加深

土壤盐碱化是指土壤含盐量太高（超过 0.3%），而使农作物低产或不能生长。片区的盐碱化更多由于人类活动破坏了地表植被和土壤结构，同时过度抽取地下水，盐碱化程度不断加重。在调研中就看到，为了实现更高产量，很多地区将旱田改为水田，抽取地下水的深度也逐年加深。《规划》中提到片区盐碱化面积达到 86.1 万公顷，占耕地总面积的 19.1%。

（四）耕地质量下降

由于不合理开垦、不合理的耕作制度和产业结构，以及滥用农药化肥，长期忽视水土保持等，黑土地变薄，土壤遭到污染。耕地质量下降，农民无法从黑土地中获得更多的经济效益。后又会加大化肥的使用剂量，长此下去，土地污染，生产潜力减退，产品质量下降。

三　收入结构单一

（一）农业结构单一，以传统农牧业生产为主

大兴安岭片区的农户以传统农牧业为主，农业产业结构单一，经营性收入增长乏力，第二、第三产业发展滞后，附加值不高。农业产业链是指一定地域范围内的相关企业的联盟，包括涉农产品生产、加工、运输、销售等诸多环节，包括农业产前、产中、产后的各部门、组织机构及关联公司等统一的有机体。从调研中能够看到，片区农村除了这两年政府为扶贫投入兴建和引入的工厂、光伏项目等之外，农村自身并没有形成自己的农业产业链，大多数还是以种粮卖粮为主。在种植方面也主要种植小麦、玉米，其他作物种植很少，经济作物的种植更少。而且没有对初级农产品进行深加工，没有形成产业链。出现这种问题的原因与片区农牧村缺乏市场带动，对市场的把握不到位有关；同时农民合作组织缺乏，很多合作社空有其表，没有实际发挥作用，更不能组织进行农产品的加工和销售，将产业链条向后延伸；在精准扶贫的推动之下，地方政府逐渐引入一些公司，通过"公司+基地+农户"的方式，开始拓展农业产业链经营方式，但相对有限，没有形成农民和农村自给的能力，一旦撤资，农村又会使用传统的生产方式，农民再度陷入贫困。

（二）农户收入来源单一，增收困难

农户的收入可以来自农业生产经营收入、在乡从事非农经营收入、外出务工收入、集体经济收入，以及其他收入（如政府补助、投资、亲友赠送、变卖财产等）。在调研中看到，除去政府为生活困难的群众提供的救助和少量农业补贴外，片区中农户的主要收入还是来自农业生产经营收入，也就是种地带来的收入。2010年片区城镇化水平低于全国平均水平15.6个百分点，城市吸引投资能力弱，辐射带动能力不足，现代服务业发展滞后，新增就业机会少，致使在乡从事第二和第三产业的人较少，这部分收入对于农户增收起到的作用不大。外出务工主要是在20世纪90年代之后逐渐开始的，但因学历等限制多，出卖劳动力能赚取的工资较低，且大部分为年轻人外出务工，这部分收入在21世纪初对农村是一种补贴，但是近些年随着农村结婚风尚的影响，外出务工所赚的钱几乎用于娶妻结婚时在城中置办楼房、车子、彩礼，耗费巨大，务工收入对农村的发展和生活水平的提高没有多大影响。集体经济收入更为微薄，随着乡镇企业的解体，90%以上的村子没有集体经济收入来源，一些村子村委会还欠了大量外债。总之，片区农户的收入单一，较为贫困。据《规划》统计，2010年，片区内农村居民人均纯收入相当于全国平均水平的66%；1274元扶贫标准以下的农村人口有67.6万人，贫困发生率为12%。如果按照2300元扶贫标准看，2011年片区（不含乌兰浩特市、洮北区、洮南市）有扶贫对象129人，贫困发生率24.1%，高出全国平均水平11.4个百分点。

四　公共服务体系不健全

（一）安全用水尚未实现

农村饮水安全是指农村居民能够及时获取的足量够用的生活饮用水，且长期饮用不能影响身体健康。水质方面需要达到我国《生活饮用水卫生标准》的规定，水量要能满足农村居民的饮水量。同时还要方便，取水往返时间不超过10分钟。供水水源保证率不低于95%。按照这些标准，据《规划》统计，2011年片区内18.4%的农户存在饮水困难，38.5%的农村人口尚未解决饮水安全问题。"民以食为天，食以水为先"，安全用水直接关系到广大人民群众的健康，如果不能满足安全用水需求，就不能实现全面建成小康社会的目标。农村的安全用水问题关系到我国扶贫工作的成败和乡村振兴的成效。故此问题在片区扶贫中必须解决。

（二）医疗卫生条件差

虽然相对 2001 年而言，2010 年片区内的所有乡镇都建立了卫生院，94.8%的村建立了卫生室，新型农村合作医疗参合率为 80.8%，但是看病难、报销难等问题仍然是摆在片区扶贫路上的重要障碍。调研中通过观察和走访得知，虽然大多行政村建有卫生室、各个乡镇建有卫生院，但是真正有病看病的时候人们不会选择这些机构，而是去县城、市里，稍微经济宽裕的人会选择省会城市的大医院，甚至北京的医院。这就造成了所建卫生室、卫生院处于一种"形同虚设、建而不用"的状态。究其原因有以下几点：经费投入不足，大部分村子的卫生室建立在村部中，只有一间房屋，面积较小，医疗设施不健全；乡村医护人员短缺，专业素质不高、能力不足；收费标准不统一，乡村医生收入低，还要从事农业生产；农民有病一般为了省钱就靠忍，最后形成大病，必须到大医院接受较好的医疗。总之，农村的医疗条件难以满足百姓需求。而前往大城市看病费用高，部分农民放弃治疗，致使因病致贫的村民大量存在。这是当时脱贫攻坚面临的重大困难。

（三）农村教育还很落后

《规划》显示，从 2001 年到 2010 年，片区适龄儿童入学率从95.8%提高到99.2%，青壮年文盲率从12.1%减少到4.4%，居民平均受教育年限从 6.1 年增加到 7.9 年。[①]但是这些数字远落后于其他地区。村小学逐渐消失、乡镇学校也在没落，投资比重、师资力量、教

---

① 大兴安岭南麓片区区域发展与扶贫攻坚规划（2011—2020 年）［EB/OL］. http://cn.chinagate.cn/infocus/2013-09/18/content_30067443.htm，2013-09-18.

学质量等都在下降，远落后于县城和城市学校。因此，大部分家庭为了让孩子获得更好的教育机会，不惜花费高额成本也要送其进入县城读书。这就形成了恶性循环，乡镇、乡村教育不断没落。农村教育基础薄弱，且有些家庭读不起书的状况仍然存在，给农村内生力量的培养形成较大障碍。

（四）社会保障制度不健全

新型农村医疗保险逐步推广，到 2010 年参保人数达 67.3 万人。农村低保制度基本完善。但是在调研中发现，片区中广大农村的养老仍以家庭养老为主，国家政府、社会机构的作用尚未凸显。年满 60 周岁的老人每个月只有百元左右的补助，在农村这些钱还不够买药，这与当地财政力量密切相关。可以说，农村最低生活保障制度需要进一步完善。

（五）基础设施薄弱

除了农业生产性基础设施，如现代农业基地和农田水利工程等薄弱外，农村生活性基础设施同样存在问题，不仅包括安全用水、农村供电，还包括农村道路、农民娱乐活动场所、路灯等基础设施不健全。同时，通信技术，特别是网络技术，对于生活在现今信息社会中的人来说是不可或缺的基本需求，对于贫困地区脱贫和开阔农民视野具有重要意义，故必须逐步完善这些基础设施。

总之，当时大兴安岭南麓地区居民收入普遍较低，"两不愁三保障"（不愁吃、不愁穿，安全住房、医疗、教育）并没有达到要求，农业生产基础薄弱、土地生产力不足、产业结构单一、农户收入来源缺乏、基础公共服务和设施不完善等问题大量存在，这严重影响群众健康、体面地生活，村里的内源发展动力不足，村集体力量薄弱等，给整个扶贫工作都带来诸多挑战。

第四节　区域贫困的特征

一　贫困发生面广且与国家贫困县部分重合

大兴安岭南麓地区是我国 11 个集中连片特困地区之一，共有 22 个县（市、旗）。由于自然环境恶劣，大兴安岭南麓地区有 13 个国家扶贫开发工作重点县（市、旗），即兴安盟的阿尔山市、科尔沁右翼中旗、科尔沁右翼前旗、扎赉特旗、突泉县，白城市的镇赉县、通榆县、大安市，齐齐哈尔市的泰来县、甘南县、拜泉县、林甸县，绥化市的兰西县。大兴安岭南麓地区跨越了内蒙古、黑龙江、吉林三省区，贫困发生面广。片区扶贫和全国扶贫开发重点县的重合，加大了扶贫开发的难度。

二　生态环境脆弱与生存条件恶劣并重

贫困问题与生态环境有密切关系。大兴安岭南麓地区生态环境脆弱，自然地理条件恶劣，沙化、盐碱化严重，又是干旱、霜冻的高发区，因灾致贫、返贫现象突出。为了保护生态，在片区设置了由森林、湿地、自然保护区、森林公园、地质公园等组成的各级各类限制开发区域和禁止开发区域。退耕退牧还林还草的政策不断在各县提出，一方面保护了当地生态，另一方面间接改变了当地居民传统的生计方式。虽然有些地方实行了生态移民、易地搬迁工程，但移民后如何安置，如何创造新的生计方式、扩大收入来源成为难点。部分居民选择在原居民点居住，缺少收入来源，难以走出贫困。

三　地区贫困和民族贫困叠加

大兴安岭南麓地区有众多民族，截至 2010 年末，少数民族人口占 13.4%，且分布相对集中于兴安盟、镇赉县、富裕县等地。此片区的生态环境恶劣、经济发展程度低，因灾致贫、因病致贫等使得民族家庭脱贫后容易返贫。同时民族地区的教育相对落后，经济拮据使得家庭更难以负担教育的开支，反而再次陷入教育贫困，使得民族地区贫困出现代际循环。在调研中还发现，民族地区还存在着"贫困文化"。这种贫困文化是在长期的生产生活中为适应当地恶劣的自然环境而产生的，使当地居民陷入固守传统观念的怪圈，不善于创新，害怕打破常规，从而对改变贫困现状的动力不足。因此，大兴安岭南麓地区脱贫攻坚中采取的措施就是将地方贫困和民族贫困联系在一起，将"扶志"和"扶智"相结合，重视民族群众自我发展能力的提升，重视民族经济和社会的发展。

四　贫困的多维性和复杂性并存

脱贫攻坚是针对我国绝对贫困展开的，但是从我国绝对贫困的划定标准和贫困的退出机制来看，不仅包括了温饱的生存需求，也包括了教育、医疗等基本生活需求；不仅有对经济收入的要求，也有对社会、自然等因素的期许。这种情况使得大兴安岭贫困地区的脱贫任务更为复杂和多维。同时，自然生态环境的脆弱、因病致贫、集体经济薄弱等因素交错在一起，使得贫困居民脱贫后容易返贫，加大了扶贫的复杂性和难度。

小　结

大兴安岭南麓地区地处内蒙古、吉林、黑龙江三省区的交会之处，气候类型为温带大陆性季风气候，干旱寒冷是其主要特征。自然资源相对短缺，交通条件差。蒙古族、满族、达斡尔族等多民族聚居于此，特别是蒙古族居多。不同民族有自身独特的传统文化，并不断发生着变迁。各民族在长期的交往、交流、交融中互相学习，民族关系融洽。

　　地区贫困和民族贫困在该区域是一致的。区域内大部分乡村以种植业生产为主，还有部分畜牧业，人们生活较为贫困。农田水利问题突出、农机具不符合规模生产的要求、农业科技创新和推广应用体系不健全、农村金融服务不足、农业保险滞后等造成农业生产基础薄弱；土地潜力难以发挥、土地沙化问题严重、土地盐碱化程度不断加深、耕地质量下降等造成了区域内土地生产力不足；农业结构单一，农户收入来源单一造成经济贫困严重；除此之外，安全用水尚未实现、医疗卫生条件差、农村教育还很落后、社会保障制度不健全、基础设施薄弱等都造成农村公共服务体系不健全，农村公共设施亟待完善。总结起来，该区域居民收入普遍较低，"两不愁三保障"未能解决。

　　该区域贫困有自身特点，表现为贫困发生面广且与国家贫困县部分重合、生态环境脆弱与生存条件恶劣并重、地区贫困和民族贫困叠加、贫困的多维性和复杂性并存，这就造成了区域内贫困现象的出现和贫困治理任务具有艰巨性，需要在分析不同贫困成因的基础上，因地、因人施策。我国的脱贫攻坚战基于上述的区情、民情、社情等精准施策、对症下药，成功打赢了这场没有硝烟的战争，创造了人类脱贫攻坚史上的奇迹。

第二章　大兴安岭南麓地区贫困成因

国内外有关贫困成因的研究有很多，并形成了各种理论。例如，贫困的恶性循环理论，主要是指发展中国家收入低、储备少，导致再生产的投资不足，投资不足又会促使低产出，导致低收入，不断循环，就造成了发展中国家持续贫困；人力资本缺乏理论，主要是强调人力也是一种资本，并且在经济社会发展中有至关重要的作用，人力资本要靠教育培训等提高能力，如果人力资本投资不足，就会导致贫困；社会不平衡理论，主要是认为贫困就是政治上没有权力、经济上没有竞争力、社会上没有公平等，造成了人们占有的社会资源短缺，进而陷入贫困；贫困文化理论，主要认为人的贫困是由一种特定的文化形成的，这种文化能不断地产生代际传递，生活在这种文化下，受其长期熏陶，人们很难改变生产生活方式和思想，致使贫困不断延续。在调研中发现，贫困原因众多，不能单靠一种理论进行解释。

在调研中可以发现，大兴安岭南麓地区每个村、每个贫困县的所在地区都会进行贫困原因分析，并按此进行"挂图作业"。例如，2017 年兴安盟全盟共有建档立卡贫困户 48558 户 105912 人，贫困发生率为 9.5%，其中少数民族贫困人口占 57.6%。[①] 全盟贫困原因主要有因病致贫、缺资金、因灾致贫等（见图 2-1）。

---

① 数据来自笔者 2018 年 7 月 16 日在兴安盟扶贫部门调研时所获取的资料。

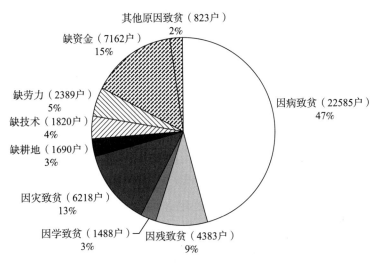

图 2-1　兴安盟贫困户致贫原因分析

资料来源：2017 年兴安盟脱贫攻坚"623"挂图。

其他地区也有类似的挂图分析，从中可以看出，常见致贫情况有以下几种。①因病致贫和因残致贫，也就是因为家中有人患病，特别是患有重大疾病，或因天生或后天偶遇突发情况造成，对于贫困户来说无力承担医疗费用，导致贫困。②因学致贫，一方面指的是农户家庭中因有子女上学，特别是非义务教育免学费阶段的高中、大学等所需费用而造成贫困；另一方面指的是贫困户受教育水平低，个人素质和技能不高，无法从事一些对知识技能要求较高的岗位，不能获得更多收入产生的贫困。③因灾致贫、缺耕地等可以归为自然资源匮乏、外部环境恶劣引起的贫困。④缺劳力主要指家庭中有劳动能力的人少，或因人口少或因年龄、健康状况等引起的贫困。⑤缺资金是在大多数调研中村民最常说的一点，这里的缺资金，既有因从事农业生产大多自给自足，市场化程度不高，农产品价格低等因素造成的收入低，也有因为价格波动等带来的不稳定因素，同时还指没有能够扩大再生产的资金。

另外，农村婚丧嫁娶所需的资金较多可能使一个家庭陷入贫困，特别是高昂的彩礼、风光的葬礼等。还有一些不合理的消费，都会引起贫困。不同地区、不同民族、不同贫困户致贫原因也是不同的，但归根结底可以分为自然地理性贫困、政策性贫困和主观性贫困。

第一节 区域的自然地理性贫困

一 恶劣环境下的单一生计方式

任何一个民族都有其自身的生存空间，这个生存空间由自然环境和社会环境共同构成。自然环境为其提供赖以生存的空气、阳光、水、土地等，为了满足自身生存和发展的需要，不断地对自然环境进行改造，进而形成自身的文化，包括其生计方式。一个民族所处的自然环境会影响民族生计方式的形成和发展，但是并不意味着处于同一个自然环境的民族就一定会形成同一种生计方式。因为生计方式不仅受到自然环境的影响，还受到民族文化的影响。"一个民族的生存环境在特定民族生计方式的作用下具有社会性和文化归属性。任何一个民族对其所处的客观外部自然环境并非百分之百地加以利用，总是按照该民族自身的文化特点去有选择地利用其中的一部分。"[1]

大兴安岭南麓地区内各民族所处的环境基本相同，都有干旱、少雨、多风、沙漠化、盐碱化等，同时深处内陆，与外界交流不便。这种相对封闭的环境，使得当地的生计方式存在长期性和相对稳定性。由于历史文化的影响，当地大多数蒙古族仍从事牧业生产，即便不能过着逐水草而居的游牧生活，也保留着圈养畜牧的习惯。而朝鲜族传统的水稻种植文化，使当地的朝鲜族仍以水稻种植为主。汉族等民族普遍以传统的小麦、玉米种植为主。

---

① 罗康隆. 论民族生计方式与生存环境的关系 [J]. 中央民族大学学报（哲学社会科学版），2004（05）：44-51.

从整体来看，除了部分青年人外出务工之外，地区的生计方式较为单一，主要是以种植业和牧业为主，也就是以大农业为主。这种生计方式受自然环境影响较大，干旱、洪涝、沙化、盐碱化等都会影响大农业的发展。单一的生计方式，一旦遇到自然灾害，就会遭受较大损失，走向贫困。笔者 2018 年在巴彦乌兰苏木调研时发现，因灾致贫是当地主要的贫困原因。当地苏木达 T1 讲述：

> 此地有个冰雹地带，每年都下冰雹。有灌溉条件的只有十分之一。靠天吃饭，不好打井。再一个就是早霜，无霜期短，高产作物种不了，所以当地 50% 的贫困都是因灾致贫。

笔者调研发现，2014 年富裕县五家子村有贫困人口 246 人，其中因灾致贫的就有 144 人，占一半以上，这也说明自然环境对片区民众的影响较大。[①]

总之，恶劣的自然环境是大兴安岭南麓地区致贫的一个原因，同时也成为部分贫困户脱贫后返贫的重要因素。

二　地理区隔下的市场竞争力低下

大兴安岭南麓地区所处的地理位置相对偏僻，位于内蒙古、吉林、黑龙江的交会地带，也是我国的边疆地区。距离三省区的省会（首府）城市较远，地理区隔造成了区域的相对封闭状态。这种地理环境使得农户到市场的地理距离较远。交通运输不便、网络信息不连贯等都影响着市场竞争力。《规划》中显示，截至 2010 年，建制村通沥青/水泥路率为 73.3%，各自然村中通路情况较差，高速公路、国家铁路等仍需要升级改造。

---

① 资料来自笔者 2017 年 9 月 14 日在富裕县调研时所获得资料。

村民们生产的农牧产品很难运往大城市，而各乡镇所需量有限，不能很好地成为当地农牧产品的经销点。同时，该地区的合作社发展相对落后，即便国家从 2006 年开始就出台了《中华人民共和国农民专业合作社法》，但是区域内合作社发展仍然缓慢，大多有名无实，对于拉动地方农业发展起到的效果不佳，并没有克服地理障碍，实现农民和市场的更好对接。

针对以小农户为主的情况，叶敬忠教授发起的"巢状市场"的设想为实现一家一户的农户对接市场提供了很好的思路。[①] 巢状市场的基本运作流程是：消费者下单→村庄小组长整理订单→农户提供产品→小组长包装→送货给消费者→消费者取货交钱→小组长将现金交给农户→消费者反馈。但是，叶教授说的巢状经济的前提条件是要有消费者下单，也就是市场，同时村中进行包装运送，即便不是自己配送，也要找快递公司。在交通不便的情况下，就会造成往返成本过大、运输新鲜度降低等一系列问题。

所以在交通不便的情况下，各种销售渠道对于对接市场都会产生不利的影响。因此，大兴安岭地区的地理区隔也是其贫困的重要原因之一。

三　资源薄弱下的开发不足

大兴安岭南麓地区的资源相对薄弱，没有丰富的煤、石油等能源，稀有金属和不可再生资源较少。同样此地的森林资源也不丰富，加之人们盲目滥采滥伐，使其更为脆弱。土地资源虽然面积广大，但黑土层逐渐变薄，沙化、盐碱化越来越明显。新能源应用不足，没有很好地利用风能、太阳能等发展经济。水资源利用不足，没有形成现代化的灌溉工程。

---

① 叶敬忠，贺聪志. 基于小农户生产的扶贫实践与理论探索——以"巢状市场小农扶贫试验"为例 [J]. 中国社会科学，2019（02）：137-158+207.

大兴安岭南麓地区不仅自然资源禀赋不足，而且也没有进行合理的可持续的开发。例如，土地资源优势没有发挥出来。区域内土地相对平坦，面积广大，可以进行大规模的机械化作业，提高装备水平和增加科技含量，增强粮食综合生产能力和抗风险能力，维护国家粮食安全。牧区还可以发展畜牧业，推进畜产品深加工。但是当时并没有达到此效果。一方面，耕地面积逐渐减少，可牧牧场不断被挤压；另一方面，随着进城务工人数增多，一些乡村逐渐空心化、老龄化，土地闲置化等问题严重，种植效益较低。

前文提到，农业发展缺少电力支持，特别是大型水电设施，低压电转化等都存在问题。但是此地风大，风能资源丰富，可以进行开发，有序推进风力发电，进行就地转化，服务农业发展和农民生活。但调研发现，当地对风能的利用较少。随着国家扶贫工作的不断推进，当地开始建设太阳能板，利用光伏发电为群众谋福利。由此可见，大兴安岭南麓地区的资源没有合理地开发利用，没有将有限的资源优势发挥出来，服务"三农"。

第二节　区域的政策性贫困

一　城乡二元结构的影响

城乡二元结构不仅指城乡二元经济体制，也包括城乡二元社会结构，是将城市和农村用户籍和其他制度，包括粮油供应制度、劳动用工制度、社会保障制度等区分开来的一种经济社会结构形式，是新中国成立后计划经济的产物。为了支援城市，确保城市有定期供应，迅速建立新中国的工业体系，实现工业化，就需要农业的不断支持。农业的收益大部分转移到城市，农民生活比较贫困。

改革开放后，农民的生产积极性大为提高，农业生产连创新高，同时还释放了大量农业劳动力，这些劳动力多数选择进城务工，以补贴家庭收入。但是城乡二元经济体制并未消除。

由于放任的劳动力市场和中国劳资关系的不平衡，一方面，农村的青壮年劳动力被掏空，农村出现留守群体，甚至空心化；另一方面，农民虽然进城了，但是却"住不下、融不进"，依然属于城市的底层，得不到在城市永久居住的合法权益，不断受到来自制度和社会的排挤。城乡财富差距不断扩大，农村凋敝、农民困苦。因此，城乡二元制度成为我国农村贫困的重要原因之一。

脱贫攻坚时期，大兴安岭南麓地区的城乡二元化经济特征比较明显，城乡经济发展差距很大。城镇化水平不高，小城镇发展建设步伐缓慢，城镇集聚作用、带动作用不足。棚户区、老旧住宅区和城乡接合部的基础设施滞后，改造与建设任务重。

二 公共服务不均的弊端

由于城乡二元结构的存在，在公共服务方面，城乡之间存在着较大的差异。同样由于经济影响，我国东部、中部、西部等地也存在着公共服务的地方差异。这种公共服务不均衡造成了农村的贫困。

2012年国务院印发了《国家基本公共服务体系"十二五"规划》，明确指出："基本公共服务，指建立在一定社会共识基础上，由政府主导提供的，与经济社会发展水平和阶段相适应，旨在保障全体公民生存和发展基本需求的公共服务。"[①] 基本公共服务"一般包括保障基本民生需求的教育、就业、社会保障、医疗卫生、计划生育、住房保障、文化体育等领域的公共服务，广义上还包括与人民生活环境紧密关联的交通、通信、公用设施、环境保护等领域的公共服务，以及保障安全需要的公共安全、消费安全和国防安全等领域的

---

① 国务院关于印发国家基本公共服务体系"十二五"规划的通知［EB/OL］. http://www.gov.cn/zwgk/2012-07/20/content_2187242.htm，2012-07-20.

公共服务"。① 基本公共服务要实现均等化，就是要让全体公民公平、可及地获得大致均等的基本公共服务，其核心是机会均等，而不是简单地平等化和无差异化。综合已有研究和调研结果可以发现，我国基本公共服务在城乡间、地区间供给不足、发展不平衡的矛盾依然十分突出，不利于共同富裕目标的实现，特别是农村公共服务远落后于城市，老少边穷地区形势更为严峻。

相对城市而言，农村基本公共服务的需求范围较广，不仅对生活类的需求较高，而且对生产类的公共服务也提出较高的要求，如农村中的农田水利工程、动物疫情防治、农田防护林、农业支持政策等。随着人民生活水平的提高，其对于公共卫生、环境安全、文化娱乐的需求也在逐渐增多。这些需求若不能满足，不仅不利于农业的发展，而且对农村和农民的现代化也有不利影响，同时也会陷入多维贫困。同样，农村由于居住分散，也会带来公共服务供给的分散、缺乏等状况。特别是在偏远山区、革命老区、民族地区，由于居住分散，可能会加大公共服务投入的难度，若不能适度适时投资又会妨碍这些地区脱贫致富。医疗、教育、住房更是直接关系农民生活和发展的大事，但是从建档立卡时的情况能够看到，这些方面农村和城市存在很大差异，农村较为落后。因病致贫、因病返贫是 2020 年前农村贫困人口致贫的主要原因之一。"国家卫健委提供的数据显示，截至 2015 年年底，因病致贫、因病返贫的贫困人口占整个贫困人口的 44.1%，涉及近 2000 万人，其中患有大病和慢病的是 734 万人，疾病已经成为贫困增量产生的主要原因之一。"② "在农村，重大疾病、慢性病、地方病是

---

① 国务院关于印发国家基本公共服务体系"十二五"规划的通知 [EB/OL]. http://www.gov.cn/zwgk/2012-07/20/content_2187242. htm，2012-07-20.

② 让贫困人口在健康路上携手同行 [EB/OL]. https://www.gov.cn/xinwen/2018-10/18/content_5331931. htm，2018-10-18.

致贫、返贫的主要原因。"① 同样，"因教致贫"更是贫困的难中之难，教育贫困包括两方面内容，一方面指的是农村教育贫困，农村的教育设施不足、教育投入少、教学质量差、教学资源分配不均，造成了农村的教育环境恶劣；另一方面指的是农村教育扶贫能力低，义务教育没能全面普及，适龄儿童入学并坚持完成学业的比例相对较小，同时接受过职业教育的农民少，农民素质普遍较低，贫困代际传承加剧。农村危房也是农村贫困的重要原因，是影响农民生命安全的重要因素。"十三五"期间计划易地搬迁 1000 万左右建档立卡贫困人口，并为其建立安全住房。建档立卡贫困户、低保户、农村分散供养特困人员和贫困残疾人家庭等是危房改造的重点对象，要探索支持农村贫困群体危房改造长效机制。另外，交通不便、通信技术差等也会造成大量农产品难以运输出去，不能很好地对接市场。所以，基本公共服务的不均衡发展也是农村贫困的重要原因之一。

大兴安岭南麓公共服务供给不足，一方面整个地区相对于国内其他地区的教育、医疗等公共服务供给不足，另一方面片区的城镇教育、医疗、社保等公共服务相比农村较为完善。这导致区域中人力资本投资不足、自我发展能力弱，这也是该区域贫困代际传递的主要原因。

第三节　民族群众的主观性贫困

一　贫困文化

"不能把贫困仅仅视为一种经济现象，从更深层次上，应视为一种文化现象，它表现为贫困的知识、贫困的思想、贫困的价值观念和

---

① 多措并举精准施策 打赢脱贫攻坚战——全国人大常委会就脱贫攻坚工作情况开展专题询问 [EB/OL]. https://www.rmzxb.com.cn/c/2017-09-01/1764956.shtml, 2017-09-01.

心理机制。"① 贫困产生的原因，不仅有外部的政策环境、自然状况等原因，还有诸多主观性的原因，其中人的思想价值观念等是重要的影响因素。学术界将这种文化现象视为"贫困文化"。

贫困文化理论最早由美国人类学家奥斯卡·刘易斯（Oscar Lewis）在 1959 年出版的《五个家庭：墨西哥贫穷文化案例研究》一书中提出，并在 1961 年的《桑切斯的孩子们：一个墨西哥家庭的自传》一书中进行了进一步阐释。他认为：①在人类学中，"文化"一词是一种生活结构，能够代代相传。贫困文化作为一种生活方式，有自己的模式，而且相当稳定，也能够在家庭内部世代传承，并给家庭成员内部带来明显的社会和心理后果。②贫困文化作为一种亚文化，在一个经济上一贫如洗的国家中，有积极的因素，能够为穷人生存下去提供某种防卫机制。"例如，由于无法从银行获取贷款，人们被迫依赖自由资源，组织无需利息的非正式信贷体系。由于看不起医生，或仅在极端紧急情况下才看医生，或者怀疑医院是'去了就不可能活着出来的地方'，人们只能依靠草药或者家庭疗法，以及挨邻的祛病者或接生婆。他们责怪牧师'同为凡人，与我等皆为罪人'，因而从不忏悔，也不参加弥撒，仅对着家中供奉的神像进行祈祷，或去大家熟知的圣地参拜。"②

在刘易斯的基础上，美国人莫伊尼汉（Daniel Patrick Moynihan）在《认识贫困》一书中提出了贫困和贫困文化恶性循环的理论，即"'物质贫困——精神贫困（低成就动机——低社会地位——低发展平台）物质贫困'，使贫困者很难摆脱贫困的阴影"。③ 但也有不同观点，例如城市人类学家布古瓦（Bourgois）根据其在波多黎各移民居住区

---

① 陈前恒，方航. 打破"文化贫困陷阱"的路径——基于贫困地区农村公共文化建设的调研 [J]. 图书馆论坛，2017（06）：45-54.

② 〔美〕奥斯卡·刘易斯. 桑切斯的孩子们：一个墨西哥家庭的自传 [M]. 李雪顺，译，上海：上海译文出版社，2014：16-17.

③ 刘志，张兴平，董杰. 对打破西部农村"贫困文化恶性循环"的思考 [J]. 攀登，2007（05）：104-107.

所做的调查认为这种贫困文化不全面，没有看到个体的生活受制于特定的历史、文化和政治经济结构，特别是阶级剥削、种族歧视等。①

因此，需从以下两个方面理解贫困文化。

第一，贫困文化包含具有阻碍社会进步、妨碍扶贫进程的社会心态和生活方式。主要表现为对科学文化知识缺乏和排斥，安于现状的人生观和宿命论，散漫、自卑的生活观，懒惰、依附的劳动观，落后的消费观，重男轻女、随大流等群体心理。这些陈旧落后、不思进取的社会心态抑制了改变贫困状况的信心，同时还消磨了反抗贫困的斗志，使人们安于现状、不思改变。

第二，贫困文化是生活在一个地区的人们长期受自然社会环境影响而形成的一种自我保护的文化，有进步的一面。"贫困文化是贫困群体适应贫困、忍受剥夺而形塑的一种行为模式、价值观念以及独特的生活方式。"② 贫困文化是一种本土知识，是人们身上的文化烙印，是符合当地环境、长期历史中形成的生活与生存经验的结合，包含"自强不息、艰苦奋斗、勤俭节约的良好品质"③，也是"贫困群体为了生计和降低生存风险的适应性配置"④。

正因如此，在讨论贫困地区或贫困群体的贫困文化时，不能采取全盘否定的态度。民族贫困文化是一个民族处于特定的自然地理环境下所产生的相对稳定的生产生活方式和价值观念。我国大部分少数民族生活在边疆地区、偏远山区等相对封闭的地理空间中，交通和通信的不便阻碍了其与外界进行信息和文化的交流互动，由此产生的文化是一种"前喻文化"，随着代际不断传承下去。贫困文化中那些不利

---

① 潘天舒. 当代人类学十论［M］. 上海：上海三联书店，2012：34.
② 伍琼华，闫永军. 贫困孤岛的参与式反贫困研究：来自云南边境边远山区的回音［M］. 昆明：云南民族出版社，2014：140-146.
③ 熊丽英. 贫困文化和文化贫困［J］. 求索，2004（02）：133-135.
④ 沈丽丽. 论地方性知识的贫困文化［J］. 重庆交通大学学报（社会科学版），2009（06）：85-87+93.

于发展和摆脱贫困的因子也传承了下去，形成了贫困的代际传承。所以谈及民族地区的贫困文化，需要对其全面分析，要看到利弊两方面，同时还要认识到文化背后更大的结构性力量，不能单纯以贫困文化来分析一个民族的贫困。[①]

笔者在调研大兴安岭南麓地区脱贫经验过程中确实看到了这种贫困文化的存在，特别是负面因子的存在。一部分人的时间观念差、目光短浅、生活单调、安于现状、思想观念落后。还有些人整天喝酒，不出去劳动，等待着政府的救济。这种现象就是贫困文化的体现。从村干部和扶贫工作队中了解到，有一些贫困户，即便政府帮助他们找到了工作，他们也依然会找各种理由拒绝干活，光在家喝酒睡觉。

这种"懒人"或者"二流子"的存在，增加了扶贫的难度。同时，在调研中还能够发现，部分群众对于"知识改变命运"的观点并不认同，或者认为"女孩子不用上那么多学，不如早点嫁人"，这些观念都会干扰贫困命运的摆脱。所以贫困文化是影响脱贫攻坚的重要原因之一。习近平总书记在《摆脱贫困》中强调："弱鸟可望先飞，至贫可能先富，但能否实现'先飞'、'先富'，首先要看我们头脑里有无这种意识。"[②] 所以在民族地区扶贫中政府关注到了这一现象，深刻认识到扶贫必须先"扶志"。

二　人力资本薄弱

"人力资本是指通过教育、培训、医疗保健和迁移等投资形成的凝聚在劳动者身上并具有经济价值的知识、技能、经验和健康等素质的综合，是劳动者素质的反映。"[③] 人力资本的薄弱也是大兴安岭南麓地区贫困的原因之一。

---

① 潘天舒. 当代人类学十论［M］. 上海：上海三联书店，2012：34.

② 习近平. 摆脱贫困［M］. 福州：福建人民出版社，1992.

③ 尹飞霄. 人力资本与农村贫困研究：理论与实证［D］. 江西财经大学，2013：37.

（一）知识和技能薄弱带来贫困

在人类发展中，知识和技能对于个人和群体来说都具有重要的影响，而知识和技能主要是通过教育和培训实现的。上文提到教育作为公共服务，从外部提供条件影响人们的贫困状况，而实际上，知识、技能更需要内化为人们的人力资本积累。受教育程度和受教育时长会影响其是否贫困及脱贫能力。一个人的受教育程度越高，他改变命运的能力就会越高。在贫困地区，个人受教育程度越高、受教育年限越长就越能减少贫困。

首先，受教育程度高会提高个人收入水平。从外出务工人员的工资水平来看，有文化、受教育程度高、有技术的人能够获得更高的工资，所做的工作可能更加精细。在调研朝鲜族村落时，村民曾说之前去韩国打工工资比较高，但是现在不行了，因为自己没有技术，文化程度低，只能靠出卖劳动力为生，工资比文化水平高的出国者差了很多。农村中走出去的除了务工、入伍，最重要的是考学，考上大学预示着会获得比祖辈们更高的收入，只留在农村从事农业的人可能受各种因素影响，收入较低。所以，受教育程度的高低会影响个人乃至家庭脱贫的成效和防止返贫的能力。教育不仅包括义务教育还包括社会培训。人力资本除了知识储备外，还包括劳动者技能提高，技能的获得不仅可以通过代际传承，还可以通过外界培训。培训可以提高劳动的熟练程度，提升技能水平。大多数研究表明培训可以促进收入的提高。例如，1977 年，斯科特等人的研究表明，接受培训的次数与工资之间成正比。[①] 2006 年，张艳华和李秉龙采用 Heckman 模型对调研数据进行研究，发现职业培训对农民非农收入的正向影响较为明显。[②]

---

① Scott L C, Smith L H, & Rungeling B. Labor Force Participation in Southern Rural Labor Markets [J]. American Journal of Agricultural Economics, 1977（59）：266-274.

② 张艳华，李秉龙. 人力资本对农民非农收入影响的实证分析 [J]. 中国农村观察，2006（06）：9-22.

2005 年，蔡荣生等的研究也显示，受过专业培训的农村转移劳动力的劳均汇寄款会比农村转移劳动力总体劳均汇寄款多 13.7%。[①]

其次，受教育的程度和年限会影响个人获取社会资本的能力，进而影响个人获取外界信息的多少和获得发展机会的能力。"社会资本，一般是指个人在一种组织结构中，利用自己的特殊位置而获取利益的能力。一个人能从自己的亲戚、朋友、同学、老乡等关系中获取的利益越多，那么他的社会资本就越多。"[②] 一般地，一个人的受教育程度越高，所接触的人就会越多，社会网络就越大，能够从社会网络中获得的机会就会越多，掌握的信息和机会就会越多，进而影响其发展的方向和高度。社会阶层会影响一个人的社会交往能力，穷人相较富人来说，所掌握的财富、信息量等远低于富人，其社会资本远低于富人，这就会限制其发展。

最后，从宏观上看，农民受教育程度会影响国民的整体素质，进而影响国家整体的经济社会环境，影响国民收入和脱贫能力。据国家统计局统计，2019 年末全国大陆总人口 140005 万人，其中城镇常住人口 84843 万人，占总人口比重（常住人口城镇化率）为 60.60%。农村人口 55162 万人。[③] 虽然我国的城镇化率超过了 60%，但其中农民工占了一部分，广大农村人口仍然占有较大比重，他们的受教育程度和接受培训的程度都会影响国民整体素质的提升，进而影响我国贫困发生率和脱贫能力。

总之，知识和技能的短缺成为贫困地区发生贫困的重要原因之一，同时也是主观因素中发家致富能力和脱贫能力的重要影响因素。在调研中能够清楚地看到，陷入贫困的原因不仅有缺乏资本，而且有缺乏技能。因此，在脱贫攻坚中，要对贫困户进行心理调适，帮助其树立

① 蔡荣生，赵亚平，金驰华. 有效转移的前提是有效培训 [J]. 经济，2005（05）：58-59.
② 范红忠. 中国城市经济转型发展 [M]. 武汉：华中科技大学出版社，2018：66.
③ 中华人民共和国 2019 年国民经济和社会发展统计公报 [EB/OL]. https://www.gov.cn/xinwen/2020-02/28/content_5484361.htm，2020-02-28.

发展意识；不断地加强培训，让农民掌握更多技能；通过教育投入，让农民能够摆脱贫困代际传承，掌握更多社会资本，使自身和家庭能够走出贫困。

（二）健康状况影响贫困发生

个人的健康状况会影响个人乃至家庭的持续性收入，健康的身体能够获得更多的资源改变自己和家庭的生活状况；能够以积极、乐观的状态，更充沛地投入工作中，提升工作效率，创造价值，进而转变为稳定的收入，减少贫困的发生。健康不仅指身体健康，还包括心理健康。

第三届国际心理卫生大会上认为心理健康应该符合四个标准，即"身体、智力、情绪十分调和；适应环境，人际关系中能彼此谦让；有幸福感；在工作和职业中，能充分发挥自己的能力，过有效率的生活"。[①] 心理健康是适应社会的基础，同样也关系到事业的成败。好的精神状态、健康的心理，会影响人的生存状态，在经济收入低、自然环境差、身体健康出现问题等综合因素的影响下，贫困人口在心理上会面临巨大的压力，容易产生心理亚健康状况，甚至导致心理疾病。另外，因贫困而导致的心理抑郁、情绪反差大、酗酒、家暴、自杀等情况也会使贫困家庭更难以脱贫。

国外学术界认为健康与经济、收入的关系成正比。例如，1962年，默希金将健康作为人力资本构成部分，通过计算美国因人口死亡率下降带来的经济收益，归纳出疾病对人力资本和劳动生产率造成损失的框架。[②] 1972年，格鲁斯曼在阿罗的基础上完善了健康经济学，并且构建了健康需求的理论模型，首次定义了健康资本，认为个人健康状况可以视为"健康资本存量"。[③] 2000年，伯乐姆和坝宁认为可以

---

① 高福海，楚蕴源. 体育与健康 [M]. 苏州：苏州大学出版社，2007：54.

② Mushkin S J. Health as an Investment [J]. Journal of Political Economy, 1962 (72)：129-157.

③ Grossman M. On the Concept of Health Capital and the Demand for Health [J]. Journal of Political Economy, 1972 (80)：205-233.

通过完善对贫困者的医疗保障公共卫生服务体系来帮助其摆脱贫困。①
国内也有诸多学者认为健康对收入有影响。2003 年，张车伟通过对 6 个
国家级贫困县的调查，发现卡路里摄入量每增加 1%，种植业收入会提
高 0.57%，如果家庭中有病人，种植业会受损。② 2005 年，高梦滔和姚
洋研究发现，大病对农户的人均纯收入的负面影响非常大，对中低收
入者的影响更大。③

　　“根据国务院扶贫办建档立卡数据，2015 年底，全国建档立卡
贫困户中，因病致贫的占到 44.1%，患大病重病的 240 万人，患
长期慢性病的 960 万人。因病致贫、因病返贫仍是造成贫困的重要
原因。”④ 2017 年，核准的贫困户中有 553 万户为因病致贫，734 万
贫困人口饱受病痛折磨。⑤ 大兴安岭南麓地区所包含的三个省份的
致贫原因，因病致贫仍是主要因素。“2016 年吉林省扶贫办现已建
档立卡的贫困人口是 70 万，其中 45.5% 是‘因病致贫、因病返
贫’的，约 31.85 万。”⑥ 黑龙江省在 2016 年“共入户调查 403610
人，其中确认患病人数 213569 人，占总调查人数的 52.91%”。⑦ “截
至 2019 年底，内蒙古有未脱贫人口 7300 户、16152 人，其中，因
病因残致贫 6210 户 13939 人，占剩余贫困户的 85.07%（因病致

①　Bloom D E, & Canning D. The Health and Wealth of Nations [J]. Science, 2000 (287):
　　1207-1209.
②　张车伟. 营养、健康与效率——来自中国贫困农村的证据 [J]. 经济研究, 2003 (01):
　　3-12+92.
③　高梦滔, 姚洋. 健康风险冲击对农户收入的影响 [J]. 经济研究, 2005 (12): 15-25.
④　全国扶贫日丨建立医疗兜底保障机制，让贫困人口看得起病 [EB/OL]. https://
　　www.sohu.com/a/197256127_452205, 2017-10-11.
⑤　习近平用“六个精准”把脉扶贫攻坚 全面小康指日可待 [EB/OL]. http://news.
　　youth.cn/sz/201711/t20171105_10964874.htm, 2017-11-05.
⑥　吉林省“因病致贫、因病返贫”人员约 31.85 万 [EB/OL]. https://www.sohu.com/a/
　　75838866_362024, 2016-05-17.
⑦　黑龙江省推进健康扶贫工作 有效遏制因病致贫因病返贫现象 [EB/OL]. http://
　　health.china.com.cn/2016-09/12/content_9030515.htm, 2016-09-12.

贫占 73.86%）。"① 总之，因病致贫是脱贫攻坚中最难消除的致贫因素，也是返贫的主要原因，更是当时脱贫攻坚最难啃的硬骨头。

（三）人口迁移影响贫困状况

一方面迁移需要支付成本，是一种投资；另一方面迁移能力是提升迁移主体收益的必备素质，能够拓宽劳动者的知识面，提高技能，获得更高的收入。迁移可以为劳动者拓展职业空间，优化资源配置，对脱贫有重要影响。1978 年，舒尔茨认为迁移成本具有在人力资本上进行自我投资的性质，迁移到新的地方是为了获得更多经济和非经济的好处，这也预示着能够在未来获得更多利润。② 1999 年，美国斯坦福大学经济学家罗思高等通过对劳动力迁移的研究，发现其对家庭农业生产的影响是双向的，一方面迁移对农作物的产出会有负面影响，但另一方面能够增加家庭总收入的净增长。③ 2003 年，都阳和朴之水的研究发现劳动力迁移对家庭收入影响很大，迁移带来的收入成为农村家庭收入的重要来源。④

迁移的发生除了有迁出地和迁入地的推拉力之外，迁移者还要具备一定的能力，即获取迁移信息的能力、做出迁移决策的能力、能够支付迁移成本的能力，以及能够实现迁移行为的能力。这些能力又与人力资本的其他能力密切相关，共同作用于个人身上。若不能对迁移信息进行准确把握，不能根据信息做出正确决策，即便有迁移行为也会遇到各种阻碍，收益不大。所以个人的迁移能力对于能够通过迁移

---

① 内蒙古着力解决"因病致贫返贫"问题 [EB/OL]. https://www.sohu.com/a/390081495_120209821, 2020-04-22.

② 〔美〕西奥多·W. 舒尔茨. 论人力资本投资 [M]. 吴珠华, 等译, 北京：北京经济学院出版社, 1990: 210.

③ Rozelle S, Taylor J E, & DeBrauw A. Migration, Remittances, and Agricultural Productivity in China [J]. American Economic Review, 1999 (89): 287-291.

④ 都阳, 朴之水. 劳动力迁移收入转移与贫困变化 [J]. 中国农村观察, 2003 (05): 2-9+17-80.

获得更高的收入有重要影响。

随着城乡劳动力市场的逐步开放，农村越来越多的人进城务工。城市相比农村可以提供更多的就业机会，在这里农民能够得到比从事农业生产更多的收入。而进城务工不仅是一个人的事情，也是迁移者整个家庭的大事。农民工，特别是第一代农民工进城赚钱，拿钱回乡，能够改善全家的生活状况，提升家庭生活质量。贫困家庭进城务工也能够提高农村家庭收入，实现脱贫。可以说，务工是贫困人口稳定脱贫的重要渠道，即"一人务工，全家脱贫"。随着乡镇企业时代的结束，离土不离乡的务工人员逐渐减少，大多人会选择离土又离乡，从事迁移性务工活动。而在务工中，掌握一定职业技术、准确把握迁移信息有利于农民顺利外出务工，提高家庭平均收入。因此，是否发生迁移活动也会影响农民贫困状态。

小　结

贫困是多种因素作用的结果，既有来自客观的自然地理因素，如恶劣的自然环境下带来的生计方式单一，地理区隔下由于交通不便影响市场竞争力，同时当地的资源储备薄弱，开发力度不足等；又有来自主观的贫困文化和人力资本薄弱带来的贫困；更有政策性贫困，也是贫困的深层次原因，即城乡二元结构和公共服务不均等原因。

从对大兴安岭南麓地区调研中发现，当地的贫困不是简单地由某一种原因造成，而是几种因素综合作用的结果，这就造成了当地贫困的复杂性和扶贫工作的艰巨性。需要在深入了解致贫原因的基础上对症下药、因地制宜、精准施策，从根源上消除导致贫困的各种因素。我国各级政府从这一现状出发，精准施策，取得了脱贫攻坚的胜利。

第三章　大兴安岭南麓地区脱贫
策略及成效

　　2015 年 11 月 27 日至 28 日的中央扶贫开发工作会议中，习近平总书记强调："要坚持精准扶贫、精准脱贫，重在提高脱贫攻坚成效。……要解决好'怎么扶'的问题，按照贫困地区和贫困人口的具体情况，实施'五个一批'工程。一是发展生产脱贫一批，引导和支持所有有劳动能力的人依靠自己的双手开创美好明天，立足当地资源，实现就地脱贫。二是易地搬迁脱贫一批，贫困人口很难实现就地脱贫的要实施易地搬迁，按规划、分年度、有计划组织实施，确保搬得出、稳得住、能致富。三是生态补偿脱贫一批，加大贫困地区生态保护修复力度，增加重点生态功能区转移支付，扩大政策实施范围，让有劳动能力的贫困人口就地转成护林员等生态保护人员。四是发展教育脱贫一批，治贫先治愚，扶贫先扶智，国家教育经费要继续向贫困地区倾斜、向基础教育倾斜、向职业教育倾斜，帮助贫困地区改善办学条件，对农村贫困家庭幼儿特别是留守儿童给予特殊关爱。五是社会保障兜底一批，对贫困人口中完全或部分丧失劳动能力的人，由社会保障来兜底，统筹协调农村扶贫标准和农村低保标准，加大其他形式的社会救助力度。要加强医疗保险和医疗救助，新型农村合作医疗和大病保险政策要对贫困人口倾斜。要高度重视革命老区脱贫攻坚工作。"① 大兴安岭南麓地区按照中央指示在精准识别贫困人口后，进行系统分析，探寻致贫原因，并根据自身特点和资源禀赋，因地制宜地实施"五个一批"工程进行脱贫。民族地区脱贫工作既要在整个贫困地区的脱贫政策引领下进行，还要更多关注和尊重民族群众的民族性格、民族传统习俗，发挥民族文化资源优势和民族团结凝聚力作用，发展生产，传承文化，脱贫致富。

第一节　发展生产脱贫

发展生产脱贫一批主要指立足于本地资源禀赋优势，积极引导贫困户投入生产发展中，实现产业脱贫。产业脱贫一般包括农村产业扶贫、旅游扶贫、电商扶贫、资产收益扶贫、科技扶贫等。要根据当地情况，因地制宜地发展种植养殖业和手工业等，实施"一村一品、一镇一业"的产业推进行动，吸引资本下乡，培育建设农民合作社和龙头企业，带动和帮扶贫困户。同时，加快农村三次产业融合发展，调动全社会力量与贫困群体的积极性进行发展生产，实现共建共治共享。在大兴安岭南麓贫困地区的产业脱贫中，一方面调动广大贫困户的积极性，发挥其主体性作用参与到产业建设中；另一方面探寻适合本地发展的产业经营模式，实现多元共治。

一　发展小农户为主的民族产业

（一）菜单式产业扶贫

调研发现，兴安盟地区普遍实行菜单式产业扶贫模式，特别是有劳动能力、愿意在农村发展的贫困户更多受益于这种扶贫模式。在2018年7月进入兴安盟调研时，扶贫办Y主任这样解释道：

---

① 鞠鹏. 习近平在中央扶贫开发工作会议上强调 脱贫攻坚战冲锋号已经吹响 全党全国咬定目标苦干实干［N］. 人民日报，2015-11-29.

　　过去我们都是给贫困户买牛、羊、鸡、鹅等，他们还不愿意养，有的直接给吃掉了。现在我们实行菜单式扶贫，也就是我们扶贫办考虑到咱们这个地区贫困户可能有意愿的产业，种植养殖业都有，然后列一个目录，让贫困户自己选择目录上的产业，然后我们进行补贴。为了调动贫困户的积极性，珍惜这些产业，我们先不给补助，让他们自己拿钱买，或者由帮扶责任人垫付，或者是去银行贷款，等购买回来之后，政府去验收，合格证颁发之后，贫困户可以申请补助资金，我们把所花部分的80%补给贫困户。这样看来，是他们自己的钱购买的，会更加珍惜，同时也使贫困农户真正参与进来。只要你有一种想要发展产业的愿望，政府就会帮你实现，这样群众对扶贫的满意度就上来了。菜单中的品种是多种多样的，但是农户的需求更是多样，如果他选择的是目录中没有的，我们就去调研，根据具体实际给予其补助，并将其意愿写入菜单。

　　兴安盟菜单列出的脱贫产业包括养殖业、种植业、农田改造、商业和相关服务业等。兴安盟的蒙古族人数较多，传统上养殖业较为发达，针对这一文化，养殖业成为菜单中的主要部分。养殖业包括养猪、养鸡、养羊、养马、养鹅、养牛、养驴、养蜂、养鸭、养鱼、养孔雀、养火鸡。种植业在菜单中不包括大田种植，主要包括温室种植、冷棚种植，品类主要有韭菜、葡萄、油桃、果树、药材。农田改造主要针对打井灌溉给予补贴，商业方面主要指开办商品超市。

　　菜单式扶贫坚持尊重个人意愿的原则，建档立卡贫困户根据自身条件和能力，以及意愿来进行选择。对于有劳动能力，但不愿在农村从事农牧业生产的农户，可以不实行菜单式扶贫，而是转为劳动输出扶贫方式。菜单式扶贫坚持短平快、效益优先的原则。从上文中可以看到选取的项目基本上是生产周期短、易于管理的，可以确保有劳动能力，甚至是半劳动能力，如老年人、残疾人都可以从事。菜单式扶贫是鼓励贫困人口参与劳动的一种策略，其资金来源为扶贫专项资金。

总体来说，菜单式扶贫是落实产业扶贫精准到户工作的具体体现，是一种"政府列单，农户选菜，先建后补、分期补助、一卡通入户"的产业扶贫模式，是在考虑当地资源禀赋和自然环境之上，因人因户施策，充分尊重贫困户的意愿，调动贫困户进行自我创业，促进其自身摆脱贫困的路径。菜单式扶贫主要针对有劳动能力且愿意在农村发展产业的贫困户。

（二）庭院经济

庭院经济是大兴安岭南麓地区吉林省的镇赉县、通榆县等地针对小农户提出的，坚持因地制宜、一屯一品、订单种植、全面发展的原则，覆盖所有村、屯和农户。这是精准扶贫与乡村振兴战略相结合的产物。

自 2017 年开始，镇赉县充分利用家庭院落的空间和各种物能资源，运用先进适用的农业生产和工程技术，引导农民因地制宜，推广以种植、养殖、加工、服务、休闲农业建设为纽带的庭院经济。2017 年镇赉县出台了《2017 年镇赉县庭院经济（种植）补贴实施方案》，指出庭院经济补贴的是除了种植玉米面积以外的庭院实际种植面积，其中建档立卡贫困户每平方米补贴 1 元，非贫困户每平方米补贴 0.5 元，补贴上限每户不超过 2000 平方米，当年全县发展庭院经济农户 37745 户、面积 25490 亩，其中贫困户 19782 户、21905 亩。[①] 2018 年镇赉县下发了《2018 年镇赉县庭院经济发展工作实施方案》，强调在当年 4 月 10 日前确定适宜本地发展、效益高、销路好的发展品种，其中：旱田乡镇要充分利用资源和区位优势确定发展品种，水田乡镇要

---

① 镇赉县全力推进棚膜经济和庭院经济发展 ［EB/OL］. http://www.jlzhenlai.gov.cn/xxgk/xxzb/201707/t20170719_376991.html，2017-07-19.

尽量利用好水稻育苗大棚发展棚膜生产，严禁种植玉米（黏玉米除外）。同时，要求"一村一品"示范村的发展品种要占全村庭院经济可利用总面积的70%以上，其他村的两个发展品种面积之和要占全村庭院经济可利用总面积的80%以上。还提出在5月10日前完成所有农户庭院经济的订单签订工作，上报县农业局综合科，之后农业局根据各品种的用种量和现行价格计算出补贴款数额，并将这些下拨到各乡镇，由乡镇监督各村统一购买助推品种的种子（苗木）或者直接补贴到户。这些补贴贫困户和非贫困户都同等享受。各乡镇和帮扶部门要帮助农户找到订单，主要是和大企业、大超市、合作社及农产品经纪人协商，包装产品，打出品牌，争取更多订单；同时，探索互联网、微信等现代销售方式，进行农产品销售。没有人居住的庭院，村里统一播种，所有农户庭院都要全面发展庭院经济。

2018年，通榆县共有48个村6526户11701人实现脱贫。[①] 在产业扶贫方面，主要是依托当地资源禀赋，重点实施了庭院经济，基本能够实现旱涝保收。通榆县的庭院经济涉及所有村屯和农户，而不仅仅是针对贫困户的发展举措。庭院经济要发展什么品种，都要根据市场需求，科学选择品种，因地制宜，精准施策。庭院经济种植的主要作物是辣椒、果蔬、中草药，而且要一屯一品。主要采取"以奖代补"的方式，农户先通过自筹或者贷款等方式发展这些项目，并向当地乡镇政府提出发展项目申请，经由当地乡镇组织乡村干部、第一书记、村民代表进行核查验收之后，每平方米补贴1元，每户庭院种植面积不超过1000平方米，超过1000平方米的按照1000平方米进行补贴，少于1000平方米的按照实际种植面积补贴。而且强调只有整屯推进的村屯农户才能够享受庭院经济补贴，非庭院种植面积不享受庭院经济

---

① 关于通榆县2018年国民经济和社会发展计划执行情况与2019年国民经济和社会发展计划（草案）的报告［EB/OL］. http://www.tongyu.gov.cn/zwgk/fzgh/201902/t20190201_691668.html，2019-02-01.

补贴。贫困户要想发展可以利用扶贫资金补贴，非贫困户利用种植结构调整资金补贴，补贴的资金由乡镇直接打给农户。通过以整乡整村整屯的方式发展庭院经济，整个通榆县利用庭院经济带动建档立卡贫困户 2528 户，户均增收 2000 元以上。

镇赉县和通榆县是吉林省在大兴安岭南麓的贫困县，针对小农户采取的庭院经济发展模式，主要是政府给予补贴，整村整屯不分贫困户和非贫困户一律实行庭院计划，这样方便县乡政府帮助农户销售产品，特别是镇赉县强调实行订单型庭院经济，通过与企业和合作社联合，签订回收合同，保证村民庭院作物稳定销售。不过，在具体实施过程中也存在一定的问题，例如，庭院经济要得到广大农户的支持，吸引农户加入，改变传统的庭院种植养殖方式是需要做动员工作的，在某些村子调研时，发现村民和当地村主任有争执，因为大家感觉自己的园子想种什么，自己做不了主，必须听村主任的安排，心理有些不平衡。另外了解到，村中每年想要统一的特色庭院作物不同，去年是辣椒，今年是小冰麦，频繁换种给村民带来诸多不便，而且这些品种也不是所有村民都喜欢种植的，特别是小冰麦，村里从来没有种植过，没有经验，这些情况都带来一定的问题。

虽然两个县的具体措施有所不同，但是都把庭院经济作为脱贫攻坚一项重要的产业扶贫措施来实施，而且根据当地实际，充分利用资源禀赋和区位优势发展经济作物和果树等，将全部农户纳入其中，可以防止贫困户和非贫困户之间产生对立，推动脱贫攻坚与乡村振兴深度融合、有效衔接。

（三）小菜园扶贫

黑龙江省所在大兴安岭南麓地区的贫困县同样也推出类似庭院经济的"小菜园""小牧园"产业模式带动农户增收，但主要对象为贫困户，帮扶责任人和帮扶单位为其寻找销售渠道，并积极与电商相结合进行销售。2018 年 11 月 29 日在绥化市望奎县调研时，其扶贫办 J

主任介绍道：

我们县靠小菜园实行产业帮扶的有 6400 户。采取的方式是年初的时候我们帮扶责任人和贫困户签协议，先交定金，老百姓地里能种啥，我们就收啥。咱们这边的菜，春天种，秋天收。我们还有特色的，香瓜、西红柿、茄子、辣椒都很好。这边小牧园中的小鸡大鹅等也可以回收了自己家食用，或者送给亲朋好友。房前屋后发展小菜园，即使老人或者部分残疾人也可以经营，种点菜。他们自己种的，我们吃着也是新鲜健康的，还能帮他们增收。农户那里还可以代养猪，我们给农户钱，到了年末可以把猪拉回去吃。如果帮扶责任人自己吃不完，可以送人，送亲戚朋友。实在不行，我们这边几乎每个单位都有食堂，可以和贫困户签约，食堂采购就可以。小菜园基本上供县里消费，不会运往他地，因为运费太高。我们定的价格会比市场价格稍微贵一点，通过这种形式，增加贫困户收益。只要贫困户还有能力种地，一年三百五百的都可以，而且这钱是长期持续的。

当问及为什么有发展小菜园、小牧园的想法时，J 主任这样说：

刚开始想着把贫困户菜园里的东西收上来，然后卖出去，但是县里也有自己的市场，这些不好卖。而且一家一户的比较分散。农户还有些茄子干、辣椒干等，食堂都可以用得到。我们最开始还想着搞菜园认领活动，也就是把贫困户的地租出去，城里的人周末过来伺候地。产出的东西拿走分享，但是后期发现不行。认领太远，工作时间有限，不能总来，所以就只能用现在的方式扶持小菜园。

关于小菜园中成果的销售方面，他说道：

> 小菜园的东西毕竟有很多，不能仅靠我们吃，我们帮扶责任人可以帮着联系卖家，比如谁身边有人想买点啥，想吃点啥，正好贫困户小菜园小牧园中有，可以联系一下买。这也是小量的，大批量的还是要靠单位食堂之类的。好在我们这边有场子也收农产品，收上来之后在网上卖。农村淘宝可以用，比如二里沟那个地方很早就有在网上卖土豆干、豆角丝、豆包等农副产品的。

图 3-1 展示了镇赉县农村淘宝展销的部分商品。

图 3-1　镇赉县农村淘宝展销的部分商品

资料来源：笔者于 2017 年 8 月 15 日在镇赉县农村淘宝服务中心拍摄。

2018 年 11 月 30 日绥化市农业局 W 主任说：

> 全县小菜园每户不大。包括海东大医院种的朝天椒，直接和绿生源签的合同，往方便面里面放的，这是半成品。今年收鲜辣

椒1.2元一斤。产业扶贫，起码从小菜园开始，土地面积也比较均等，原先农户也没有空着前后院子的，再没有劳动能力的也会种，秋天也收获。我们只不过引导他们种点经济作物，这样也能够均衡发展。

图3-2展示了绥化市望奎县的农村淘宝网站页面。

图3-2 绥化市望奎县的农村淘宝网站

资料来源：笔者2018年12月1日截图于淘宝网站。

富裕县吉斯堡村民成立众帮蔬菜种植合作社，吸纳社员19户，通过种植有机蔬菜积极发展庭院经济，每户"小菜园"每年增收500元以上。① 甘南县文体新局F局长认为：

家家院院都种点东西，国家发展庭院经济、小菜园子，种菜或是草药，蔬菜、经济作物、药材作物、非农作物，这是很好的

———————————
① 数据来自笔者2019年4月26日在吉斯堡村的调研资料。

路子。其实在农村发展什么，关键是路子，以及谁来收，谁来销售。物流方面，电商在尝试。

龙江县在 2018 年开始推广电商小菜园项目，建立农家小园 1200 亩，主要种植泰国架豆、红辣椒等，带动贫困户 1001 户，亩收益 3000~5000 元。①

可以说，"小菜园""小牧园"经济是庭院经济的又一种形式，在黑龙江地区主要针对的是贫困户，通过"小菜园+电商""小菜园+贫困户+帮扶责任人"的形式进行销售。"小菜园"经济是传统耕种方式的延伸，可以带动经济作物、蔬菜、水果的种植，不仅能够充分地利用农村中房前屋后的土地，还能够增加农户收入。自家房前屋后的空闲地利用起来，种植养殖见效快、成本低的项目，农村老年人、妇女以及部分残疾人、慢性病人等都可以参与进来，能够动员最广泛的力量投入扶贫和乡村振兴中，利用自家土地资源发展生产，摆脱贫困。

总之，针对小农户的产业扶贫既有发挥贫困群体主动性和参与性的菜单式产业扶贫模式，也有利用可资利用的土地资源和有限的劳动力进行的各种庭院经济模式，能够将可以劳动的小农户组织起来进行生产进而逐步脱贫。但也要看到一些贫困户热衷于农村农牧业生产且有干劲，经过培训可以掌握一定的农业科技；有一部分人有劳动能力，但是不愿从事农业生产；也有没有劳动能力，但有发展意愿的贫困户；还有没有劳动能力，无发展意愿的贫困户。针对第一类人可以将他们组织起来让其加入合作社或兴办家庭农场、扩大经营等；第二类人可以鼓励他们外出务工；第三类人可以采取"托管式扶贫"措施，即无养殖条件的贫困户购买牛、羊后，可托管到合作社、养殖场等经营主体，享受经营收益；第四类人可以实行"资产收益式"扶贫，主要针

---

① 数据来自笔者 2019 年 4 月 29 日在龙江县扶贫办的调研资料。

对无劳动能力、无发展意愿的贫困户，具体是将扶贫资金折股量化到龙头企业、合作社等经营主体，贫困户每年享受固定分红收益。

二 依托组织发展民族产业

除了上述自行发展的贫困户外，各贫困县还依托地域和资源优势，并利用帮扶单位和社会力量等社会资本，积极进行农民专业合作社、龙头企业、产业基地等建设，并不断吸引外来投资或加强产销合作发展生产。贫困户以贫困贷款、地方扶持的产业发展资金、劳动力、实物等入股合作社。

（一）"龙头企业+合作社+贫困户"

科尔沁右翼前旗在脱贫攻坚的道路上探寻到了"龙头企业+合作社+贫困户"的"两带五保一帮"产业化扶贫模式。这不仅能够完善龙头企业与农牧民利益联结机制，还能壮大龙头企业，培育新型经营主体，创新金融担保机制。荷丰糖业是该地区主要的重点龙头企业，以加工甜菜为主。"两带"指的是带动农机专业合作社发展、带动甜菜种植大户发展，贫困户可以将贷款、产业发展资金、土地等入股到合作社或者参与种植，进而获得分红。"五保"指的是通过荷丰糖业的贷款担保、技术提供、农机服务、订单收购等方式，可以为贫困户保投入、保种植、保运营、保收购、保收益。"一帮"指的是帮助贫困户控制风险、稳定增收、脱贫致富。

其中，合作社承载了连接龙头企业和贫困户的作用，对扶贫开发起了重要作用。2015年开始，科尔沁右翼前旗良种场村先后注册成立了种植、养殖、农机三家专业合作社，并实现良种场村84户农户2756亩耕地全部集中流转。种植合作社利用流转土地发展规模、高效种植业，取得发展效益；流转土地农户在取得流转收入的同时，还可获得合作社经营收入二次分红；另外，本村剩余劳动力50余人均在村内板厂、小型粮库以及三个合作社完成就地转移就业，增加务工收入。

农机合作社主要提供代耕代收生产服务，对贫困户采取了缓交、代送等措施给予特殊照顾。所取得的经营收入 1/3 用于贫困户脱贫、1/3 用于村集体收入、1/3 用于合作社发展壮大。养殖合作社专门进行肉羊"托管"，所得利润全部补助给贫困户。养殖合作社每年从年终效益里提取 5 万元，为全体村民缴纳医疗保险和养老保险，保障村民病有所医、老有所养。本村剩余劳动力 50 余人均在村内三个合作社等企业完成就地转移就业，增加务工收入近 100 万元，人均增收 1800 元。①

（二）"合作社+基地+贫困户"

2017 年，科尔沁右翼前旗共投资了 30 亿元，主要建设 100 万头生猪养殖项目、30 万吨饲料项目和 100 万头生猪肉食品加工项目。项目建成投产后，形成了产、供、加、销一体化的现代生猪产业基地，解决当地 2000 名农牧民就业，带动该旗发展生猪出栏 100 万头以上，形成 80 亿元产值的生猪产业链。② 同时，通过"合作社+基地+贫困户"的生猪养殖模式，该项目将辐射带动科尔沁右翼前旗广大农牧户发展生猪标准化、规模化养殖，进行全产业链经营，打造品牌，有效提升当地生猪养殖产业化水平，为群众脱贫致富、持续增收提供保障。

科尔沁右翼前旗归流河镇光荣嘎查为了更好地实现贫困户的产业脱贫，精准定位优质肉牛产业，规划建设了一处年存栏 1000 头、年出栏 400 头的标准化优质肉牛产业扶贫托管园区，以肉牛良种繁育、绿色生态养殖育肥为主。项目总投资 540 万元，其中科尔沁右翼前旗兴林畜禽养殖专业合作社自筹 440 万元，归流河镇申请扶贫专项资金 100 万元。园区建成后，依托合作社经营管理，采取产业化的经营方式形成养殖基地，以养殖基地辐射农户及贫困户参与养殖，构建利益联结紧密的贫困户购牛、托管、回购一条龙服务扶贫模式。按照"托管式"施策模式，针对全镇无劳动能力或不具备经营能力的建档立卡

---

① 数据来自笔者 2018 年 7 月 25 日在科尔沁右翼前旗扶贫办的调研资料。

② 数据来自笔者 2018 年 7 月 25 日在科尔沁右翼前旗扶贫办的调研资料。

贫困户，提供肉牛托管服务，扣除合理的托管费用外，保证贫困户托养的每头肉牛每年获利 840 元。同时，对建档立卡贫困户自养的肉牛，在达到出栏条件时，均由该合作社按市场价格进行回购，保障贫困户经营收益。园区每年向归流河镇缴纳固定红利 8.4 万元，其中 1.4 万元交由项目所在村管理，用于壮大嘎查集体经济；另外 7 万元用于镇内易地搬迁项目所建幸福院贫困户生活补贴以及其他建档立卡户的生产发展、生活救助、贫困家庭大学生救助等。2018 年聘用有劳动能力的贫困户 4 人，月工资为 2400 元。"合作社+基地+贫困户"的模式对于贫困户特别是无劳动能力或不具备经营能力的贫困户来说是一种较适宜的产业脱贫模式。

需要注意的是，合作社不仅有以上大型或全村集体合作社，还有农机合作社、养猪与养羊合作社，以及其他合作社等。2018 年 7 月 28 日在巴彦呼舒镇 HRDB 嘎查调研时，一个正在干活的五十多岁男子 T2 这样介绍：

> 我现在要种 1000 多亩水稻，其实是我们几个人合伙。我们家有 200 多亩，一般人承包不了，所以和村里几个关系好的人合伙干。我这边都是用机器。我们几家自愿一起。他们买种子，我播种之类的。现在几乎都合作。没有钱买机器的，就包给他们，他们再播种。要靠机器种植，所以这里不缺水就保收，缺水、停电都不行。

（三）"公司+基地+农户"

2018 年黑龙江省富裕县依据地缘优势，积极抓住时机引入上海光明集团入驻富裕县，政府利用财政扶贫资金给每个没有奶牛的贫困户贷款 6000～10000 元，和光明集团的 3315 万元合并建立了光明松鹤公司。公司新建了大型商品奶生产基地以及鲜奶加工、储藏厂和技术服务部门，与政府合力开发县内的奶业资源。光明松鹤公司作为当地的龙头企业，确立了扶贫开发、奶牛当家的工作思路，走"公司+基地+农户"的产业化经营道路。光明集团对养牛户进行培训和技术指导，统一提供良种扶贫奶牛，统一进行组织管理。扶贫型奶牛产业化经营方式可以实现区域模型化的养殖业发展，带动5260户贫困户发展奶牛生产、7600户贫困户种植绿色特色农作物18万亩。

　　除了上述地区之外，绥化市也建立代养代种带动机制。支持各类经营主体，采取托牛入场、借母还犊、寄养付酬、反租倒包①等模式，带动贫困户发展特色产业。在蔬菜产业上，推出了由中舜等多家蔬菜加工企业牵头的"公司+合作社+基地+贫困户"模式；由榆林庆丰、临江老三瓜菜等17个经营主体牵头的"合作社+贫困户"订单模式；以兰西镇"呼兰河右岸"为代表的"省直机关专供"模式。2018年，立信和中舜两户蔬菜企业与榆林庆丰大葱种植合作社签订土豆、大葱等蔬菜种植订单8000亩，保底价回收，从根本上实现产业转型升级。

　　总之，大兴安岭南麓地区的产业脱贫工作是整个脱贫攻坚计划最重要的组成部分，也是能够提升贫困户收入最有效的形式。在产业扶贫模式中，因地制宜，因户施策，既有针对小农户的扶贫方式，也有依托组织，特别是以合作社、基地、公司为主的脱贫形式。无论是哪种方式，村中的致富能手都发挥了重要作用，在扶贫开发中起到了引领和带头作用。同时，各种产业扶贫模式都在不断地关注贫困人口的主体地位，将贫困地区的劳动力、半劳动力、无劳动力的人都吸引进产业发展中，发挥其主动性，积极实现脱贫致富。

---

① 反租倒包指村委会将承包到户的农地通过租赁的形式集中到集体（称为反租），进行统一规划和布局，然后将土地的使用权通过市场的方式，承包给农业经营大户或者从事农业经营的公司（称为倒包）。

第二节 易地搬迁脱贫

一 "易地"与"异地"

2011 年中共中央、国务院印发的《中国农村扶贫开发纲要（2011—2020 年）》指出，对生存条件恶劣地区的扶贫对象，在坚持自愿原则基础上，充分考虑资源条件，因地制宜，实行易地扶贫搬迁，进而改善其生存与发展条件，着手培育和发展后续产业。"有条件的地方引导向中小城镇、工业园区移民，创造就业机会，提高就业能力。加强统筹协调，切实解决搬迁群众在生产生活等方面的困难和问题，确保搬得出、稳得住、能发展、可致富。"[①] 2015 年中共中央、国务院印发《关于打赢脱贫攻坚战的决定》，强调"对居住在生存条件恶劣、生态环境脆弱、自然灾害频发等地区的农村贫困人口，加快实施易地扶贫搬迁工程"。[②] 2016 年 9 月 20 日国家发展改革委出台《全国"十三五"易地扶贫搬迁规划》，希望解决"一方水土养不起一方人"的贫困问题。各地根据实际情况，统筹中央财政专项扶贫资金，扶贫移民、生态移民、避灾搬迁等资金实施搬迁工程。[③] 2020 年 3 月 6 日习近平总书记在决战决胜脱贫攻坚座谈会上的讲话中提到，"全国易地扶贫搬迁 960 多万贫困人口，中西部地区还同步搬迁 500 万非贫困人口，相当于一个中等国家的人口规模。现在搬得出的问题基本解决了，下一步的重点是稳得住、有就业、逐步能致富"。[④]

---

① 中共中央 国务院印发《中国农村扶贫开发纲要（2011—2020 年）》［EB/OL］. http://www.gov.cn/gongbao/content/2011/content_2020905.htm, 2020-09-05.

② 中共中央 国务院关于打赢脱贫攻坚战的决定［EB/OL］. https://www.gov.cn/zhengce/2015-12/07/content_5020963.htm, 2015-12-07.

③ 发展改革委出台全国"十三五"易地扶贫搬迁规划［EB/OL］. https://www.gov.cn/xinwen/2016-09/23/content_5111114.htm, 2016-09-23.

④ 习近平. 在决战决胜脱贫攻坚座谈会上的讲话［N］. 人民日报，2020-03-07.

易地搬迁是将居住在生态环境恶劣、自然条件低劣等不具备生存条件和地质灾害高发地区的贫困群众，搬到适合居住的地方，进而实现脱贫致富的一种扶贫模式，与"异地搬迁"不同。"异地"更强调从一个地区前往另一个地区，强调他处、他乡；"易地"则更强调交换土地，强调"换"这种行为。"易地搬迁"包括"异地搬迁"。易地搬迁安置方式分为两种，集中安置和分散安置。易地搬迁对象在实行过程中不仅包括建档立卡的贫困户，也包括其他的相关非贫困户。易地搬迁有以下几种形式：其一，产业配套型易地搬迁，指的是通过行政引导发展搬迁目的地的主导产业，增进与其他相关产业的发展，让搬迁户有持续的收入和稳定的事业；其二，小康安居工程易地扶贫搬迁，指的是政府直接在搬迁目的地修建好各种基础设施和公共服务，搬迁的贫困户直接能够使用这些配套设备进行生产；其三，荒地开垦性易地扶贫搬迁，指的是在自然和基础设施相对较好的荒芜的地方重新建立定居点，充分利用目的地的自然禀赋和环境建立新农村；其四，生态补偿型易地搬迁，指的是为了保护生态环境，将生态环境恶劣或脆弱地区的贫困户迁移到人居环境好、交通发达的城市周边，原有的宅基地、山林、承包地等资产要通过生态补偿或退耕还林的方式补偿给搬迁户。①

易地搬迁有利于帮助居住在生态环境脆弱、自然环境恶劣地方的贫困户找到适合居住的自然社会环境，改善他们的生产生活环境和条件，降低扶贫成本，保护生态环境，促进劳动力、土地等资源的合理流动，实现脱贫致富。在易地搬迁中应该考虑好"谁搬迁""搬到哪""怎么活"的问题。其中"谁搬迁"考虑的是哪些人需要进行易地搬迁，是个别贫困户的搬迁还是整村推进？"搬到哪"就是搬迁的目的地选址，是离原居住地不远的地区，还是较远的城乡接合部或者县城？

---

① 占堆，李梦珂，鞠效昆．西藏异地扶贫搬迁策略在农区的实践与牧区的困境 [J]．西藏大学学报（社会科学版），2017（04）：137-142．

"怎么活"指的是搬迁后人们的生计问题和融入问题,即物质和精神两方面的发展。只有易地搬迁后有持续长久的可靠生计,才能实现永久性脱贫,所以这方面也是扶贫中最难的一部分。

二 多元视角下的易地扶贫搬迁

(一)政府层面的易地扶贫搬迁

大兴安岭南麓存在着生存条件恶劣、生态环境脆弱、自然灾害频发的地区,需要进行易地扶贫搬迁,在兴安盟地区更为突出。截至2020年7月,"兴安盟全盟13886人易地扶贫搬迁建档立卡贫困人口,已完成脱贫6068户13774人,剩余61户112人已全部达到脱贫标准"。① 2018年7月在兴安盟扶贫办调研相关易地扶贫的情况时,Y主任介绍道:

> 过去是政府盖了房子让群众去,现在不那样了。我们盟里有的企业、政府手里掌握的便宜的房子都拿出来,安置以前拆迁户的那种房子也拿出来,然后把各种各样的房子都拿到一起,列个菜单,让老百姓自己选择。喜欢种菜就种菜,喜欢上楼就上楼。也可以选择去城里住。不过我们手里的这些房源比较便宜。群众选哪个算哪个,他把自己该交的钱交上,其他的我们补贴。比如在大棚边上的那个房子,他们也就拿五千块钱。我们还给他带一个四五百平方米的温室,可以用来种植蔬菜。这样不仅有住的地方,还有温室大棚发展产业脱贫。其实我们这边易地扶贫搬迁就是有各种各样的房屋供不同需求的搬迁户选择。比如老头老太太他们住楼里就比较方便,就会选择住楼。我们这边还有工业园区的房子,可以方便打工。例如,乌兰浩特市有五种房源。养殖园

---

① 兴安盟深入推进易地扶贫搬迁助力脱贫攻坚 [EB/OL]. https://www.sohu.com/a/410203088_120214179,2020-07-28.

区、种植园区都有。这就是菜单式扶贫。各种类型的房源都拿出来了，政府做中介，满足大家需求。

从他的陈述中，可以得到以下信息：①兴安盟扶贫办作为扶贫专门机构协调各方力量，以各级政府牵头，寻找各种搬迁目的地，满足不同搬迁者的需求；②搬迁过程中基本上政府负责大部分费用，只有很小一部分需要个人投入，这既能够扶助贫困户，同时也能够使其更珍惜来之不易的房产，并积极引导贫困户参与到易地扶贫中。

2016年科尔沁右翼中旗面临5600名建档立卡贫困户和2800名同步搬迁人口的搬迁任务，为了让搬迁对象生活生产条件有明显改善，收入水平显著提高，该旗结合贫困户实际情况采取建设连体房（集中安置）和插花安置（分散安置）两种方式。同时，依托产业园区带动搬迁户，特别是贫困户发展产业扶贫。总体来说，搬迁目的地的建设房屋面积有一定要求：两口人的贫困户住房面积不得超过50平方米，三口人的贫困户住房面积不得超过60平方米，三口以上的不能超过80平方米。年老体弱或者一口人的家庭可以进入互助幸福院，但是产权归集体所有。同步搬迁的农牧户住房面积一般不得超过100平方米。2018年7月，科尔沁右翼中旗的扶贫办L主任介绍说：

我们易地搬迁有三种模式，一是新建移民新村，例如，原来的老屯子被水淹没了，没办法住了，搬到合适的地方新建一个村子。二是和另一个村子合并或村内集中安置。三是搬迁到产业园区。我们有獭兔养殖区，在獭兔养殖园区，已经有200多人搬进去了。原来农村种地不挣钱，把他们引过来，在这边有楼房、兔舍、工作间。他来到这里，政策上有优惠。70平方米的房子，自己掏10000元，产权还归他，还有500平方米的兔舍，50平方米的工作间，3亩空地种饲料。这些都免费让他使用，给他提供种兔 200 只以及兔笼子，差不多每户给予补助 4 万元。还会给技术指导，特别是如何防疫。保底收入也给，一只兔子 65 元。饲料由园区提供，如果我们的农户买，可以提供贷款。农户按照要求出人力就行了。年销量好的 7 万元，次的 3 万元多点。有的懒了，不按时喂养，不收拾等，收益就很少。这边易地搬迁中，非贫困户有二十多户，他们没有住房，但可以免费用 50 平方米的工作间，以及兔舍、兔笼。他不会和贫困户一样，楼房这里没有。种兔他们也要自己花钱，其他的都有。

由此可见，科尔沁右翼中旗的易地搬迁有自己的特点。其一，易地扶贫搬迁在该地区主要有三种模式，建新村、合并或插入其他村，以及搬到产业园区，在这里主要是指獭兔养殖园区。其二，不仅贫困户可以养殖獭兔，非贫困户的搬迁者同样也可以进入园区，只是待遇不同。其三，建档立卡贫困户愿意从事獭兔养殖，政府会在贫困户自己拿一万元钱基础上，提供补贴帮其购买 70 平方米的房屋，且产权归贫困户所有。另外免费提供兔舍、工作间、饲料种植地，以及技术指导和相应扶贫贷款。其四，非贫困户可以得到免费的工作间、兔舍、兔笼，但是居住的房屋和其他需要付款，自行购买。

2018 年乌兰浩特投资了 2.22 亿元，对有意愿搬迁且生存环境差、不具备基本发展条件以及生态环境脆弱的 1739 户建档立卡贫困户、3700 名贫困人口实施易地搬迁，并帮助其尽快享有与当地群众等同的基本公共服务。乌兰哈达镇负责完成本镇 366 户建档立卡贫困户、925 名贫困人口易地扶贫搬迁实施方案和搬迁工作；义勒力特镇负责完成本镇 475 户建档立卡贫困户、854 名贫困人口易地扶贫搬迁实施方案和搬迁工作；葛根庙镇负责完成本镇 217 户建档立卡贫困户、580 人贫困人口易地扶贫搬迁实施方案和搬迁工作；斯力很现代农业园区负责完成本园区 495 户建档立卡贫困户、1026 名贫困人口易地扶贫搬迁实施方案和搬迁工作；太本站镇负责完成本镇 186 户建档立卡贫困户、315 名贫困人口易地扶贫搬迁实施方案和搬迁工作。[①]

2018 年 7 月在调研乌兰浩特市的乌兰哈达镇 GGYZ 嘎查时，该嘎查有 19 户实行了易地搬迁，S 书记介绍道：

> 这十几户搬迁的主要原因是没房子。因为家里孩子大了，成家后把房子给孩子了。他们户口也是分开的，这些老人就没有房子了，属于无房户。我们就给他们搬迁到离村里三公里的楼房里面。这些几乎都是无劳动能力的。我们村的贫困户主要是因病因残致贫的。

2018 年 7 月乌兰浩特市葛根庙镇的扶贫 T 主任介绍道：

> 镇里移民搬迁有四个地方，百旺家园、环卫小区、移民楼、大棚。一般如果房子好的话不建议搬迁，毕竟楼房是有数的。主要是没有房子的或者房子不好的搬过去。参加整个搬迁的有 300 多户，其中 147 户到了大棚那边。楼里也有同步搬迁的，他们想务工。买大棚不是贫困户的也可以，但是要出一万块钱，其实主要是照顾贫困户的。

可以说，易地扶贫搬迁对群众从生态脆弱、环境恶劣、不适合生存的环境中解脱出来，发展生产，脱贫致富有着重要作用。易地搬迁需要因地制宜、因人施策，综合考虑搬迁户的多重生存和发展需求，最大程度为搬迁户特别是贫困户提供生产生活空间。但在易地扶贫搬迁中，如何确定搬迁对象、搬向何处、搬迁后的生活仍是重点和难点，

[①]　数据来自笔者 2018 年 7 月 20 日在乌兰浩特扶贫办的调研资料。

也是群众最关心的问题。

（二）群众层面的易地扶贫搬迁

易地扶贫搬迁是为了解决因生存条件、生态环境而影响生存和发展的重要政策，也是脱贫攻坚战略的重要组成部分。各级政府高度重视并积极实施，能够最快速地改变当地贫穷落后的面貌，通过集中和分散相结合的方式更好地安置贫困群众。但是这一策略需要考虑诸多因素，特别是"谁搬迁""搬到哪""怎么活"的问题。调研发现，绝大多数的易地搬迁群众对搬迁后的生活表示满意，但是也存在着诸多不尽如人意之处。

1. 乌兰浩特市哈达那拉村的搬迁

在 2018 年 7 月 30 日到乌兰浩特市葛根庙镇哈达那拉村调研时，714 个大棚映入眼帘，每个大棚种的作物不同，走进一贫困户家中，发现他们住在大棚边上的房屋里。屋内很简陋，五十多岁的女主人 T3 和笔者 W（下文中所有的调研材料中 W 表示的都是笔者的意思）聊了起来：

W：家里有几口人？

T3：就两口人。

W：瓜卖得怎么样？

T3：今年不行，雨水大。

W：会有损失吧？

T3：基本上没卖出去多少。就这么自己出去卖。过来收得很少。基本上没啥。这边没有规模，都不过来，自己种的。瓜也不甜，不好吃。

W：那明年还栽吗？

T3：不能，不能再整这个了。地要缓八年才能再种瓜。烂的扔的特别多。就我们两个，买的羊粪 200 多元，还有膜，总共花了 1000 多元了。可是没卖出来多少。去年还整了六七千元呢。如果像去年那样是不是也很好？完了！就是他（这家的丈夫）整个小筐自己出去卖。一元一斤也给卖出去吧。把本钱挣回来也行啊。

W：生活还有其他需求吗？

T3：吃喝孩子还给我们点。孩子个人过呢。

W：身体还好吗？

T3：他不行，心脏不好，说搭桥，去北京，二十多万元，上哪整这么多钱啊。

W：不是报销吗？

T3：他没有低保，我们整好几回也没整上。个人没有六七万也不行啊。咋地也要掏钱。没有那么多钱啊。兴安盟医院做不了。他那个和别人不一样，到北京做，下不下来手术台都不一定。现在就是挺着呢。从大上年药吃着还可以。头几年看着就是拉倒的人了，一年"120"车过来四五回。这两年还行了呢。吃的那个药还行。几百元的药吃了就好多了，吃了半年，一年冬天吃一个疗程，夏天一个疗程。那天我和他说地里的瓜摘一下，扔了得了。他说还是把本挣回来。这两年还行了呢。硬挺着呢。想那几年我们都没心思过日子了。挣点钱就给他看病，没钱就要借债。弄上贫困户还能报不少。我整低保整不上。哎，我也是一身病，一犯病了，就要花 2000 元。哎，我们不去想这个。

从上面材料能够看到：其一，针对贫困户实施了易地扶贫搬迁项目，并提供了大棚，但是大棚薄膜、肥料、种子等仍需贫困户自己解决；其二，自然灾害对农民的影响仍然较大，但没有购买保险；其三，销售仍然是制约农民收入的重要环节。这也从另一个方面反映出易地扶贫搬迁贫困户"怎么活"的问题较为严峻，政府需要对其"再扶一段"，否则因病、因灾加之市场竞争差等原因，已经脱贫的人口可能会再次返贫。

2. 通榆县边昭镇的搬迁

通榆县按照国家级贫困县城乡建设用地增减挂钩的政策,到 2018 年已完成了 31 个行政村(其中 25 个贫困村)整村的易地扶贫搬迁工作,涉及常住人口 11895 户 35816 人,其中建档立卡贫困户 5344 户 9966 人。其中,边昭镇土地贫瘠、盐碱化问题严重,当地易地扶贫搬迁三村联建项目是投资度最高、占地面积最大的项目,涉及五井子村、腰围子村、铁西村三个贫困村,常住人口 1287 户 3622 人,建档立卡贫困人口 547 户 986 人,占全镇贫困人口总数的 49.08%。五井子村常住人口为 761 户 2533 人,2017 年贫困户总数为 234 户 380 人,其中轻度贫困户 218 户 357 人,重度贫困户 16 户 23 人。铁西村常住人口为 192 户 823 人,2017 年贫困户总数为 121 户 214 人,其中轻度贫困户 116 户 206 人,重度贫困户 5 户 8 人。腰围子村常住人口为 297 户 1192 人,2017 年贫困户总数为 192 户 394 人,其中轻度贫困户 185 户 380 人,中度贫困户 1 户 2 人,重度贫困户为 6 户 12 人。此次搬迁地是集中安置区建立的楼房,位于边昭镇政府所在地,占地面积 11.37 万平方米,总建筑面积 96642 平方米,包括住宅楼 73158 平方米、车库 17934 平方米、村服务中心 1890 平方米、商业用房 1690 平方米以及设备用房 630 平方米。易地搬迁后复垦农田,实施光伏发电,建立扶贫车间、牧业小区等帮助搬迁户发展生产,增加收入,实现脱贫。①

XZ 村也是通榆县边昭镇的一个村子,离镇中心 4 公里。在 XZ 村调研时,一户农家院里有几位五六十岁的阿姨在闲聊。其中一位短头发皮肤较白的阿姨 T4 这样说:

> 我们这边农村啥都不行了,地种的时候不下雨,没苗。现在

①　数据来自笔者 2020 年 10 月 4 日在通榆县的调研资料。

下了太大的雨，又都淹死了。这里地洼多得很，一下雨都积到里面了。前两天下的大雨，我们村很多人家房子里面都不行了，都用管子往外抽。一人4亩地够干啥的。年轻的能走的都出去打工了，种地不挣钱都走了，种地卖得不值钱，还花费多。

另一位阿姨T5接着说：

搬迁上楼，现在的地还可以种，但是搬走之后离现在的地好几十里呢，怎么种啊，真没办法。人家都说上楼笑，下楼哭。目前还不知道咋整呢，规划了给的那点钱，吃完了干啥呢？年轻的可以出去打工，我们这种该怎么办呢？超过45岁都不要我们了。年轻的人打工，有一直在外面不回来了。留着老人和孩子在家，有的孩子带走了，有的老人管。在边昭镇上学一周回来一天。发展落后，老师也都不好好讲课。

由此可见，XZ村在进行规划时并未考虑三村联建项目；群众对易地搬迁并不熟悉，即便自然灾害不断，土地不适宜种植，也不愿放弃，这也许就是中国农民的情怀——土地就是命根子。同时也能看到易地搬迁并不是能覆盖到所有的农民。易地搬迁项目实施必须用长远眼光考虑，特别是搬迁之后的生计问题，究竟是保留原有土地资源，还是另寻其他出路。但是更要考虑年龄和身体健康状况，为各种人定制不同生计菜单。

通榆县WJZ村常住人口为761户2533人，2017年贫困户总数为234户380人。[1] 对口帮扶单位是吉林日报。昭福家园是WJZ村的易地搬迁目的地。2017年8月16日笔者来到WJZ村调研时，村里还没有

---

① 数据来自笔者2017年8月16日在通榆县的调研资料。

全部搬上楼，一户有低保房的老爷爷同笔者这样说：

> 我自己的媳妇有病，家里比较困难，是低保户。今年冬天就要搬到楼上去。搬到楼上挺好的，家里的地流转出去，不再种了，能够获得一部分收益。孩子已成家并在外打工，流转土地的钱可以供上楼生活。上楼后的第一年自己不用拿钱。在这次易地搬迁中，有钱的人家可以按照房子的大小要钱，1200元/米^2，可以拿着钱去县里买房子。没有土地的就要自己找工作，可以出去打工，或者在这边打工，毕竟土地流转到大户手里也需要人耕种。原来村里有200多户，现在还有20多户没有搬上楼。我家园子里的鸡鸭鹅都是政府免费给的，一年政府人来几次，种地给种子、肥料，养鸡鸭鹅还给饲料和幼雏。地包出去一垧地2000多元，村里还提出上楼之后还会给点地种菜。

从老爷爷的话里可以发现，当地贫困户对扶贫政策还是很认可的，并且成了扶贫宣传的"代言人"。但是当笔者当天问及他家旁边的一个妇女时，说法和态度就不同了。这位妇女T6，六十来岁，家里的房屋看上去非常新，院落收拾得整整齐齐（见图3-3）。在交谈中得知，她家的房子才建了几年，现在政策是整村必须上楼，这些房子全要扒掉。她感到很担忧：

> 上楼之后，我这个新房子怎么办，花了很多钱建的，就这样扒掉太可惜了。另外，上楼之后能干点啥呢？鸡鸭不能养了，地也没了。我们家比你刚才去的那家（上文老爷爷家）还贫穷呢，人家是贫困户了。这里1平方米1500元，楼是1平方米1300元吧。我们老头老太太给了个六楼，下面的还不让住。这上下楼的我们咋住？我们的地在这里，有啥用。如果把地包出去，也就是

一两年的事情，之后人家不承包了，我们怎么办？我们还要自己种！年轻的可以打工，我们岁数大的怎么办？一家人的地又太少了，一人几垄地。

图 3-3 刚建了几年的受访者房屋

资料来源：笔者于 2017 年 8 月 17 日在通榆县 WJZ 村拍摄。

当地出租车司机 T7 介绍说：

这个地方就是有的人家房子才建了几个月，就要扒掉上楼！刚才那个老爷爷家的低保房就是才建起来，危房改造完成的，里面还没怎么置办，冬天就要上楼，就要扒掉。这不是劳民伤财吗？有的人故意盖一些房子，等到国家拆迁给得多。不少农村都这样，该扩的扩。

从这些访谈中可以发现，对于边昭镇易地搬迁的效果，不同人从自己的实际考虑，看法不同。但普遍存在的现象是当地居民对于易地扶贫搬迁工程并不了解，对于究竟自己的房屋和新居的房屋如何兑换，价格怎样等都不了解，对于搬上楼之后如何生存，以何为业也较为迷茫，这也是当地政府工作中存在的问题。另外还能够发现，在搬迁过程中贫困户、非贫困户的关系较为紧张，贫困户可以得到政府较多的支持和帮扶，而非贫困户更多要靠自己解决日后生计问题。在调研中发现，农村中一个村子的非贫困户和贫困户之间存在着边缘群体，如果政府不采取有效的措施，他们将会成为新的贫困人口。所以，易地扶贫搬迁工作非常不易，需要长远地考虑搬迁之后人们的生计和发展，实现可持续发展和全面脱贫。

总体来说，大兴安岭南麓的易地扶贫搬迁效果相对较好，能够将身处自然环境恶劣、土地资源贫瘠、生态脆弱的贫困户，特别是民族贫困户迁移到自然生态较好的地区生活，通过集中搬迁和分散搬迁的形式促成搬迁，除了需要考虑农民上楼后的生计方式外，在产业园区的迁移者要考虑农牧产品如何销售。其中，政府作为主导，起到中介和桥梁作用。同时，要发挥社会各界，特别是公司、龙头企业的作用，还要发挥迁移者的主体性地位，使迁移者更好地就业，实现持续性脱贫。

从大兴安岭南麓易地搬迁案例中可以得到以下经验：①易地搬迁毕竟与主动搬迁不同，需要在充分尊重人民意愿的基础上开展，而且并非所有的农户都能够接受这种离开故土的行为，需要做好思想工作。②易地搬迁需要综合考虑搬迁人口的家庭结构、能力和需求等，要因地制宜、因人施策，采取梯度搬迁方式，为搬迁户提供更多可以利用的资源，例如住房、就业渠道、生活环境等。[①] 特别是对于搬迁到新的定居点，也就是陌生人社区中，如何融入、如何适应等问题更需要政府在搬迁时综合考虑，尽量为贫困户提供相对熟悉的社会环境和可靠的组织及生活保障，合理规划新的搬迁地。③谨慎评估搬迁的需求，是否真正需要实行搬迁，毕竟搬迁对于群众来说是件大事，对于政府

① 曾小溪，汪三贵．易地扶贫搬迁情况分析与思考［J］．河海大学学报（哲学社会科学版），2017（02）：60-66+91.

来说也是需要各方面投入的工程。在现代科学技术发展越来越快的今天，很多以前看似解决不了的问题已不存在，看似不适合人居住的地区，可以通过技术等进行改造，发展特色产业，这种地区的村民就没有必要进行易地搬迁。④要合理利用易地搬迁扶贫资金。易地搬迁不仅仅是找到新的安居点进行建设，更重要的是使搬迁后的产业得到进一步发展，进而增加就业。应该利用搬迁契机，促进搬迁户就业，转移劳动力，"实现非自愿移民安置方式向自愿移民安置方式转变"。①

第三节 生态补偿脱贫

一 生态扶贫的提出

为了处理好生态保护与扶贫开发的关系，中央提出了"生态补偿脱贫一批"，即生态保护扶贫。在注重贫困地区生态环境保护和治理的同时，努力促使贫困人口参与生态保护，并实现就业脱贫，提升贫困地区可持续发展能力。生态补偿脱贫一批的工程是生态文明建设的重要内容，也是保护生态环境的重要手段。其主要目标是"到2020年，实现森林、草原、湿地、荒漠、海洋、水流、耕地等重点领域和禁止开发区域、重点生态功能区等重要区域生态保护补偿全覆盖，补偿水平与经济社会发展状况相适应，跨地区、跨流域补偿试点示范取得明显进展，多元化补偿机制初步建立，基本建立符合我国国情的生态保护补偿制度体系，促进形成绿色生产方式和生活方式"。②

为充分发挥生态保护在精准扶贫中的作用，2018年1月国家发展改革委、国家林业局、财政部、水利部、农业部、国务院扶贫办联合

---

① 王晓毅. 易地扶贫搬迁方式的转变与创新 [J]. 改革，2016 (08)：71-73.
② 国务院办公厅关于健全生态保护补偿机制的意见 [EB/OL]. http://www.gov.cn/zhengce/content/2016-05/13/content_5073049.htm，2016-05-13.

印发了《生态扶贫工作方案》（简称《方案》），切实推动贫困地区扶贫开发与生态保护协调发展。《方案》计划力争组建 1.2 万个生态建设扶贫专业合作社［其中造林合作社（队）1 万个、草牧业合作社2000 个］，吸纳 10 万贫困人口参与生态工程建设；新增生态管护员岗位 40 万个（其中生态护林员 30 万个、草原管护员 10 万个）；通过大力发展生态产业，带动约 1500 万贫困人口增收。① 《方案》提出了多种途径帮助贫困人口脱贫，如以工代赈参与工程建设；设立公益性岗位，优先安排贫困人口就业；发展生态旅游、特色种植养殖业等生态产业增加经营性和财产性收入；退耕还林还草补助，草原生态保护补助等支持贫困人口。总之，生态补偿脱贫一批是为了加大贫困地区生态保护力度，将保护生态与脱贫攻坚相结合，将长远发展和暂时脱贫相结合的脱贫道路。

二　多种形式的生态脱贫实践

（一）退牧退耕地补偿

大兴安岭南麓草原、湿地、森林面积大，而这些地区是民族聚居地。为了加强生态修复和环境保护、提升生态环境质量，各县（旗）都在提倡退耕还林、退牧还草、湿地禁止开发等，建立水源涵养保护区、动植物保护区。以绰尔河、洮儿河等河流源头地区和饮用水源地为重点，保护森林、湿地、草原等生态系统，严禁上游发展高废水排放的产业。依托各类自然保护区和重要湿地，建立动植物保护区。截至 2011 年，大兴安岭南麓地区国家级保护区有五个，分别为科尔沁右翼中旗的内蒙古科尔沁国家级自然保护区、扎赉特旗的内蒙古图牧吉国家级自然保护区、镇赉县吉林莫莫格国家级自然保护区、通榆县吉林向海国家级自然保护区、齐齐哈尔市的黑龙江扎龙国家级自然保护

---

① 发展改革委关于印发《生态扶贫工作方案》的通知［EB/OL］. https://www.gov.cn/xin-wen/2018-01/24/content_5260157.htm，2018-01-24.

区。另外国家森林公园有 4 个、国家重要湿地有 7 个、国家湿地公园有 2 个、国家地质公园有 1 个。

兴安盟全盟实施退耕还林还草工程，并对其相关农户进行补贴。2016 年 7 月兴安盟政府下发了退耕还林政策补助资金 7869 万元，其中，乌兰浩特市 603.5 万元、科尔沁右翼前旗 1835.5 万元、突泉县 915.9 万元、扎赉特旗 2007.7 万元、科尔沁右翼中旗 1300.5 万元、阿尔山市 130.5 万元、盟农场局 75.4 万元。① "2020 年兴安盟大兴安岭及周边地区已垦林地草原退耕还林还草任务 20 万亩，其中：已垦林地草原退耕还林 12 万亩、退耕还草 8 万亩。"② 退耕还林还草资金 1.58 亿元已经拨付到各旗（县、市）财政。各旗（县、市）将这些生态补助资金以各种方式退还到农户手中，并有针对地进行投资。

虽然农牧民可以获得一定数量的生态补偿款，但是退牧退耕会直接导致其生计方式的变迁，其中一些农牧民会因对将要从事的生计方式的不确定和陌生而感到不安，对传统文化转变感到失落，对生活恐慌，甚至陷入贫困之中。科尔沁右翼中旗巴彦呼舒镇的 HRDB 嘎查农牧民基本上为蒙古族，他们均按照旗里要求进行了禁牧。2018 年 7 月 28 日调研时，关于村中生计方式笔者对当时一位正在院中铡草的男子 T8 进行了访谈。从中得知，他是蒙古族，以前主要从事牧业。笔者与其进行了下面的相关谈话：

W：羊的收入怎样？

T8：现在圈起来养羊真不行。膘也不行。想卖，可是还没人买啊。没有膘卖不上价格。那天让人家看了，不到 600 元。我这边有山羊，也有绵羊。这些羊太瘦了，没法剪羊毛，钱也卖不上。

---

① 数据来源于笔者在 2018 年调研兴安盟时所得政府内部材料。

② 兴安盟大兴安岭及周边地区已垦林地草原退耕还林还草工程阶段性进展情况［EB/OL］. https://lcj.nmg.gov.cn/xxgk/zdlyxxgk/202101/t20210108_425388.html，2020-04-15.

W：不让放牧了，自己偷着放吗？

T8：不行，让人家看到直接把羊拉走。禁牧十几年了。主要还是这五年特别严。没有草了。以后养羊的也会越来越少。你说我们蒙古族不就是养牛羊吗？现在不让我们养了，那我们的文化不就越来越少，所以我就养一些，想留着这种文化。牛养不起来，饲料供不上。我还要种地，还要割草。忙不过来。

在村中可以看到大部分人家已经放弃了养牛羊，转而包地种地或者外出务工。调研发现，农牧民除了有为传统文化消失担忧的，也有为生活担忧的。

2018年8月1日笔者来到镇赉县莫莫格乡 WLZ 村调研，随机走访了几户人家，其中有一户居住在村委会旁边，碰巧她家就是贫困户，老两口都有病，儿女早已成家，日子过得也紧张。他们家的房子是危房改造新建的，屋内只有简单的家具，但收拾得也整齐。笔者和女主人 T9 在其家中进行了以下交谈：

W：这边禁牧了？

T9：就是，不让放牧，我们只能早晚偷着放牧。今年还好，雨水好，不然的话就这点地根本不行。

W：这边贫困户分红吗？

T9：搞啥分红啊。一年也没有啥啊。光伏说有，但是钱一直都没下来。我们两口子都有病。早上我放羊，他放不了。

W：这边地多吗？

T9：我们两口子也包地。地少，没办法啊。我家不到两垧地，我们又包了三垧地。他肾不好，浑身都不好。天天都是我放牛。地里使机器。我给养着，实在整不了，我就要雇人来收割了。没病啥的还行，能干。

W：村里不说去年组织编筐获得收益吗？

T9：不行，根本不行。不合格。今年让我们种麦子，种吧。村书记还说让我买辆三轮车扔垃圾，我才不买呢，孩子还没有车呢。说得比唱得都好听。给我们个人栽沙果树、李子树。今年都白扯了，该死的都死了。林业局包的，种果树。白扯！别的地方来这边，说镇费还好，村子多好看啊。你看看村子里面啥也不是，都是外面整个铁丝网，牛一撞就坏了。人家还有门，我这里啥也没有，我就用铁丝钩上的。

从这些谈话中，可以得到几个信息：其一，为了保护生态，禁牧是草原地区的常态；其二，牧民针对禁牧策略，要么割草喂羊，要么偷偷地去放羊，从中还能体现出其对生计方式转变的不适应；其三，部分基层组织工作不到位，引起农牧民不满；其四，生态产业，例如果蔬种植业等并没有发展起来。

（二）生态产业助力扶贫

为了更好地将生态保护与扶贫相结合，大兴安岭南麓各地也坚持产业生态化发展，发展特色种养业和生态旅游产业。阿尔山市曾是国家级贫困县，也是国家生态文明建设示范市。阿尔山市凭借冰雪资源、火山地貌、湿地草原、绿水青山等生态资源，发展生态产业，实现生态脱贫。2002 年阿尔山市开始禁牧退耕，封山育林，同时实行河长制、湖长制，通过发展生态旅游、生态农牧业将生态资源转化为经济资本。2019 年全年接待游客 498.6 万人次，旅游收入达 60.77 亿元。[①]

但在实地调研中发现大兴安岭南麓除了阿尔山生态旅游业相对较好外，其他地区旅游业发展缓慢，并存在一系列的问题。在莫莫格调研时，T10 提到莫莫格旅游时说道：

---

① 阿尔山市 2020 年政府工作报告 ［EB/OL］. https://www.xam.gov.cn/eportal/ui?pageId=331049&articleKey=4804917&columnId=4812036，2020-05-06.

那不就是个水泡子吗？有什么可看的。原来还有成群的鹤，现在也少了。不过那里面养了几只，还有几个蒙古包，还有几匹瘦马，可以骑着拍个照。再没别的了。

X 乡长也认为当地发展旅游给乡里带来的收入极少：

虽然每年有很多人来莫莫格，特别是 4 月白鹤从这里路过，飞走，9 月份回来停留一段时间。但是旅游的收入并不是给乡里的。乡里没有什么好处。可能周围的几个村子能有一定的影响，可以零星买点鸡鸭等农产品。但是很少！扶贫还是得靠产业。

生态旅游业在大兴安岭南麓发展落后的原因主要为以下几点。其一，没有能够满足现代游客所需的旅游产品和服务。现代游客向往的旅游形式是既能够感受自然风光，和大自然亲密接触；同时又能够领略异域风情，包括生态游、乡村游和民族文化游等。而在大兴安岭南麓虽然很多地区有优美的自然风光，如湖泊、湿地、河流、山川，也有众多的民族，但是当地并没有将二者有机结合起来发展特色的民族旅游，特别是生态游。莫莫格的生态游只是在原有湿地中搭几个蒙古包、养几匹瘦马，供游人休息和拍照，并没有真正领悟生态游的魅力和民族旅游的实质。而且每个地区的旅游产品比较雷同，没有新意，很难吸引游客前来。其二，交通不便，区内旅游设施差，旅游服务不到位。其三，管理人才短缺。当地发展旅游并没有严格的规范的工作队伍，大多数工作人员没有受过专业培训。

（三）公益岗位帮助脱贫

科尔沁右翼中旗积极提倡转变思想观念和转变生产方式，转变重眼前利益、轻生态环境的思想观念，带动农牧民自觉遵守"三禁"

（禁牧、禁垦、禁伐）要求，改善生态环境。通过转变思想观念，形成保护自然、保护生态的心理。科尔沁右翼前旗在生态扶贫方面主要通过设置公益岗位，如生态员、护林员、护井队等，让有能力的贫困户获得收入。乌兰浩特同样也采取设置公益岗位的方式，例如其管辖的巴彦呼舒镇察尔森化嘎查就设置了 3 个护林员岗位，每人每年 5000 元，4 个保洁员岗位，每人每年 6000 元，帮助贫困户脱贫。① 龙江县松嫩平原北部生态屏障，2011 年被划入大兴安岭南麓贫困地区中，建档立卡的贫困户 4718 户 10209 人，为了拓宽贫困户增收渠道，2018 年，全县共聘用护林员 456 人，年人均增收 5000 元；聘用乡（镇）村保洁员 955 人，年人均增收 3000 元。② 望奎县优先安排贫困人口从事护林、护路、城市保洁等工作，2018 年，有 2880 名贫困人口从事生态护林工作，每人年增收 1800 元。③ 通榆县和镇赉县也为有劳动能力的贫困户提供护林员等公益岗位，例如镇赉县提供 2200 余个护林员、保洁员公益岗位，让他们以工取酬，增加收入。

护林员等公益岗位的设置既增加了有劳动能力的贫困户的收入，还能让贫困户在土在乡，照顾家里，对外出务工有困难的家庭来说，是一种较好的扶贫方式，也是区域内各地普遍使用的一种生态补偿方式。

（四）生态移民

为了更好地保护生态，需要对一些生态脆弱的地区实行移民搬迁。生态移民其实也属于易地搬迁的一种形式。扎赉特旗主要以生态移民入股旅游业的方式脱贫。在 2018 年 7 月 24 日采访巴彦乌兰苏木时，其苏木达 L 介绍说：

---

① 数据来自笔者 2018 年 7 月 27 日在察尔森化嘎查获得的调研资料。

② 数据来自笔者 2019 年 4 月 29 日在龙江县扶贫办获得的调研资料。

③ 数据来自笔者 2018 年 11 月 29 日在望奎县获得的调研资料。

我们苏木也有生态移民，在水库那边（指的是推进引绰济辽文得根水利枢纽工程）。计划将这里的人移动到后面一块地，征地完成之后，还剩下的地，我们和丰台区谈，看有没有想投资的，寻求风投，集约化经营。农户就不用大老远来种地。我们土地承包100多元一亩地。南边的地都八九百元。我们这边便宜。但种着不方便。所以搬迁之后没有后顾之忧。不破坏生态，涉及群众宅基地之类的都以入股的形式注入旅游地，不然直接给了他后来会返贫。

生态移民在生态扶贫中难度较大，需要考虑诸多因素。镇赉县莫莫格乡也面临着与扎赉特旗相同的问题，但是搬迁工作迟迟未能进行。2012年镇赉县湿地面积达到300万亩，占辖区面积的31%，成为吉林省最大的湿地保留地。为了发展经济，脱贫致富，彰显"草原风光、湿地风貌、民族风情、风电景观、农业观光"五大特色风光发展思路，镇赉县将生态旅游确定为当地国民经济的增长点。全县17个村被评为全国乡村旅游扶贫工程重点村，占全市入选总数的46%，莫莫格国家级自然保护区正式加入国际重要湿地名录。2017年8月16日到莫莫格调研时，莫莫格X乡长介绍说：

莫莫格生态保护区其实是把我们整个乡都包含进去了。所以这其实也限制了当地的发展。本来计划将周边的6个村子进行生态移民。但是这个其实很难的，有很多要考虑的，目前只是个计划而已。原来定的生态移民，现在不实行了，没地方移，后续事情太多。

总之，生态扶贫在大兴安岭南麓更多集中在退耕还林还草、退牧休牧的生态补偿和护林员等公益性岗位的设置上。但相对于其他脱贫措施而言，"生态补偿脱贫一批"工程在大兴安岭南麓地区还处于初级阶段，各种生态产业发展不成熟。

第四节　发展教育脱贫

教育扶贫包括"扶教育之贫"和"教育参与扶贫"两部分内容，是针对贫困人口进行的教育投入和教育资助行为，帮助贫困人口掌握脱贫致富的知识和技能，提高当地的科学文化素质，摆脱贫困代际传承，增强自身发展能力。"扶教育之贫"主要指完善贫困地区九年义务教育的基础设施、资源配备，保证适龄儿童可以接受教育，同时还应帮助贫困户接受高等教育、成人教育等，让有条件接受更高教育层次的人不因金钱等原因限制其接受教育的机会，增强城乡教育公平性。"教育参与扶贫"更多强调教育中的职业教育、社会教育等，用以增强贫困户脱贫的技术能力和知识能力。教育扶贫实施的主体是政府、教育行政管理部门、学校、社会培训机构等教育大系统，而贫困人群是客体。教育扶贫的模式可以分为："证书式"，即取得相应的教育等级证书和专业证书；"订单式"，即贫困户根据自己的兴趣爱好参加职业技术学校的免费职业技术培训；"连动式"，即发挥教育服务社会的功能，发挥高等学校的社会服务职能，参与扶贫。

改革开放前，我国教育扶贫以发展农村教育为依托，整体政策变迁尚处于酝酿阶段。[①] 1978 年之后教育扶贫逐渐嵌入国家顶层设计。1984 年国家出台了《关于帮助贫困地区尽快改变面貌的通知》，文件提出"要重视贫困地区的教育，增加智力投资。有计划地发展和普及初等教育，重点发展农业职业教育，加速培养适应山区开发的

---

① 姚松，曹远航 . 70 年来中国教育扶贫政策的历史变迁与未来展望——基于历史制度主义的分析视角 [J]. 教育与经济，2019（04）：12-18.

各种人才"。① 1988 年国务院又出台了《扫除文盲工作条例》，这是教育扶贫与发展农村教育整体脱贫攻坚相结合的体现。进入 21 世纪，我国的教育扶贫内容不断丰富。2003 年出台的《国务院关于进一步加强农村教育工作的决定》明确了农村教育在全面建成小康社会中的重要地位，提出了加快推进"两基"攻坚，大力发展职业教育和成人教育，建立健全资助家庭经济困难学生就学制度，提高教师队伍建设、实施农村中小学现代远程教育工程等要求。② 从 2010 年起国家陆续出台了一系列有关加强对贫困学生的补助政策，教育扶贫从"两基教育"扩展到学前、高等、职业和民族教育等环节。2004 年还推出了以"雨露计划"等为代表的教育扶贫政策，并对民族地区进行补助。2013 年习近平总书记提出了"治愚才能根治贫困"，并在 2015 年又提出了"扶贫必扶智"的论断。2016 年《教育脱贫攻坚"十三五"规划》出台，这是国家首个教育脱贫的五年规划，也是"十三五"时期教育脱贫工作的行动纲领。③ 2018 年教育部和国务院扶贫办联合印发了《深度贫困地区教育脱贫攻坚实施方案（2018—2020 年）》文件，提出"进一步聚焦深度贫困地区教育扶贫，用三年时间集中攻坚，确保深度贫困地区如期完成'发展教育脱贫一批'的任务"。④

　　教育扶贫是打赢脱贫攻坚战的重要举措，是"五个一批"工程的重要内容，对于阻断贫困的代际传递、提高贫困地区和贫困人口的科学文化素质都具有重要意义。对教育的投资，以及教育在贫困地区的

① 中共中央、国务院关于帮助贫困地区尽快改变面貌的通知 [EB/OL]. http://www.ce.cn/xwzx/gnsz/szyw/200706/14/t20070614_11749910.shtml, 2007-06-14.
② 国务院关于进一步加强农村教育工作的决定 [EB/OL]. http://www.gov.cn/zhengce/content/2008-03/28/content_5747.htm, 2008-03-28.
③ 教育部等六部门关于印发《教育脱贫攻坚"十三五"规划》的通知 [EB/OL]. https://www.gov.cn/xinwen/2016-12/29/content_5154106.htm#1, 2016-12-29.
④ 两部门关于印发《深度贫困地区教育脱贫攻坚实施方案（2018—2020 年）》的通知 [EB/OL]. http://www.gov.cn/xinwen/2018-02/27/content_5269090.htm, 2018-02-27.

投资，不仅能够提升人力资本，而且能够提升社会整体经济发展水平。大兴安岭南麓在教育扶贫方面做了诸多努力，并取得了喜人成效。

一　扶教育之贫

（一）给予贫困学生补助

大兴安岭南麓 2011 年的九年义务教育巩固率为 92%。为了加大义务教育培养力度，各县采取了一系列措施援助适龄儿童入学，使其完成义务教育，并积极支持高中教育和大学教育，努力提高下一代的文化水平。

富裕县在 2017 年就出台了教育扶贫资助的相关政策。其中规定了凡是在富裕县幼儿园上学的富裕籍建档立卡贫困户幼儿，每人每年资助 1000 元。对于县小学、初中、特教学校就读的富裕籍建档立卡贫困学生，除享受免学费、免教科书费外，给予在校寄宿生活补助，资助标准为：小学生每人每年 1000 元、初中生每人每年 1250 元、特教学生每人每年 1250 元。对在校住宿的低保家庭学生给予在校就餐补助，每人每年 500 元。对残疾学生给予生活补助，每人每年 500 元。对于普通高中教育阶段的富裕籍建档立卡的学生免收学费，每人每年资助 2000 元。对在校住宿的低保家庭学生给予在校就餐补助，每人每年 500 元。对在县里职教中心学校就读的建档立卡贫困户可以免收学费，一、二年级建档立卡贫困学生每人每年资助 5000 元（含扶贫办专项 3000 元）。从 2017 年至 2020 年，对应届高中毕业生参加高考，并被全日制普通高等院校录取的富裕籍建档立卡贫困大学生每年补助 2000 元，连续补助两年。对富裕籍建档立卡的应（往）届贫困大学生提供生源地助学贷款（学费和住宿费），本、专科生每人每年最高限额 8000 元，研究生每人每年最高限额 12000 元。[①]

----

① 数据来自笔者 2019 年 4 月 26 日在富裕县获得的调研资料。

甘南县对筛查确认的农村贫困家庭子女除给予国家教育救助政策外，就读普通高中的给予 2000 元资助；就读大专或大学本科的（定向培养的项目生除外）给予 3000 元资助。对符合中国青少年发展基金会希望工程网络认捐项目扶持条件的小学、初中、高中贫困学生予以一定额度的资金补助。龙江县建立学生信息库，严格落实各学段学生资助政策，确保贫困家庭学生在义务教育阶段没有因贫辍学、失学现象发生。几年来，龙江县共免除公办幼儿园建档立卡家庭经济困难幼儿保教费、职教中心学生学杂费、普通高中学杂费等 15.3 万元；发放建档立卡儿童生活补助，中小学生校车、住宿、伙食补助共计 583.79 万元；发放普高和中职助学金共计 100.55 万元，惠及贫困家庭学生 475人次；发放建档立卡贫困大学生助学金和贷款 252.02 万元，惠及贫困家庭学生 145 人次。[①]

兴安盟各旗（县）也采取了"奖、贷、助、减、补"的教育扶贫政策，如设置奖助学金、国家助学贷款，减免学费等，保障贫困家庭的学前儿童、孤儿、残疾儿童、初高中生、大学生不会因贫困而辍学。2017 年，仅科尔沁右翼中旗发放助学资金 413 万元，资助大学新生 37人、往届大学在校生 140 人、高中及以下各阶段在校生 1307 人。

（二）提高贫困地区教育软硬件建设水平

扶教育之贫不仅要扶持贫困家庭的子女接受教育，而且要提升贫困地区教育的软硬件建设水平。例如，乌兰浩特市为了摆脱贫困，发展农村教育，提升广大贫困地区的教育质量，缩小城乡差距，采取多重措施扶持农村教育事业。其一，加强农村师资队伍建设。选拔优秀校长到农村任职，让先进教育理念、管理理念在农村学校落地生根，提升农村学校办学水平。选拔优秀教师到农村教学、交流，提高农村学校教育教学质量。提高农村教师待遇，落实农村教师生活补助和职

---

① 数据来自笔者 2019 年 4 月 29 日在龙江县扶贫办获得的调研资料。

称评审倾斜等政策，让农村教师安于从教、乐于从教（责任单位：教育局）。其二，提升农村学校教育质量。实行开放办学，深入挖掘农村学校发展潜力，发挥优质学校带动、辐射、引领作用。依托信息化手段，构建农村智慧型校园，扩大录播教室、"同频互动课堂"、微课等信息技术在农村教育教学和管理应用领域及范围，实现师资、文化、管理等优质教育资源互通共享、同频共振，提高农村学校的教育教学质量，促进农村小学优质、均衡发展，让农村的孩子在家门口就能享受到公平而有质量的教育，斩断代际贫困链条。

各地通过多种形式的扶贫措施加大乡村教育投入力度，提高乡村教师待遇，建设乡村学校教学硬件设施、培养教师队伍。但是明显看到村小越来越少，学生开始往乡里聚集，有条件的还会选择县里的学校进行学习，诸多家长还会前往陪读。而一些村子出资建立的幼儿园，效果也不理想。例如，2018 年 7 月 24 日于扎赉特旗的音德尔镇 XH 村访谈时，村民 T11 介绍说：

> 村里没有学校，不到五公里的乡里有学校，有条件的去扎旗（指的是扎赉特旗县政府所在地）学习。有的人家，孩子从幼儿园就出去了，去别的地方上学，父母挣钱。

2018 年 7 月 28 日在巴彦呼舒镇 HRDB 嘎查调研时发现村委会旁边就是幼儿园，据了解，此幼儿园免费。随机与在前面广场上带着孩子玩耍的妇女 T12 进行了以下访谈：

> 我的孩子大的上小学了，在别人家住着。小的上幼儿园，我天天接送，在镇里上学，不在村里的幼儿园上。这边条件不太好。虽然这边幼儿园是免费的，我孩子上的那个是 700 多元一个月。家里有车开着去接送，也方便。

虽然她家不是贫困户，但是从她的话语中能够感受到，城市和农村的教育差距仍然较大，农村的教育，农民自身都不认，只要有条件都会将孩子送到条件和经济更好的乡、县或市里学习。村里幼儿园的教育教学质量有待提高。但是需要注意的是乡村学校兴办下去难的原因复杂。除了因为乡村条件差，城里的教师不愿前往之外，教学水平和教学质量都堪忧。更深层次的原因是办学也需要有一定的辖区面积，只有有足够的学生才能保证学校能正常有序高质量地兴办。但是随着进城务工潮的不断加剧，很多村子不断向空心化转变，年轻人少，学生更少。若不考虑实际情况，一味地加强投入兴办学校，也不会有很好的效果。

学校作为提供公共服务的场所有一定的规模要求，如果一个村庄就剩下几十户人家，适龄学生只有几个或者几十个，即便政府或社会投入教育软硬件在此兴办学校，这里也并不是一个很好的学习环境。因为学生学习也有规模的要求，人数少，不利于学生彼此交流、竞争，对学生学习是不利的。另外，管理方面，一所学校要有实验室、标准操场、教师办公地等，这都需要投入，要有一定规模才可以实现。所以，人口规模对于学校的兴办有重要影响。基于此，大兴安岭南麓地区采取的措施是：既要留住乡土文化，又能提高教学质量的有效措施是在乡镇建立中小学校，安排校车接送学生；学校最好离每个村子半个小时车程。这样既能够维持学校兴办所需的人口规模，又能够提高教学质量，使教育扶贫得到较好的回馈。

二 教育参与扶贫

教育主要分为学校教育、家庭教育和社会教育。其中社会教育广义上指的是"一切社会生活影响于个人身心发展的教育"，而狭义上指的是"学校教育以外的一切文化教育设施对青少年、儿童和成人进行的各种教育活动"。① 通过多种形式教化人心、开阔心智、提高技能,将扶贫与"扶志""扶智"相结合是贫困群体早日摆脱贫困、增强内生发展动力的关键。

(一)思想教化扶志

在大兴安岭南麓调研时能够看到,几乎每个村都有村规民约,几乎每个村子都绘制乡村文化墙,将传统二十四孝、中国梦等内容绘制于墙上,生动地展现中华民族传统美德和社会主义核心价值观,并且努力打造"家"文化,以文化育民、励民、惠民、富民。兴安盟各旗(县)开展家风、家训征集活动,引导广大农牧民提炼自己的家风、家训,有助于家庭教育水平的提升,也有利于弘扬中华民族勤劳致富、勤俭持家的家庭美德。各级政府文化部门还开展各种文化下乡活动,得到各嘎查群众的喜爱。另外,各嘎查还开展"社会公德标兵""文明村民""文明家庭""好婆婆""好媳妇"等评选表彰活动,引领邻里之间互帮互助,共同致富,进一步激发贫困群众决战脱贫攻坚、圆梦全面小康的内生动力和发展信心。

镇赉县采取多种形式进行"双扶"。其一,利用多种形式加大脱贫攻坚的宣传力度,并且大力宣传"志智双扶"的重要意义,还利用媒体对县脱贫攻坚工作中涌现出的典型故事、先进事迹进行宣传。《人民日报》《新华每日电讯》《吉林日报》等媒体都报道过镇赉县产业扶贫、健康扶贫、社会扶贫等方面的好经验好做法。镇赉县电视台开设了《脱贫攻坚进行时》专栏(含子栏目《脱贫摘帽653百日会战》)、《驻村工作日记》和《社会周刊》专栏,共播出179期。同时还利用微信公众号等新手段对镇赉县的扶贫工作成效进行宣传,扩大镇赉县在脱贫攻坚工作中的影响力,提振当地百姓的自豪感和自信心。同时利用围墙、民居空白墙面,绘制百姓看得懂的漫画,展现社会主

---

① 中国大百科全书总编辑委员会《教育》编辑委员会,中国大百科全书出版社编辑部. 中国大百科全书·教育 [M]. 北京:中国大百科全书出版社,1985:1.

义核心价值观、扶贫政策、村规民约等，对于潜移默化地教化当地居民起到了重要作用。其二，镇赉县还注意抓典型，将脱贫典型进行宣传，用先进典型引领新风正气，引导贫困户向上向善向前看。例如，镇赉县东屏镇东升村的贫困户倪宝昌，妻子患有脑炎后遗症，丧失了劳动能力，女儿先天脑瘫，儿子车祸致残。面对家庭的巨大压力，倪宝昌没有消极沉沦，而是主动发展养猪事业，帮扶部门筹措了4000元扶贫资金，帮他加固并扩大原有猪舍，经济效益相当可观，一年两茬猪崽，预计可收入20000余元，此外，家里的25亩玉米田还能增加7000余元的收入。[①] 他的脱贫案例被多家媒体报道，并在全村、全县树典型，这让群众看到了扶贫形势一片大好，都努力加入种植养殖行列中。还有诸多脱贫案例，不仅自己脱贫，还会影响其他贫困户，帮助他们树立自信心，努力实现脱贫致富。其三，进行评选活动。持续开展"镇赉好人"评选活动，推出农民典型4人。组织开展"最美村屯""星级文明户""美丽庭院·幸福干净人家"评选活动，并发放一定的奖金。其四，编写"村规民约"，抓实移风易俗，培育文明乡风，杜绝铺张浪费。

（二）设施建设开智

信息时代、网络时代对于人的身心影响是巨大的，可以开阔心智，了解外部世界，获取更多生存和发展的资源，特别是市场信息。兴安盟实施了网络智慧扶贫工程，利用三年的时间实现乌兰浩特市城区（除偏远地区外）光纤全覆盖，有线无法通达的偏远地区实行无线全覆盖。一般农户免费用网2年，贫困户免费用网3年，以此作为全市农民了解党和国家大政方针、熟悉各级脱贫攻坚政策、获取先进产业发展知识、增加就业增收渠道的重要平台。不仅如此，还可以通过网络进行建档立卡贫困户申报、扶贫项目申报等工作。另外，在网络中

---

① 付斌．"志智双扶"铺富路 内生动力拔"穷根"［N］．白城日报，2018-06-25．

还可以学习产业技术，进行远程健康扶贫。乌兰浩特在 2020 年 6 月实现党务、政务上网，并且逐渐加强电商人才培训，进行电商扶贫。同时推广相关"三农"服务的 App，为贫困户提供各种农业资讯、农技问答等咨询服务。此外，大兴安岭南麓的贫困村都设有农村书屋，内有国家政策宣传册、致富书籍等。通过加强基础设施建设，特别是网络扶贫工程，可以开阔贫困户视野，加强其与外界的沟通和交流，提升脱贫能力。

（三）技能培训提智

对于广大贫困人口而言，发展生产，获取更多收入的一个重要渠道是参加技能培训。这种培训不仅包括为了转移就业而开展的职业技能培训，还包括对农牧业生产销售等的培训。这些培训都有利于贫困人口提升生产技能，增加收益。

富裕县对参加培训，并累计就业 1 个月以上的县内务工贫困劳动力，经乡镇审核通过，给予每人每年 500 元标准的培训补助。2019 年龙江县发放"雨露计划"资助资金 57.6 万元，惠及贫困家庭学生 384 人次，其中当地的七棵树镇发达村就开展了特色产业电子商务、食用菌栽培技术培训。甘南县实施"雨露计划"，加大对农村贫困家庭新成长劳动力接受职业教育政策扶持力度，对于参加中等、高等职业教育的贫困家庭子女，给予家庭扶贫助学补助。通榆县面向贫困人口、残疾人、农民举办电商扶贫培训班，并重点抓好贫困家庭子女职业学历教育培训和贫困劳动力转移就业技能培训工作。通过"雨露计划"帮助贫困户进行职业技能培训和就业。同时，还对农民进行农业技术培训，提供致富信息，增强农民创业意识。镇赉县坚持"管用实用"的原则，结合贫困群众创业致富需求，加强了种植养殖技术、劳动技能等培训。人社局、粮商局、司法局、妇联、畜牧局、科协等都从自身部门性质和职能出发，组织并完成了诸多职业技能培训，帮助当地贫困户掌握相关的农村转移就业能力和相关法律等，例如，"畜牧局开展 9 场技术培训，培训人员 240 名，其中养殖技术能人 10 名；科协开展培训 200 场次，发放资料 2000 余份，培训人次达到 5000 余人；吉林省东太农业发展有限公司开展特色马铃薯种植培训 2 场次，培训贫困群众 300 余人次"。① 兰西县挂钱博物馆还下乡免费培训贫困妇女制作挂钱，仅兰西镇民生村，学习制作挂钱的就有 20 多人。

2018 年 11 月 29 日绥化市扶贫办的 J 主任告诉笔者，他们县开展了很多培训活动，仅致富带头人的相关培训活动就有三四期。他说：

> 针对不同需求，请不同老师到县上开班讲解。我们发现村民有养殖方面的需求，这期开班就讲解养殖技术。到村中培训也有，例如生猪养殖。但是并不是每户的需求都一样，这就考虑大多数人的种植养殖需求。有些经济作物，只有一两户想种植，那就不培训了。我们培训的时候几个人是不能开班的。我们还会让帮扶责任人入户宣讲。

这一天，在调研该市望奎县厢白满族乡时，K 乡长介绍说：

> 有能力的贫困户中年龄小的，每年都有召开培训大会，各方面专业技能，农业还是其他的。培训机构进行培训，县里培训学校，乡里过来，找些有想法的人进行培训。想办法找工作，让他们增收。

但是这些培训也有效果不佳者。例如，2018 年 8 月 1 日中午访问镇赉县莫莫格乡 WLZ 村村委会旁边的贫困户，其所说的内容与政府所说的有出入（W 代表访问者，T13 代表被访问者）。

---

① 镇赉县"志智双扶"组合拳打出脱贫攻坚好成效 [EB/OL]. http://www.jlzhenlai.gov.cn/ztzl/zlxc/jrzl/201808/t20180827_640909.html，2018-08-27.

W：你们这边有培训吗？

T13：有啊，两个小时30元，把我们用车拉过去。等到最后进来发完钱，给30元。就是混弄，照个相。

W：他们讲的啥？有用吗？

T13：也有用，但是我们做不到。现在大学生找工作也难。

这种情况出现的原因是没有将群众的需求和实际状况与培训性质正确结合，不能吸引贫困户主动要求培训。在调研走访中，兴安盟在培训方面做得较好。2018年7月30日，兴安盟的扶贫办Y主任介绍：

除了养殖业种植业培训外，我们还有很多种培训，也列一个单子。培训机构一般是在人社局和教育局，由他们承办。把想要举办的培训列个单子，给贫困户，让他们选择。超过五十人就办一个大班。这样能够打破一味政府搞扶贫，群众不参与的情形。我们过去搞培训群众都不来，即便给误工费之类的，都不去。现在好了，让他们自己选择，想干点什么了，就去培训一下，学习学习。例如，妇女可以进行家政服务的培训，男的可以去培训电焊等。

除了这些培训之外，乌兰浩特还开展农技推广包村联户服务，组织农业技术推广员深入贫困户家中、服务到田间地头，不仅帮助贫困户使用新品种，运用新技术，而且还定期举办肉牛肉羊养殖等培训班，并采取观摩等形式，让农民特别是贫困户掌握先进的农业生产技术，提高农业生产经营能力。另外，针对外出打工的贫困户还开展厨师、砌筑、面点等点菜式的实用技能培训，同时为广大青年特别是有劳动能力的贫困群众同步提供政策咨询、岗位介绍等服务，提高创业就业素质和能力。开展家政人才定向培训，依托兴安盟家政职业培训学校，指导贫困群众在家制作民族服饰花边、纽扣等辅料，实现农闲人不闲，让贫困户足不出户就有致富门路。同时为贫困嘎查妇女免费提供月嫂、育婴师等专业技术培训服务，并根据个人需求与意愿实现本地就业、外出就业、随子女升学就业。整个兴安盟将技能培训作为重要途径，确保劳动力就业和劳务输出，并鼓励农民掌握现代农业技术，提高农牧业的生产经营能力。

总之，大兴安岭南麓的教育扶贫涉及两部分内容，既有"扶教育之贫"，又有"教育参与扶贫"。两者相结合能够加强贫困户的科学文化知识、职业技能和创业就业本领，有利于实现农业生产现代化、农民现代化和农村现代化，还有利于阻断贫困的代际传承，提高贫困户的收入，更好地将脱贫与"扶志""扶智"相结合，实现可持续高质量脱贫。

第五节　社会保障兜底脱贫

在扶贫过程中，有一部分贫困人口是完全丧失劳动能力和部分丧失劳动能力且无法依靠产业就业帮扶实现脱贫的，他们需要社会保障兜底。社会保障是以社会保险、社会救助、社会福利制度为主体，以社会帮扶、社工助力为辅助的综合保障体系，为老人、残疾人、精神障碍患者等特殊群体提供服务设施，建立互助养老、设立慈善基金、构建新的养老服务体系。完善农村低保制度，加大临时救助力度。①建立农村低保家庭贫困状况评估指标体系，将符合条件的家庭都纳入，不断地进行动态调整，同时要促进农村低保与扶贫开发以及其他脱贫政策相衔接，引导有劳动能力的低保对象依靠自己努力脱贫。社会救

---

① 中共中央 国务院关于打赢脱贫攻坚战三年行动的指导意见 [EB/OL]. http://www.gov.cn/zhengce/2018-08/19/content_5314959.htm，2018-08-19.

助就是要将最低生活保障制度与医疗救助、教育救助、住房救助、就业救助等专项救助制度衔接，实施临时救助制度，逐步形成梯度救助格局。

一　低保制度不断完善

（一）低保等补助政策

农村低保是指农村居民最低生活保障，是针对家庭年人均纯收入低于当地最低生活保障标准的农村居民推出的生活保障制度。截至 2018 年底，全国共有农村低保对象 3519.7 万人，农村低保标准达到 4833 元/（人·年）；共有特困人员 482.3 万人，全年累计支出特困人员救助供养资金 334.6 亿元。2018 年，全国共实施临时救助 1074.7 万人次，累计支出救助资金 121.6 亿元，平均救助水平 1131 元/（人·次）。① 农村低保的主要对象是因病残、年老体弱、丧失劳动能力以及生存条件恶劣等造成生活常年困难的农村居民。农村最低生活保障标准随着当地生活必需品的价格，以及人民生活水平的提高而不断进行调整。据统计，到 2019 年底，全国农村低保平均标准是 5336 元，22 个脱贫攻坚任务重的省份农村低保平均标准是 4697 元/（人·年），全国深度贫困县的平均标准为 4199 元/（人·年）。"三区三州"所辖县的平均标准是 4068 元/（人·年），应当说还是能够稳定解决他们"两不愁"问题的。②

富裕县 2017 年对于贫困户保障兜底的条件是——已建档立卡，以共同生活的家庭成员为准，凡年人均可支配收入低于 3710 元的，均可纳入低保范围，重点是以下 6 类人群：①重度残疾人；②患有 17 种重

---

① 民政部：2018 年农村低保标准达到每人每年 4833 元［EB/OL］. https://www.hnmsw.com/show_article_106090.html，2019-01-29.

② 脱贫攻坚这几类低保平均标准每人每年多少钱？［EB/OL］. http://www.chinanews.com/gn/2020/03-15/9125793.shtml，2020-03-15.

特大疾病的；③丧失劳动能力、无法通过劳动获得经济收入的；④60 周岁以上体弱多病的；⑤高中以上因学致贫的贫困户且承包地人均低于 8 亩的；⑥贫困人口采取其他措施无法扶贫，经村"两委"讨论通过后，提交村民代表大会采取"一事一议"的办法，力争全部纳入低保范围。发放标准：按人均可支配收入 3710 元/年的保障标准，以据实差额补助形式发放。同时对具体人员做了解释说明。①

青冈县落实兜底扶贫政策，截至 2018 年已累计发放救助补助资金 1278.52 万元，惠及贫困人口 15261 人，特别是将农村一类低保户救助标准提高到 4028 元，超出省标准线 3710 元 8.6%；对丧失劳动能力的贫困户每户每年发放 2000 元扶贫补贴，可解决全县 6100 户丧失劳动能力的贫困家庭基本生活问题。②

兴安盟地区根据 2014 年 1 月 13 日内蒙古自治区农牧区工作会议上提出的，计划利用 3 年时间实施农村牧区"十个全覆盖"工程，不断提高公共服务水平。"十个全覆盖"工程包括农村牧区常住人口养老医疗低保等社会保障工程。截至 2018 年 7 月，科尔沁右翼前旗贫困人口中享受低保 10442 人、五保户 756 人，累计为建档立卡贫困群众发放低保金 2922 万元、五保户生活费 544 万元、生活救助资金 322 万元。③

在调研中发现，有的贫困户同时还是低保户或五保户，而低保户和贫困户也在不断地动态调整。建档立卡的贫困户和低保户，以及五保户之间都存在区别。五保户是我国社会主义和人道主义的体现，保护的对象主要是老年、残疾或者未满 16 周岁的村民，无劳动能力、无生活来源又无法定赡养、抚养、扶养义务人，或者其法定赡养、抚养、

---

① 资料由笔者 2017 年 9 月 14 日在富裕县调研时所获。

② 青冈全力落实五大扶贫政策 [EB/OL]. https://suihua.dbw.cn/system/2018/11/14/0581 05740.shtml，2018-11-14.

③ 数据来源于笔者 2018 年 7 月 25 日在科尔沁右翼前旗扶贫办的调研资料。

扶养义务人无赡养、抚养、扶养能力的，五保即"保吃、保穿、保医、保住、保葬（孤儿为保教）"。低保户主要指的是年人均收入低于当地平均水平的人，与脱贫攻坚的贫困户有一定的交叉。在调研中发现，一些人口虽然是贫困户，但不是低保户，享受的国家扶持资金相对较少。有的因为评不上低保户而失落，因为不能享受低保的各种待遇，不能获得相应的国家补贴。甚至有些人因此对当地基层干部产生了不满情绪。低保线和绝对贫困标准存在一定的重合，应如何界定？

（二）低保与扶贫的关系

从调研中可以看到当时大兴安岭南麓地区有三种贫困户，即五保户、低保户和一般贫困户。低保户和五保户按照标准进行划分较为容易，而一般贫困户的划定相对较难，不仅农村家庭收入难以核定，而且还存在一批生活在贫困线周围的边缘群体。

农村低保的保障对象就是家庭年人均收入低于当地最低生活保障标准的农村居民，特点是"应保尽保"，只要是农户人均收入低于当地最低生活保障标准的，差额均由低保金补齐。农户收入不稳定，类型广泛，这就需要村干部进行深入了解后认定。经过多次努力，2016年前后，低保户评认标准基本确定。"大数据比对中有如下一些项目：有无大额存款，有无商用车辆，有无城市商品房，有无财政供养人员，有无个人轿车，有无高价证券，等等。一般来说，家中凡是有以上诸项中的一项，这一户就不可能是低保户。"[①] 这样看来凡是有劳动能力的人，无论是从事农业还是外出务工等都能够获得高于当地最低生活保障的收入。而且作为熟人社会的村庄，有利于低保户和五保户的划定。低保是指直接发钱给处于当地最低生活保障水平之下的家庭，以维持其基本的家庭再生产能力。

---

① 贺雪峰：精准扶贫与农村低保的制度绩效问题 ［EB/OL］. https://www.aisixiang.com/data/141730.html，2023-03-23.

扶贫主要针对有劳动能力的家庭，通过补贴等方式帮助他们脱贫致富。国家将大量扶贫资金投入贫困户和贫困村，并出台扶持政策，但这导致一般农户心理上产生严重的不平衡和不满。在调研中也能看到，这些不满情绪普遍存在，不仅对贫困户与非贫困户之间关系产生了影响，而且对地方政府的形象也产生了影响。同时，扶贫工作还需耗费大量精力，甚至演变为博弈、冲突、利用、竞争。

所以在脱贫攻坚过程中既要做到精准识别，同时也要顾及边缘群体以及易返贫人群，进行精准施策，将低保和五保政策继续发扬，并结合精准扶贫中的精准施策，有针对性地提升贫困户的内生动力，发展生产，增加收入。将低保政策与精准扶贫有效衔接。

二　专项救助多种多样

社会保障兜底一批工程不仅需要有包括低保、五保在内的社会救助，还需要有与之相配合的其他救助措施，如医疗救助、住房救助和其他社会救助等。

（一）医疗救助

医疗扶贫是健康扶贫的重要组成部分，主要针对因病致贫、因残致贫等贫困人口展开。因病致贫是全球贫困治理中最难啃的硬骨头。一旦收入低的群体出现重大疾病，就会陷入持久性贫困。必须加大对贫困地区的政策扶持力度，进一步完善基层医疗卫生服务体系，提升卫生机构标准化水平，出台相关政策，鼓励人才流向农村。从调研中看到几乎所有的行政村都设有一所标准化的卫生室，大多数在村委会院内。其乡村医生大部分由原来本村的"赤脚医生"转变而来。2019年4月笔者在富裕县 SJZ 村调研时，有位老大爷 T14 这样说道：

> 村卫生室也就头疼脑热拿个药还行，别的病看不了。有病了就去县里，严重的就要到市里去看。卫生室的人都是村里的，平

时忙地里的活，有啥事给他打电话就行，他不怎么在卫生室里。

随着人们生活水平的提高，以及疾病的复杂和多样，村卫生室由于医疗水平低、医护人员不足等因素，不能满足村民的看病需求，只能进行最简单的疾病处理。这种情况体现出目前我国农村医疗卫生体系薄弱、不健全，以及我国城乡医疗资源分配不均、供需不平衡的现状。村卫生室的未来与乡村振兴有密切关系，若要解决相对贫困和乡村振兴问题，必须提高农村医疗卫生能力和水平。除此之外，各地医疗救助更多地体现在医疗补贴中。

富裕县 2017 年下发了农村贫困人口医疗救助政策，规定了贫困人口基本医疗保险个人缴费为每人每年 180 元，其中：财政补贴 108 元，个人承担 72 元。贫困人口中的低保户、五保户基本医疗缴费为每人每年 160 元，由民政局统一缴纳。门诊统筹每人每年最高支付限额 180 元，用于县、乡、村三级医疗机构普通门诊医疗费用和定点药店购药费，全家共同使用，余额可结转下年继续使用。将 9 种慢性病列为门诊报销病种，经鉴定后享受门诊报销待遇。住院合规费用按比例报销后，自付费用在 3000 元以上的部分给予 50% 报销，最高限额 10000 元的爱心救助。对患者转到哈尔滨、沈阳、北京、天津公立三级医院住院超过 15 天的天数（未达到 15 天的不予补助），给予省内每天 50 元，省外每天 80 元的生活补助，最高补助 50 天。当年，贫困户新农合参保率达到 100%。[①]

甘南县在 2017 年也对贫困人口基本医保缴费 180 元给予全额补贴。对于因病支出较大的贫困患者，治疗费用在新农合医疗报销、大病保险报销、民政医疗救助后，个人自付费用仍然较大的，纳入商业保险兜底报销。贫困残疾人以治疗为主的康复治疗，门诊和住

---

① 来自笔者 2017 年 9 月 14 日在富裕县的调研资料。

院费用纳入报销范围。免费为贫困人口提供 2 种降压药和降糖药。高血压和糖尿病贫困患者可以到卫生院和卫生所免费领取 2 种降压药和 2 种降糖药。

2019 年 4 月 29 日笔者在龙江县调研时，扶贫办 Z 主任强调：

> 我们县都加入新农合了。看病报销落实到位。贫困户比其他人多 5% 的报销比例。贫困户还有基本医疗、大病兜底保险、医疗救助等。低保五保兜底 100%。这边慢性病、心脑血管疾病多。除了门诊报销外，针对慢性病如脑出血后的后遗症，每月还有 150 元的补贴。2017 年抗癌症的药也纳入其中了。对无法依靠产业扶持和就业帮助脱贫的贫困家庭，实行政策性保障兜底。几年来，建档立卡贫困人口纳入低保对象 3217 户 6063 人，建档立卡贫困户中低保户占比达 68%，符合条件的贫困人口实现应保尽保。同时对纳入精准扶贫范围的农村特困居民，家庭遭遇重大变故生活暂时难以维持的，给予困难群众 500 元至 5000 元临时生活救助资金，共发放生活补助金 77.15 万元，惠及 357 户。

兴安盟的健康扶贫是"五四三二一"优惠政策："'五'即保障住院医疗费用分五步救助——基本医保起付线降低 50% 且报销比例提高 10%，大病保险起付线降低 50% 且报销比例提高 10%，商业补充保险报销 55%，民政医疗救助自负合规医疗费报销 90% 封顶线 5 万元，政府兜底救助确保实际医疗费报销比例不低于 90%，且年度累计自负医疗费超 5000 元部分全部报销；'四'即四项门诊费用的报销——慢性病报销比例不低于 90%，门诊观察报销比例提高 15%，家庭病床年报限额 4200 元，家庭医生签约服务包诊查费个人只需要支付服务包费用的 10% 左右；'三'即实施三个一批——大病集中救治一批，慢性病签约服务一批，重病政府兜底保障一批；'二'即免交两项费用——

免交各项保险费，免交健康体检费；'一'即实行一站式结算——在定点医疗机构和医保局设立健康扶贫对象专用窗口，统筹区域内'先诊疗 后付费'，利用互联网信息平台一次性集中结算个人负担费用，且不收住院押金。"①

（二）住房救助

1. 国家住房救助政策

我国脱贫攻坚的目标是实现"两不愁三保障"，其中三保障为义务教育、基本医疗和住房安全。房屋在中国人的心中极为重要，不仅是安身立命之所，也是幸福所在。农村住房补助主要指的是为农村的建档立卡贫困户等重点对象解决基本的住房安全问题而实施的一项政策，国家有统一的基本标准，根据《农村危险房屋鉴定技术导则（试行）》（建村函〔2009〕69号），当时农村危房改造的补助对象是居住在"C级或D级危房中的建档立卡贫困户、低保户、农村分散供养特困人员和贫困残疾人家庭等4类重点对象"。"C级为部分承重结构不能满足正常使用要求，局部出现险情，构成局部危房；D级为承重结构已不能满足正常使用要求，房屋整体出现险情，构成整幢危房。"② 在改造的时候要因地制宜，采取符合当地实际的改造方式。比如，南方住房要注意通风，北方住房要注意保暖。③ 农村危房改造的资金一般由农民自筹、政府补助、银行信贷和社会捐助等多渠道资金构成，各省份根据自身的财政和实际状况制定出不同档次的分类补助标准。《中国农村扶贫开发纲要（2011—2020）》指出："到2015年，完成农村困难家庭危房改造800万户。到2020年，贫困地区群众的居

---

① 兴安盟：健康扶贫力挺脱贫攻坚［EB/OL］. https://inews.nmgnews.com.cn/system/2017/12/13/012428330.shtml，2017-12-13.

② 农村危房改造政策问答［EB/OL］. https://www.mohurd.gov.cn/gongkai/fdzdgknr/zcjd/201905/20190505_240448.html，2019-05-05.

③ 习近平在解决"两不愁三保障"突出问题座谈会上的讲话［EB/OL］. http://www.gov.cn/xinwen/2019-08/15/content_5421432.htm，2019-08-15.

住条件得到显著改善。"① 在住房安全保障方面，需要进行危房改造的
4 类重点对象大约 160 万户，其中建档立卡贫困户约 80 万户。

2. 各地不同的政策实施

对于已经享受过政府建房补贴的、一户多宅有安全住房的，不再
享受富裕县的危房改造政策。富裕县危房改造分为三种情况，即在原
址上进行翻建、异地新建或建设幸福大院；对原来的房屋进行修缮加
固；长期租赁安全房、旧房屋需灭迹，保留宅基地。其中 C 级危房不
允许新建，D 级危房有限选择修缮加固，其次才是拆除重建。修缮的
房屋必须满足结构安全、保暖节能等基本居住需求。补助标准如下：
①新建，整村推进村（46 个贫困村）新建每户补助 2.6 万元，非整村
推进村每户补助 1.5 万元，建设幸福大院按每户 2.5 万元补助；②修
缮加固，所需资金，县财政砍块补助给乡镇；③租赁，每年 1000 元，
租赁期限为 2017～2020 年。② 2017 年 9 月 14 日在 WJZ 村调研时，其村
主任 T15 介绍说：

> 我们村有 22 户住房成危房了，要给他们新建或修房子，我
> 们贫困户给 26000 元补贴建新房子，这边修缮也给钱。我们 15
> 户危险住房，相当差，先签协议，然后给拆，然后施工，每个
> 阶段都有照片。小的建立 35 平方米，适用房建完就能住。这边
> 的房子如果人多可以大点，比如 65 平方米。这边没有住楼的，
> 在其他地方有全部上楼的，但是效果不好。农村养猪等都不适
> 应的。

9 月 15 日在其旁边的 DK 村调研时，一间房屋的男主人 T16（年

---

① 中共中央 国务院印发《中国农村扶贫开发纲要（2011—2020 年）》［EB/OL］. https://
www.gov.cn/gongbao/content/2011/content_2020905.htm，2011-12-02.

② 笔者 2017 年 9 月 14 日在富裕县调研时所获资料。

龄大概五十岁）介绍道：

> 这个房子是危房改造的，外面包了一层水泥，上面的砖也换了。原来是草房。国家拿钱，我们啥也不管，我们就给建房子的人供酒、供烟、供饭。我是贫困户，我吃低保的。

甘南县针对自愿翻建住房（含板房）的危房贫困户，给予在享受国家危房改造政策 14000 元的基础上，再户均增加补助资金 2000 元。危改住房建筑面积为 40~60 平方米。房屋测算投入：以 40 平方米为标准，全由施工单位负责施工的，按照建造标准建设房屋和完善附属设施，共需 24000 元，即 600 元/米²；以 40 平方米为标准，不含地基、火炕、灶台、烟囱等附属设施，新建彩钢板房依照施工标准测算最多为 19000 元，即 475 元/米²。[①] 2017 年 10 月 13 日在 XX 村调研时村主任 T17 介绍说：

> 去年才开始改造危房，现在还在施工呢。新建住房政府给25000 元，修缮给 17000 元。经过鉴定来决定。大小不固定，也可以扩大，扩大的自己加钱。其实扶贫工作对老百姓最有成效的还是危房改造，那房子破得都要倒了，改造下多好啊。村里有一家就住在仓房里面，仓房还漏风，现在危房改造后就好多了，明显地提高了生活质量。

XX 村的另一位六十多岁的男村民 T18 有不同的想法，他认为：

> 现在国家危房改造，我们这些辛辛苦苦干活的人真的挺不开

---

① 笔者 2017 年 10 月 12 日在甘南县调研所得。

心的。我忙活了一辈子，才盖了这个房子。那些好吃懒做的，政府还给修了房子，心里实在憋屈！

其中渗透着一种"免费盖房实际变成了养懒汉"的现象，导致贫困户和非贫困户之间产生冲突、竞争和博弈。[①]

截至 2019 年 3 月龙江县累计投入改造资金 16788.75 万元，采取修缮一批、翻建一批、租赁一批、供养一批、置换一批、灭迹一批"六个一批"措施，将符合政策的 10846 户危房全部改造完成，其中建档立卡贫困户危房 3104 户。[②] 2018 年 7 月 23 日兴安盟的 C 主任介绍说：

这边的危房改造对象包括所有人，即使不是贫困户也给你建。把潜在的危害消除。改与不改，他是老百姓想不了这么多，所以还是让他改了。或者一旦有别的事情，就会变成贫困户。防患于未然。

科尔沁右翼前旗启动实施了贫困户危房"清零"行动，因地制宜地实施幸福院建设和连体房建设行动，对单人无房贫困户由嘎查村牵头建设人均不超过 25 平方米的连体房，产权归嘎查村集体所有，贫困户有居住权；对 2 人及以上的危房贫困户按照人均不超过 20 平方米的标准，予以原址建房或统一建设幸福院。2017 年 8 月 17 日在通榆县调研时 XZ 村的一位阿姨 T19 介绍说：

我这房子就是危房改造的。国家给的指标，国家给 24000 元，

---

① 贺雪峰. 精准扶贫与农村低保的制度绩效问题 [J]. 江苏行政学院学报，2019（03）：55-61.

② 数据来自笔者 2019 年 4 月 29 日在龙江县扶贫办的调研资料。

分两次给，先给两万，如果我们不整脏水井，就不给你剩下的4000元。这边只要是危房要盖就给钱。登记就行，危房就给63平方米，不能大了，让你在哪里搭炕你就整。脏水井没盖就不给钱。

图 3-4 展示了 XZ 村危房改造后的新房。

图 3-4 XZ 村危房改造后的新房

资料来源：笔者于 2017 年 8 月 17 日在通榆县 XZ 村拍摄。

2018 年 2 月 27 日下午在镇赉县扶贫办公室调研时，正好来了一个看似五十多岁的老人，他说过来的目的是要举报。大概意思是镇赉镇下面的一个村子，在对泥草房改造中，存在买户顶名现象，国家给32000 元建房子，贫困户把这个名额卖给别人，从中赚 2000 元，另一个人就可以占用国家的扶贫资金建房子。由此可见，在危房改造过程中，确实也存在一定的问题。

总之，在大兴安岭南麓精准扶贫工作中，危房改造对贫困户的生活影响较大，能够更好地提高其生活质量。每个地区危房改造的具体措施有所不同，贫困户和非贫困户因危房改造也存在一些矛盾，需要对国家扶贫政策进行更好的宣传，激发贫困户的内生发展动力，脱贫致富。同时要严查利用危房改造项目贪污受贿、弄虚作假等行为，让百姓对政府、对政策有信心。

（三）其他社会救助

2018 年 7 月 27 日在科尔沁右翼中旗巴彦呼舒镇 CESH 嘎查调研时了解到，当地有 84 名残疾人，齐齐哈尔市残联与当地进行结对，每年给予一定的补助。科尔沁右翼前旗对贫困人口中完全或部分丧失劳动能力的进行兜底保障，做到应保尽保，统筹低保与扶贫开发"两项制度"双线合一。实施生活救助，对未纳入低保范围、65 周岁以上、享受家庭病床政策且长期卧病在床、丧失劳动能力且生活不能自理的重度残疾（一、二级）建档立卡贫困人口给予每人每年 2400 元生活救助资金。除此之外，还有一些社会救助，在生活上帮助贫困户渡过难关。

资产收益兜底是大兴安岭南麓普遍实施的一种重要社会救助形式，主要依靠龙头企业、集体经济组织发展产业扶贫，将贫困户纳入其中，进行分红。除了前文产业扶贫中提到的之外，还有光伏发电扶贫。这是兜底保障的重要组成部分。2019 年 4 月 26 日进入富裕县塔哈满族达翰尔族乡 JXB 村调研时，笔者发现几乎每个家庭的房顶上面都有太阳能集热板，用以光伏发电获得收益。其村主任 T20 介绍道：

> 此地有吉晖光伏公司，新建 1MWp 屋顶光伏项目，年发电收入 104 万元，村集体年增收 46 万元，103 户贫困户户均增收 500 元以上。这个不怕下雨。一个房子上面的一块板 100 元，一个房子上面每天能赚二三十元，都是他们自己的收益。集体设施和空地上的光伏板归集体所有。其中，一年 7.4 万元光伏分给贫困户。

龙江县积极谋划光伏扶贫产业，建设村级光伏扶贫电站 10 座，总投资 2897 万元，总装机容量 4.2 兆瓦，已全部并网发电，共带动贫困户 1051 户。截至 2018 年末，10 座光伏电站共实现净收益 136.3 万元，覆盖 27 个贫困村，实现贫困村贫困户全覆盖。每年每个贫困户可以增收 3000 元。例如，该县的顺应村也有光伏项目，2018 年 4 月投入运行，全年运行 3000 度以上，每个贫困户收益 2400 元。2019 年 4 月龙江县的扶贫办周主任介绍了当地光伏发电的收益如何计算，如收益共 100 元，其中 83% 是村里的收益，其他 17% 交给国家。而其中还应该有 10% 的土地租金，也就是村里应该留下 10 元，这 10 元要从 83% 里面扣除，给贫困户分红的只有剩下的 73 元。[①] 兰西县依托国家光伏扶贫政策，在 50 个贫困村共建设村级光伏电站 54 个，户用电站 60 个，截至 2019 年，已全部建设完成，并已实现并网发电，可带动贫困户 3030 户，户均可增收 3000 元。[②]

总之，社会保障兜底一批对实现"两不愁三保障"的目标有重要意义，也是因病因残、因老弱致贫的民族地区扶贫的最重要政策。另外，大兴安岭南麓地区建立的农村低保制度与扶贫开发政策衔接机制，为实现全面小康奠定了基础。

第六节 脱贫成效

一 总体成效

大兴安岭南麓地区是全国 14 个集中连片特困地区之一，2010 年贫困发生率为 12%。经过不断探索努力，2020 年 2 月黑龙江省政府批准 5 个贫困县脱贫摘帽，其中包括拜泉县、林甸县和青冈县，全省贫

---

① 数据来自笔者 2019 年 4 月 29 日在龙江县扶贫办的调研资料。

② 数据来自笔者 2019 年 6 月 3 日与兰西县扶贫办主任电话联系了解的资料。

困发生率降到了 0.07%；2020 年 3 月，内蒙古自治区发布了 31 个贫困旗（县）全部脱贫摘帽的消息，其中包括突泉县、科尔沁右翼前旗，自治区贫困发生率降到了 0.11%；2020 年 4 月，吉林省发布 15 个贫困县摘帽的公告，其中包括大兴市和通榆县，全省贫困发生率降到 0.07%。① 至此，大兴安岭南麓贫困县全部"摘帽"，脱贫攻坚战已取得了决定性胜利。

围绕"两不愁三保障"下功夫，农村贫困人口的贫困发生率明显下降，收入超过国家绝对贫困线标准。贫困人口的吃、穿、饮水、教育、医疗、住房等有了显著改善，并积累了丰富的经验，为乡村振兴和日后的相对贫困治理打下良好基础。龙江县有 4700 多户 10209 人，2018 年脱贫了 1874 户 3900 多人，贫困发生率为 0.71%，实现了脱贫摘帽。贫困户和非贫困户都能够感受到村庄的变化，特别是村庄家庭生活生态环境的变化，生活服务设施也有了明显改善。

特色优势产业取得了显著成效，大兴安岭南麓地区坚持因人因户施策，确定了以"菜单式""托管式"为主、"资产收益式"为辅的产业化扶贫模式，依托龙头企业和特色产业，激发贫困人口"造血"功能，并带动贫困户脱贫致富。例如富裕县就发展出了中草药、菌类、光伏、旱改水、仓储、生猪、奶牛、大雁、旅游等主导产业，持续带动当地增收。同时产业结构进一步优化，第一产业比重逐渐缩小，第三产业比重不断增大，农村的六次产业正在建设和发展中，农村的综合经济实力进一步增强。龙江县确立了以高档肉牛、食用菌、瓜菜为重点，以杂粮杂豆、特色养殖、林果经济等为补充的产业脱贫体系。

基础设施日趋完善，社会事业全面发展，基本公共服务主要领域指标接近全国平均水平。例如同样是富裕县，通过精准识别，截至 2017 年 9 月末，全县已经完成了精准识别出的"台账"，即 13666 户

---

① 大兴安岭南麓集中连片特困地区贫困县全部"摘帽"［EB/OL］. http://www.xinhuanet. com/politics/2020-05/13/c_1125978800.htm，2020-05-13.

实现了安全用水，8148 户的住房得到修建，通硬化路 46.53 公里，310
个自然村通宽带，7 个自然村通广播电视，86 个地区建有卫生室，共
有 215 名医生，并修建了 27 处文化活动场所。[①]

　　区域内的生态建设取得了突出成绩，退耕还林还草、退牧休牧、
禁止乱砍滥伐，发展生态产业、生态旅游等使人与自然关系更加协调。
农民人均纯收入增长幅度高于全国平均水平，与全国同步实现全面建
成小康社会的目标。

　　总之，大兴安岭南麓 2021 年 1 月已经实现了全面建成小康社会的
目标。经济持续较快增长，增长速度高于全国平均水平。农牧区脱贫
成效显著，基础设施更加完善，产业结构不断优化，城镇化水平不断
提升；社会事业稳步发展，基本公共服务均等化水平显著提升，资源
配置更加合理，城乡差距明显缩小；民族文化繁荣发展，民族文化事
业和服务体系基本建立，文化成果和民族特色文化活动不断巩固和开
展；生态环境明显改善，生态保障补偿机制逐步建立，人居环境更为优
美；民族团结更加巩固，"三个离不开"全面加强，中华民族共同体意
识深入人心，相互嵌入式社会结构和社区环境逐步建立，民族团结进步
示范区深入推进。在脱贫攻坚中形成的各种脱贫的成功经验和重要机制
范式对当前实现乡村振兴和治理相对贫困起到了重要的借鉴作用。

二　不同村落的脱贫个案

　　大兴安岭南麓地区脱贫成效显著，下面以几个村子的具体实际情
况来进一步呈现。

（一）CESH 嘎查脱贫成效

　　CESH 嘎查位于内蒙古兴安盟的科尔沁右翼中旗巴彦呼舒镇，南
靠京能电厂省际大通道，北邻白音胡硕火车站，东邻公路，是典型的

---

① 数据来自 2019 年 4 月 26 日笔者在富裕县调研时获得的资料。

山坡丘陵地带，农牧民收入主要依靠种植和养殖业，产业单一，增收渠道狭窄。2019 年共有 319 户 1192 人，其中常住户数 297 户 1116 人，外出 22 户 76 人。该嘎查总面积 3.4 万亩，耕地 10229.7 亩，林地 520 亩，草牧场 17011 亩。截至 2019 年 12 月，59 户 170 人已脱贫，享受国家各种扶贫政策的有 49 户 135 人，不再享受政策的有 9 户 33 人，尚未脱贫的有 1 户 2 人。[①]

2018 年 7 月 27 日笔者进入 CESH 嘎查调研，在村委会旁边的一家就曾是贫困户，他们家院子里晒着很多木耳，访谈中得知这些木耳都是他们自己种植的，木耳菌棒第一年是内蒙古日报社免费提供的，因为其为该村的定点帮扶单位。在该贫困户家中的园子里还有很多木耳菌棒，有自动喷水设备，定时放水。每四五天木耳出来一次，还有技术员定期指导，木耳每斤能卖到 50 元左右。2017 年该户挣了两万多元，彻底脱贫了。除了这一家之外，了解到还有几户贫困户也在自家种植木耳。这里还有统一的木耳基地，木耳基地在该嘎查的老砖厂旧址，后来砖厂倒闭，改成了现在的木耳基地。基地的房屋设施等都是由报社建设的。村里一共只有十几个孩子，没有小学，孩子们都被送到其他地方读书。村民大多数是蒙古族，过年也有贴春联、放鞭炮、串门、喝酒的习俗。

木耳基地离村中心有一段距离，是一片相对开阔的平地。在这里我们见到了来自镇政府的第一书记 B 书记。据他介绍，当地贫困户自家种植木耳的并不多，基地里生产的菌棒主要是对外销售，卖给周围其他地区，非贫困户种植木耳的也不多。他说：

> 第一年我们免费给贫困户菌棒，让他们种植。第二年每个菌棒自己掏一块钱，我们政府补助一块钱，正常两块钱一个。这样

---

① 数据来自 2020 年 1 月 4 日笔者对 CESH 嘎查第一书记的微信调研数据。

他觉得是自己买的，就会珍惜。通过扶贫单位的帮扶，特别是木耳基地的建立，目前"两不愁三保障"基本完成。下一步我们目标就是生产菌袋，把木耳做成粉，另外深加工，带动贫困户。现在非贫困户有的办其他企业。我们嘎查有84名残疾人。残联跟我们结对后给我们定为扶贫基地，每年给我们补助。除了木耳产业之外，村里还有种植水稻、养牛羊的。不过现在旗里禁牧，都舍饲养殖了，用青贮饲料，去年的草也行，养殖业还可以。过去没有自来水，现在每户也通上了自来水。村里过去也有懒人，经过我们多方做思想工作，也开始出去打工了。这边村子里有几十个农民在电厂打工。电厂西边有水泥厂，也可以打工。另外这个水泥厂占了村子的地，一次性地给了补贴。我们这也实行了自治区下达的十个全覆盖政策，并且做得很好。一共有17.5公里的水泥路，目前只有一公里不到的路还没修好，房顶、路灯、院墙等都统一了。有的有钱的还有用琉璃瓦的。

B书记还带领笔者参观了菌棒工作间，因为这个季节不做菌棒，所以笔者可以进入，这是一整套流水作业的工作间。在厂房外面的开阔场地中，有很多菌棒。除了成本之外，政府给贫困户每户分一两万元，剩下的作为第二年的预算支出。

2018年7月嘎查中有4家商店，日常用品的购买较为方便。走访全村后可以感受到村里虽然有一些发展问题，但是不得不承认通过精准扶贫改变了很多，贫困户基本上已经脱贫了，村里的村容村貌也焕然一新。在产业方面，2014年和2015年政府给每个贫困户分了两只羊，2016年建立了黑木耳基地，扶持贫困户15户33人，无劳动能力贫困户入股分红。在住房保障方面，深入实施"危房清零销号行动"，确保贫困户住房安全，对建档立卡贫困户全部实施危房改造项目。在教育扶贫方面，2018年嘎查建档立卡贫困户中受教育扶持学生3名

（1 名初中生，1 名小学生，1 名学前班学生）。在健康扶贫方面，认真落实基本医疗保险、大病商业保险、商业补充保险、民政医疗救助、政府兜底保障的"住院五步救助"优惠政策，实行慢性病用药、门诊治疗、家庭病床、家庭医生签约服务包的"门诊四项报销"优惠政策，开展大病集中救治一批、慢性病签约服务管理一批、重病保障兜底一批的"三个一批"行动，2018 年嘎查统一代缴合作医疗费 180 元/人。在政策兜底方面，建档立卡贫困户中享受低保 28 户 66 人，享受 65 岁以上生活救助补贴 1 人（每人每年 2400 元）。在就业帮扶方面，建档立卡贫困户中护林员岗位 3 人，每人每年 5000 元，保洁员岗位 4 人，每人每年 6000 元。①

除此之外，在村中基础设施建设和公共服务方面也取得了诸多成效。其一，通水泥路。2016 年新修建水泥路 17.5 公里解决群众出行难问题，2015 年和 2016 年新修建院墙共计 18000 米，改善了村容村貌。其二，住房安全稳定。2016 年嘎查建档立卡贫困户住房全部改建为砖瓦房，鉴定为 A 级。其三，饮水安全。水质经疾控中心检测，符合《农村饮用水安全卫生评价指标体系》和《农村饮水安全评价准则》要求，嘎查安全饮水全覆盖。其四，全部通电。嘎查实现全部通电，能够满足生产生活用电需求。其五，全部通广播。2010 年"户户通"电视信号全覆盖，2014 年安装了"村村响"广播。其六，有医疗场所。2015 年，旗卫生局统一新建嘎查卫生室 80 平方米。其七，有村级活动场所。2014 年新建文化活动室 150 平方米，2015 年新建文化广场 4200 平方米、新建幼儿园 180 平方米、新建嘎查办公室 280 平方米，2016 年安装路灯 120 盏，2017 年新建洗浴中心 150 平方米、新建嘎查小舞台 100 平方米。其八，集体经济增长快。现有嘎查砖厂一座，年产量 3000 万块红砖，承包费每年 30 万元；有年生产规模 70 万个黑

---

① 数据由笔者在 2018 年 7 月 27 日调研时 B 书记提供。

木耳菌棒生产基地一处，养鸡场一处，占地面积 10 亩，2019 年集体种植的 14 万棒黑木耳长势良好。[①]

（二）DK 村脱贫成效

DK 村位于黑龙江省齐齐哈尔市富裕县西南二十公里处，距离嫩江主河道 3 公里，全村面积 27.2 平方公里，境内河流沼泽众多，草原辽阔，盛产淡水鱼。DK 村原名 DZK 村，清光绪元年（1875 年）改称DK 村，是达斡尔族人南迁嫩江流域时，在嫩江东岸建立的最早的村落之一，包括大 DK、小 DK、LF 三个自然村。细石器文化遗存——小DK 古墓群，1987 年被评定为省级文物保护单位。1955 年 DK 村成立农业生产合作社。1956 年富裕县友谊达斡尔族满族柯尔克孜族民族乡成立，乡政府所在地设在 DK 村。1982 年 DK 村举办过那达慕大会。2002 年 5 月牡丹江市委考察团到 DK 村参观考察奶牛产业化生产，2002 年 9 月，DK 村承办了全国第七届农村青年自学成才富裕现场会，与会 200 余人参观了张万军家庭奶牛场和全县第二届赛牛会。这也是DK 村奶牛产业发展最兴盛时期。

2019 年 DK 村有 589 户，总人口 1455 人，贫困户 72 户，贫困人口 165 人。致贫原因多种多样，从主要方面看，因病致贫 20 户 45 人；因残致贫 3 户 8 人；因学致贫 2 户 9 人；因灾致贫 25 户 66 人；缺技术致贫 0 人；缺劳动力致贫 8 户 11 人；缺资金致贫 5 户 8 人；缺土地致贫 7 户 14 人；内生动力发展不足致贫 2 户 4 人。根据因地制宜、因户施策的方针，DK 村采取了诸多扶贫措施，2020 年已全部脱贫。其中产业带动 72 户，劳动就业 35 户，发展教育 2 户，医疗救助 14 户，保障兜底 34 户，基础设施和公共服务 72 户。[②]

2017 年 9 月 14 日进入 DK 村委会大院时，首先映入眼帘的是一块很大的黑色的村史碑，记载着村子的由来和村中的大事年表以及从村

---

① 数据来自 2020 年 1 月 4 日笔者对 CESH 嘎查第一书记的微信调研数据。

② 数据来自 2020 年 1 月 5 日笔者对 DK 村驻村干部 C 的微信调研数据。

中走出去的能人。当时村委会正在开会，驻村干部 C 介绍了村里的一些情况。他说：

> 我们村还算富裕，因为旱田改水田，收入提高了很多。但是在这个村子开展扶贫工作还是较为困难的。有些人爱喝酒。早上喝得迷糊的都有。在路上如果遇到陌生人，女的还行，男的就会被骂。我们驻村工作队一共五个人，进来之后村民根本不理我们。我们给村子建了四条路，对危房进行了改造，通上了自来水。当时我给一个人找了一份工作，在那边的企业，一个月 2000 元，包吃，还可以骑自行车回来，但是人家干了一天，说干不了，不干了。扶贫工作有时候真的很难。不过我们这边扶贫工作到 2018 年就会全部结束。

他还谈到村里鼓励贫困户外出务工，给予交通补助。同时，村里没有学校，孩子都是在外读书，有的孩子学习成绩很好，当地还考出去过清华北大的学生。

2019 年 4 月 27 日再入 DK 村随机调研时，一位六十多岁的 J 大妈说她是贫困户，村里给她安排了公益岗位，每年有一两千元的收入。她说之前村里有奶站，一个月有三四千元的收入，现在奶站没有了，有能力的都去打工了，贫困户出去打工，给报销路费。路上遇到一位七十岁左右的老大爷 T21，他这样说：

> 我们家有 5 个大棚，孩子和我一起种地。家里还养着牛，牛的价钱还行。原来是有奶牛，卖奶给奶站，有个万八千元的，少的也能有五六千元呢！但是现在没了，少了不少收入。现在村里的人也主要是种植水稻，剩下的人就可以打工，一天有的时候能赚 500 元呢。如果忙的时候就要招工来帮忙，补一天苗 150 元呢。

大棚成本其实很高，塑料、铁杆都要钱，塑料保护好了，可以用四五年呢。都是自己育苗，然后种植。原来这边种植小米、黄豆，但是卖不上价钱。就种大棚，种水稻。

除此之外，村里人提起之前村里经济，都认为奶站在的时候村民出去打工的少，可以依靠奶站获得较高的收入。但是奶站关停之后，不得不依靠其他的路，比如种植水稻、饲养肉牛、种植大棚、外出务工等。即便如此，和周边村庄相比，其经济还可以。村集体也有收入，路灯等也在计划修建。同时新农合普遍参保了，外出务工给予报销车费，并给300元补助。危房改造基本完成。村中还建立了光伏发电站，能够提高贫困户的收入，并且增加村集体收益。在村中调研发现，当地通过发展种植业和养殖业，以及外出务工、社会救助等实现脱贫。

小　结

大兴安岭南麓地区脱贫攻坚的措施有很多，按照国家"五个一批"扶贫情况来看，此地在发展生产、产业带动脱贫过程中，针对不同发展主体采取了多样化措施，如针对小农户而开展的菜单式产业扶贫、庭院经济、小菜园扶贫，也有依托组织带动当地脱贫的措施，如"龙头企业＋合作社＋贫困户""合作社＋基地＋贫困户""公司＋基地＋农户"等的脱贫策略，从具体措施上还展现出了消费扶贫、旅游扶贫、电商扶贫等策略；易地搬迁也是大兴安岭南麓重要的脱贫策略，通过将贫困群众从不宜居住地区迁至适宜居住的地方，帮助他们实现脱贫致富，为更好地解决贫困户生计问题，各地采取了不同的搬迁形式，但在具体实施中仍存在一定的问题；生态补偿脱贫一批在大兴安岭南麓地区在生态补偿脱贫一批方面主要采取退牧退耕地补偿、生态产业助力扶贫、公益岗位帮助脱贫、生态移民等措施；发展教育脱贫一批在此区域不仅包括给予贫困学生补助、提高贫困地区教育软硬件建设水平的"扶教育之贫",还包括思想教化扶志、设施建设开智、技能培训提智等的"教育参与扶贫";社会保障兜底一批主要包括低保制度和医疗、住房、其他社会救助等的专项救助。

总之,大兴安岭南麓地区的脱贫攻坚是从贫困户、贫困村和贫困县的实际出发,在总结当地资源禀赋基础上,因村因户因人制宜,制定切合实际和切实可行的帮扶措施。扶贫干部、驻村工作队、第一书记的派驻也为贫困地区脱贫发挥了不可忽视的作用。可以说脱贫攻坚的主体既包括贫困户,同时还包括参与到扶贫工作中的帮扶干部、社会团体和其他村民等。通过全社会共同努力,大兴安岭南麓地区的脱贫工作已取得决定性胜利,贫困县全部脱贫摘帽,贫困地区的乡村基础设施和公共服务水平显著提升,对推进乡村振兴和缓解相对贫困具有重要意义。

第四章　大兴安岭南麓地区脱贫经验分析

消除贫困，自古以来就是各国人民的共同理想，也是实现幸福生活的基本条件。经过不懈努力，我国脱贫工作取得了举世瞩目的成就。作为 11 个集中连片特困地区之一的大兴安岭南麓片区，于 2020 年 4 月所有贫困县全部"摘帽"。其脱贫工作中积累的丰富经验，对于乡村振兴以及日后相对贫困的解决具有重要的意义。总结这些经验，能够看到大兴安岭南麓片区脱贫攻坚是一种由政府主导、以农牧民贫困群体为主体统筹发展，努力提升扶贫对象和贫困地区自身发展能力的举措，旨在用好外力、激发内力、形成合力，实现脱贫的共建共治共享新格局，是一种新内生发展理论指导下的实践活动，体现出一种"认同+赋权+创新+合作"的乡村脱贫机制，并为乡村振兴战略的实施提供借鉴、奠定坚实基础。

2017 年党的十九大在深刻把握现代化建设规律和城乡关系变化特征，顺应亿万农民对美好生活向往的基础上提出了乡村振兴战略。"在实践逻辑上精准脱贫是乡村振兴的时序前提和空间基础，乡村振兴通过助力产业脱贫和精神脱贫为精准脱贫提供长效内生动力。"[1]"脱贫攻坚可以利用乡村振兴所带来的城乡融合发展机遇及政策与资源下乡的机会，实现脱贫攻坚可持续性延长、综合性增强和城乡一体

---

① 庄天慧，孙锦杨，杨浩．精准脱贫与乡村振兴的内在逻辑及有机衔接路径研究［J］．西南民族大学学报（人文社会科学版），2018（12）：113-117.

化扶贫治理模式的开启。"① 可见，打赢脱贫攻坚战是短期目标，实现乡村振兴是长期目标，应将二者有机结合，建立一种可持续的联动机制。②

因此，在分析和总结大兴安岭南麓片区脱贫攻坚经验时，不能单纯地将眼光放到消灭绝对贫困上，还应该看到政策的连续性和长期影响力，特别是要清楚地看到乡村脱贫攻坚长效机制的实质是激发乡村内生发展动力，在消灭绝对贫困的基础上缓解相对贫困，最终实现乡村振兴。故笔者在调研基础上认真对大兴安岭南麓片区，特别是民族地区脱贫攻坚经验进行了总结，提炼出当地的新内生发展机制，这不仅是一种扶贫机制，也是一种乡村振兴需要的机制，是符合发展人类学思维的，是注重地方性知识的重要措施。

第一节 新内生发展理论及欧洲实践

一 新内生发展理论的提出

二战之后，欧洲国家发展进入新时期。随着工业化、城市化、全球化程度的不断加深，大量资本涌入城市，城市中心被视为区域和国家经济发展的增长极。乡村在技术、经济和文化等方面的发展水平与城市相差甚远，被认为是落后的和边缘化的。乡村的发展必须依靠城市，靠补贴实现农业生产的改善，同时鼓励乡村劳动力和资本外流，并将外部知识强加给乡村，这就是外部驱动模式，或称外生发展模式。外生发展的典型特征是自上而下地发展，产生的结果是依赖。依赖于

---

① 豆书龙，叶敬忠. 乡村振兴与脱贫攻坚的有机衔接及其机制构建 [J]. 改革，2019（01）：19-29.

② 崔红志. 乡村振兴与精准脱贫的进展、问题与实施路径——"乡村振兴战略与精准脱贫研讨会暨第十四届全国社科农经协作网络大会"会议综述 [J]. 中国农村经济，2018（09）：136-144.

外部的持续补贴和政府的决策；重视农业的生产，而忽略乡村、农民的发展；忽视乡村内部的地方性知识，以外部专家和规划者的知识作为发展的支配力。这其实是一种破坏性发展，消除了乡村地区的文化和环境差异。① "输血式"的扶贫模式虽然带来了短暂的繁荣，但终因项目和现代知识技术"水土不服"，难以扎根。这种发展模式导致乡村更为落后、空心化、边缘化，并走向终结。

为了扭转这一局面，内生发展模式诞生。它强调乡村发展需要内部驱动，基于乡村自身价值的"造血"，实现自下而上的发展。根据当地特定资源，如自然资源、人力资源、文化资源，培育具有地方特色的人和环境的差异化发展模式，以改变外生发展模式的那种通过普及技术技能和促进基础设施现代化来克服乡村差异和显著性形成鲜明对比的企图。② "1975 年，瑞典 Dag Hammarskjöld 财团在一份关于'世界的未来'的联合国总会报告中，正式提出了'内生式发展'这一概念。"③ 内生发展强调发展只能来自内部。乡村发展必须消除绝对贫困，要自力更生，保护生态。之后，乡村发展理论和实践的重点都集中到了内生发展中，于是内生式（endogenous）和外生式（exogenous）形成了对立。但过分强调内部力量的作用也存在危险。在拥有宝贵资源的地区，以地方为中心的方法潜力显而易见，但是在其他地方却不然。

实际上，贫困地区内生发展能力的形成不是一朝一夕，由于本身

① Atterton J, & Thompson N. University Engagement in Rural Development: A Case Study of the Northern Rural Network [J]. Journal of Rural and Community Development, 2010 (03): 123-132.

② Atterton J, & Thompson N. University Engagement in Rural Development: A Case Study of the Northern Rural Network [J]. Journal of Rural and Community Development, 2010 (03): 123-132.

③ 张环宙，黄超超，周永广. 内生式发展模式研究综述 [J]. 浙江大学学报（人文社会科学版），2007 (02): 61-68.

内发能力弱、资源缺乏、人口外流等，其在很长一段时间仍需要外部力量的推动和支持。任何地方的社会和经济发展过程都应将内生和外生力量结合，贫困地区更应和其他地区行动者之间建立协商、交流、共建的关系，在发展中平衡本地和外部力量，提高本地的发展能力，这是一种超越内生和外生的发展的理论，即新内生发展理论。① 新内生发展（neo-endogenous development）概念是由英国泰恩河畔纽卡斯尔大学教授克里斯托弗·雷（Christopher Ray）于 2001 年在他的 *Culture Economies* 著作中正式提出的。他认为新内生发展的核心是假设目前处于不利地位的乡村地区可以采取行动来改善其状况。② 新内生发展理论是在内生发展理论基础上，融合了外生发展理论的一些思想形成的。它基于当地资源和当地参与，既强调扎根本土，重新定位地区发展，以便对当地的自然和人力资源进行评估和开发，目的是尽可能保留有关地区的最终利益，同时又要充分利用内部和外部市场、机构和网络，实现各种社会行动者之间的伙伴关系和长期合作。③ 因此，新内生发展是融合内生、外生方法后形成的，所有的资源调动和发展过程都是由地方和外部力量之间相互作用完成的。新内生发展理论下的乡村地区的发展不再是被动的、具有依赖性的，而是能够产生创新的过程并塑造未来的发展。

新内生发展理论强调最大化地方资源的价值，并基于地方优势提升竞争力④；强调地方行动者与外部影响联系而形成的网络，国家发

① Bosworth G, et al. Empowering Local Action through Neo-Endogenous Development: The Case of LEADER in England [J]. Sociologia Ruralis, 2016 (03): 427-449.

② Christopher Ray. Culture Economies: A Perspective on Local Rural Development in Europe [EB/OL]. http://www.doc88.com/p-9072354715280.html, 2001: 4.

③ Atterton J, & Thompson N. University Engagement in Rural Development: A Case Study of the Northern Rural Network [J]. Journal of Rural and Community Development, 2010 (03): 123-132.

④ Bosworth G, et al. Empowering Local Action through Neo-Endogenous Development: The Case of LEADER in England [J]. Sociologia Ruralis, 2016 (03). 427-449.

挥促进作用，在发展过程中绝不会使国家或地方政府和行政机构失效或被推开，而是推动社会行动者之间形成伙伴关系并开展长期合作，支持地方发展[1]；强调以整体视角进行地方增权、克服被排斥的局面，为地方资源增值，强化社会联系和促进创新[2]；强调发展应是一个地域的发展，特别关注当地人的需求、能力和观点，将发展情境化，而不仅仅强调农业单个产业部门的发展[3]。新内生发展是一种可持续的发展理念，它对外生发展和内生发展理论进行了反思，摒弃了那些片面和排他性依赖的观点，在平衡和整合了特定地域的内部和外部资源后，利用自己的资源来获取外部资源，以达到最佳扩充当地资源、促进当地发展的效果。[4] 这种发展真正实现了乡村的可持续发展，将所有外部干预转化为农民内部发展和建设的动力，农民能够自主选择并吸收外部资源，将其转化为自身参与乡村建设的实际行动，从而增强对乡村建设的归属感。并把外部干预内化成自己的建设承诺，以实现对乡村建设的拥有感。

二 欧盟的 LEADER 计划

新内生发展理论的产生离不开欧洲委员会推出的 LEADER 计划，Christopher Ray 的思想深受 LEADER 计划的影响。LEADER 是法语 Liaison ent-re actions de développement rural 的缩写，它是欧盟国家为了发展乡村经济而采取的以地区为基础的自下而上的乡村发展方法，是一

① Adamski T, & Gorlach K. Neo-Endogenous Development and the Revalidation of Local Knowledge [J]. Polish Sociological Review, 2008 (04): 481-497.

② Bosworth G, et al. Empowering Local Action through Neo-Endogenous Development: The Case of LEADER in England [J]. Sociologia Ruralis, 2016 (03): 427-449.

③ Gkartzios M, Scott M. Placing Housing in Rural Development: Exogenous, Endogenous and Neo-Endogenous Approaches [J]. Sociologia Ruralis, 2014 (03): 241-265.

④ Adamski T, & Gorlach K. Neo-Endogenous Development and the Revalidation of Local Knowledge [J]. Polish Sociological Review, 2008 (04): 481-497.

项建议如何进行和发展农业的计划，而不是具体的措施。LEADER 于 1991 年推出，分为三代：LEADER I（1991~1993 年）、LEADER Ⅱ（1994~1999 年）和 LEADER +（2000~2006 年）。2007 年之后，LEADER 成为欧盟乡村发展的主流，在它指导下的地方行动小组（LAG）的数量和投入逐年增加。欧洲范围内，LEADER I 时期的地方行动小组数量从 217 个增加到 LEADER +时期的 893 个，资金也从 LEADER I 的 4.42 亿欧元增加到 LEADER +的 21.05 亿欧元。①

LEADER 理念有七项基本原则：①它侧重于以地区为基础而不是以部门性为主的地方发展战略；②它遵循自下而上的方法，从而为当地利益相关者提供决策的发言权和权力；③它支持并要求建立地方公私合作伙伴关系，即所谓的地方行动小组；④它非常重视促进创新；⑤需要整合活动，包括不同的经济、社会和环境参与者；⑥不同的 LAG 之间应该建立联系；⑦可以加强网络化，以建立区域间的全面合作。②

LEADER 强调当地利益相关者的行动和互动，注重平衡自上而下和自下而上的影响，并围绕内生和外生的资源进行整合。③它重视当地问题，灵活应对实际问题，赋予当地参与者权力；善于挖掘当地资源的价值，并加以创新性开发；强调当地参与，激活内生动力，促进地方发展。总之，LEADER 计划是新内生理论的奠基者和践行者，丰富和发展了新内生理论，对我国脱贫攻坚和乡村振兴两大战略的实施

---

① Petrick M. Halting the Rural Race to the Bottom: An Evolutionary Model of Rural Development to Analyse Neo-endogenous Policies in the EU [J]. European Journal of Education, 2010 (01): 49-57.

② Petrick M. Halting the Rural Race to the Bottom: An Evolutionary Model of Rural Development to Analyse Neo-endogenous Policies in the EU [J]. European Journal of Education, 2010 (01): 49-57.

③ Bosworth G, et al. Empowering Local Action through Neo-Endogenous Development: The Case of LEADER in England [J]. Sociologia Ruralis, 2016 (03): 427-449.

具有重要参考价值。

　　总结新内生发展理论和 LEADER 的实践，并结合我国大兴安岭南麓地区脱贫攻坚的具体措施和取得的成效，笔者认为片区脱贫攻坚能够取得成功，主要在于全社会联动下激活乡村内生动力，实现乡村全面小康，留住美丽乡村。而在其中蕴含着一种脱贫机制——新内生发展机制，其核心要素为认同、赋权、创新、合作。它们是乡村内生发展的关键变量，彼此之间也存在着错综复杂的关系，对乡村实现全面小康和乡村未来的发展都有重要的影响。

第二节　认同

——乡村脱贫的前提

一　乡村地域-文化认同的价值

　　随着城镇化进程的不断加快，很多乡村呈现贫困、衰败迹象。农业边缘化，乡村空心化、内卷化，农民老龄化、空巢化、原子化等问题日益凸显。经济合作与发展组织在《新农村范式：政策与治理》中提出，随着人口密度的降低，乡村服务和基础设施不到位，这意味着企业创造率的降低，乡村中企业越少，就业机会就越少，这会加剧乡村移民和老龄化的进程，再次降低乡村地区的人口密度，形成一个恶性循环的闭合圈。[①] 要想打破这个闭合圈，实现乡村脱贫致富和乡村振兴，首先要确保传统村落的存在，另外必须有人生活在村落中。因此，目前乡村发展急需解决的就是让缺失的主体（人）有序地回归。[②] 主体回归的动力和心理基础表现于对乡村地域-文化的认同感和归属感。

---

① 经济合作与发展组织. 新农村范式：政策与治理 [M]. 陈强，徐瑞祥，译，上海：同济大学出版社，2011：12-21.

② 罗康智，郑茂刚. 论乡村振兴主体的缺失与回归 [J]. 原生态民族文化学刊，2018（04）：91-97.

　　对乡村地域的归属、农民身份的认可、乡土文化的认知、乡土社会的情感和期待，形成了乡村的地域-文化认同，是凝结和聚合乡村发展主体的重要力量，也是主体决心为了共同的需要和期望而努力奋斗的心理起点，包含对文化和地域两个方面的认同。所谓"文化认同（cultural identity）意指个体对于所属文化以及文化群体内化并产生归属感，从而获得、保持与创新自身文化的社会心理过程"。① 地域认同则是指对某个地方的感觉和归属，回答了"我将归属在哪里"的问题。② 乡村发展的先决条件，就是通过增强主体对乡土文化的认同和乡村地域认同，形成共同的利益基础，吸引其留在乡村，充分调动其建设的积极性和主动性，为乡村的发展积攒人力资本和文化资源。

　　乡村地域-文化认同对乡村发展有着重要价值。其一，能够激发村民积极性，唤醒他们的主体意识，发展经济，参与到乡村建设中。地域-文化认同使村民意识到乡村存在的价值和地方性知识的优势，意识到其乡村建设的主体地位和责任，主动参与到建设、管理中，并进行监督。其二，有利于激励和该地域有关的主体返乡，增强乡土人力资本实力。乡村发展不仅涉及在村中生活的人的事情，也涉及与该地域有关的所有主体的事，例如村中外出务工人员，以及心系乡土、有公益心的社会贤达。他们有乡土情怀和伦理情操，有现代的知识、技能和新的文化视野，有眼界和吃苦耐劳的品质，被称为"新乡贤"。乡村地域-文化认同能够激发和吸引这些人来到乡村，是新内生发展的前提。其三，能够激活乡村的各种资源，为主体的整合提供心理纽带。地域-文化认同不仅能够使乡村原有资源和文化得到认可和利用，将地方性知识激活，还能整合村中所有人力资本，为乡村发展这一共同目标的实现奠定思想和精神基础。其四，有利于唤醒全社会对乡村

---

　　① 周攀. 和谐文化与中华文化认同［M］. 北京：中国工商出版社，2007：36.
　　② 李友梅. 上海调查：新白领生存状况与社会信心［M］. 北京：社会科学文献出版社，2013：267.

的关注和认可，加大对生活在乡村中的村民，特别是生活在贫困线之下的村民的关注度和支持度。乡村是具有自然、社会、经济特征的地域综合体，兼具生产、生活、生态、文化等多重功能。感怀乡愁、留住美丽乡村才能留住中华文化的根。对乡村地域-文化的认同，还能够吸引社会各界关注乡村，并投身建设乡村，为乡村发展提供强有力的外部动力。因此，地域-文化认同是乡村发展的精神基础，是脱贫攻坚的内生动力，也是乡村可持续发展的重要基础，还是吸引社会各界关注乡村，支持乡村脱贫攻坚和振兴的重要因素。

二　增强地域-文化认同的途径

乡村地域-文化认同具有群体特点，这个特点并非一朝一夕能够形成的，需要足够的条件和深厚的背景沉淀，或某些持续发生的影响。[①]

（一）理性认知村落的命运，尊重村落发展规律

延续了几千年的村落，在现代化浪潮的推动下正发生着巨变。随着城镇化的加速，弃村进城的人口不断增多。村落何去何从，关乎乡村发展的必要性和可行性。"村落是一个生命体，像所有生命一样会遵循成长、长大、衰落、灭亡的自然规律，一些村落的自然消亡是村落发展规律所决定的。"[②] 一些村落由于自然地理环境恶劣、生态脆弱、交通不便等原因不适合人类居住，故人们以各种形式离开村庄搬到其他地方去，这些村落会逐渐凋敝、消失。虽如此，但从西方发达国家的实践经验和我国的国情来看，村落终结是一个漫长的过程，也是一个非常复杂的社会总体变迁过程。村落存在的基础没有消失，其长期存在仍是历史的必然。

通过各种媒体，如电视、报纸、杂志，特别是手机网络等广泛宣

---

① 李新. 百年中国乡土教材研究 [M]. 北京：知识产权出版社，2015：188.

② 朱启臻，等. 留住美丽乡村——乡村存在的价值 [M]. 北京：北京大学出版社，2014：9.

传乡村存在价值，让人们意识到村落是农业生产的载体，是人们情感之根，是中华文化之源，是城市的"蓄水池"，是人与自然亲密接触的最好纽带。① 尊重村落发展的规律，不能人为地强拆并村，一味地移民搬迁。

通过政策、文化下乡的方式，宣讲我国的国情、脱贫攻坚和乡村振兴战略政策内涵、本村发展的蓝图等，增强村民理解能力，激发村民参与兴趣，从内心深处增强村民地域-文化认同，使其积极参与到乡村建设中。② 兴安盟的很多村将本村脱贫攻坚的计划进行了分解，并将每一年的计划进行公布，制作挂图（见图4-1），让群众清晰了解村落的扶贫工作和村整体的发展状况，对村落未来充满信心。

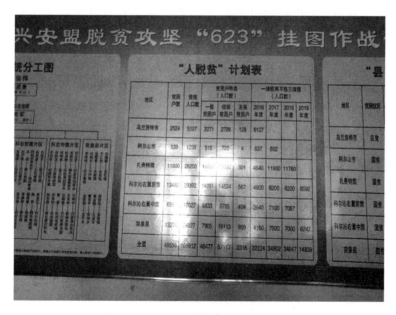

图 4-1 兴安盟脱贫攻坚挂图一部分

资料来源：笔者于 2018 年 7 月 25 日在兴安盟扶贫办拍摄。

---

① 朱启臻，等 . 留住美丽乡村——乡村存在的价值 [M]. 北京：北京大学出版社，2014：18-33.

② 刘合光 . 激活参与主体积极性，大力实施乡村振兴战略 [J]. 农业经济问题，2018（01）：14-20.

（二）重拾乡土文化，树立文化自信

文化认同是最深层次的认同，是村民团结之根、和睦之魂。加强乡村地域-文化认同的根本途径是重拾乡土文化，重新认识乡土文化的价值，重塑文化自信。文化自信的树立，能够充分调动和发挥乡村内部主体力量的作用，存续乡村社会资本，提供内生发展动力。"所谓乡土文化，是指乡村区域内的人群在生产实践中创造的、在乡村广泛流传的文化形式，它们是中国传统非物质文化和物质文化遗产的重要组成部分。"[①] 乡村文化内容丰富，包括乡土人情、风俗习惯、传统节庆娱乐、民间艺术、民间信仰、价值观念、宗族文化、乡村景观等，优秀的乡村文化是中国传统文化的源泉，也是美丽乡村建设的"软实力"。

开展各种文体活动，将乡土文化发扬和传承下去，用民族文化增加地方收入。例如对联、窗花、年画、舞龙舞狮、骑马、射箭、摔跤等民间艺术和活动，是村民对乡村生活的态度、情感的寄托，具有激励、教育价值。兴安盟葛根庙镇哈达那拉嘎查在农闲时会从市里请专人教村民手工编织拖鞋，每个寒暑假期间都有一位老先生免费在村中教孩子们弹奏蒙古族传统乐器——四胡。黑龙江兰西县的挂钱博物馆每年都会组织"非遗"进校园活动，并到村中教妇女剪挂钱（见图 4-2），民生村就有 20 多人初步掌握了这门手艺。通过各种途径，支持和培养民间艺人，留住"乡土味道"。

通过宣传、评选、惩戒等方式，将诚实守信、守望相助、尊老爱幼、艰苦朴素等优秀乡土文化传承，扶贫与"扶志"相结合。在众多村落的院墙上能看到"新二十四孝图"，从感官上教育和引导村民树立孝道。科尔沁右翼中旗实施的以"一带两转三改"为主要内容的农牧民素质提升工程中，评选出"文明农牧民""十星级文明户""好婆婆""好媳妇""勤劳致富能手""自强不息先进典型"等各类先进典

---

① 朱启臻，等. 留住美丽乡村——乡村存在的价值［M］. 北京：北京大学出版社，2014：18.

图 4-2　兰西县挂钱

资料来源：笔者于 2018 年 12 月 3 日摄于兰西县挂钱博物馆。

型，广泛宣传模范人物事迹。为调动农民的积极性，还对建档立卡的贫困户进行积分制管理，有上述称号的，可以用积分兑换商品。在调研中也发现，几乎每个村都有村规民约，特别是黑龙江甘南县兴十四村的村规民约早已印刷成册，每户都有，家家户户严格遵守。村规民约是该村村民长期生活在一起形成的约定俗成的价值观念、风俗习惯和行为准则，是符合实际又具有可操作性的规范，保留了乡土美德和智慧。

在此重点提一下大兴安岭南麓片区特别是兴安盟地区实行的"积分制"。积分制是大兴安岭南麓各贫困县普遍采用的一种针对建档立卡贫困户巩固提升脱贫攻坚成果的创新举措。广泛开展贫困户励志产业发展、和谐家庭、公益美德、乡村建设等评选活动，形成尊老爱幼、诚实守信、团结和谐、自力更生、热心参与公益活动的良好风尚。坚持循序渐进，不断创新管理理念，完善管理办法，形成特色管理制度。先在部分嘎查（村）试点，逐步推广。以乌兰浩特市实施的积分制为例，参与"积分制"管理的主体是建档立卡贫困户，按照有劳动能力和无劳动能力分别设置积分标准。其中，有劳动能力的积分内容分为五大类，分别是产业发展类、和谐家庭类、公益美德类、乡村建设类、奖励惩罚类；无劳动能力的积分内容分为四大类，分别是收入类、和谐家庭类、公益美德类、奖励惩罚类。先给予每户建档立卡贫困户基础积分 50 分，年度内积分实行累积管理，奖励之后年内不清零，年底统一清零，次年重新积分。奖励资金筹集：市政府利用涉农涉牧整合资金，按照参与活动的贫困户数量，给予每户 1000 元的启动资金；由红十字会牵头，负责组织"博爱一日捐"募捐活动；由民政局牵头组织福利彩票基金、扶贫救助基金等，筹集奖励物品和资金；由统战部、工商联牵头动员工商企业捐赠；由扶贫办牵头动员帮扶单位捐赠；由各镇（园区、办事处）牵头利用"三到村三到户"项目形成的资产收益和村集体收入，用于补充爱心超市物品和年终奖励。积分制对于激发贫困群众内生动力有重要作用，并促进乡村形成良好的乡风。

加大对乡村学校的投入力度，将乡土文化进行代际存续，切实做好依靠教育扶贫与扶教育之贫结合工作。乡土文化是民族传统文化的源头与载体，乡土教育是传承和创造这一文化的基本载体与途径。乡土教育能够增进人们对乡土文化的认知，激发乡土意识，产生乡土认同。前文提到过的三家子村，位于黑龙江省齐齐哈尔市富裕县境内，2019 年该村共有 1106 人，满族占 65% 以上。[①] 村中有一所小学，也是笔者在调研中见到的为数不多的村小之一，该小学还在教授和传承满语等满族文化，但其处境艰难。2019 年第二次前往该校时，当时有学籍的学生共 53 人，在校的学生只有 42 人，全校共有 5 个年级，招生困难，教师配备严重不足，命运堪忧。应加大对村小的重视和投入力度，"扶教育之贫"，将其作为乡村文化的存续基地，让学生亲身观察、体验生活周边的事物，了解并认同乡土事物和乡土文化。县乡的小学也要编写乡土特色的校本教材，让学生记住乡村。

---

① 数据由笔者 2017 年 9 月 14 日在富裕县调研时所获。

（三）重建乡村文化景观，增强共同记忆

乡村的文化景观是乡村认同的物质载体，是历代农民为了满足需要，把自己的思想形态和观念同自然景观相结合产生的复合景观，是改造自然和适应自然的结晶，包括生产型景观，如田埂线；生活型景观，如民居、村落形态；信仰型景观，如祠堂、庙宇等；记忆型景观，如古树、河塘、大山。这些乡村景观，是村民对乡村共同的记忆，是凝聚村民情感的纽带，是外出村民精神的归宿，同时也是发展民族旅游、乡村游的重要载体。

要保护村落中承载世代村民记忆的自然景观，修缮典型民居、古庙、祠堂等历史建筑。乡村发展绝不能以牺牲自然生态为代价，更不能以古树、古建筑为牺牲品。不反对农民上楼，但是不能牺牲农业，强迫农民上楼，可以找折中的办法，如兴十四村村民虽然已经住上了别墅和楼房，但每户仍有自己的菜园、有农具的存放地，可以直接或间接进行着农业生产。兴安盟的葛根庙是东北最大的藏传佛教寺庙，建成于1798年，经过修缮和保护已经成为此地著名的旅游景点。

建设乡村博物馆，重构共同记忆。在博物馆中，不仅可以展现村落的发展史，还可以将对村落发展做出重要贡献或从村中走出去的能人进行记录，重构共同记忆。例如富裕县五家子村建有柯尔克孜族历史博物馆，向外界免费开放。馆内设有柯尔克孜族历史与日常生活展厅、黑龙江省柯尔克孜族来源与宗教信仰展厅、五家子村名人展厅等，承载着黑龙江省柯尔克孜族共同的记忆。兴十四村有村史展览馆，通过大量图片、实物、沙盘等艺术手段，全面展示了该村的发展历程和发展愿景，凝聚着兴十四村村民艰苦创业、团结奋斗、开拓创新的精神，也展现了付华廷等村干部无私奉献、奋发向上的个人魅力。

第三节　赋权

——乡村脱贫的关键

通过加强乡村地域-文化认同来留住发展主体，但要真正实现这些主体的地位，就需要对其进行赋权，提高其发展经济的能力，使其能更好地参与到脱贫攻坚中，改变贫困状态，从而建设美丽乡村。

一　赋权及其意义

广大村民既是我国农村脱贫攻坚的主力，也是建设美丽乡村的主体，是乡村振兴的直接获益者。但是在大兴安岭脱贫攻坚过程中，有些本应是村民参与决策的基础设施、产业建设项目，政府部门却全盘操控，并且通过招标等途径取代了村民的主体地位，村集体产业建设不足，村中还出现了"建不好、不买账、没活力"的现象。要想脱贫致富，进行乡村振兴，必须在调动农民积极性的基础上，赋权于民，实现参与式发展。

赋权（empowerment）一词出现于 20 世纪 70 年代，在社会工作中应用广泛，目的是降低弱势群体的无权感。之后逐渐形成赋权理论（empowerment theory）。Zimmerman 认为赋权理论包括赋权的过程和赋权的结果，"赋权过程是指试图获得控制权并获得所需资源，并批判性地了解一个人的社会环境的过程。如果这个过程能帮助人们发展技能，使他们能够成为独立的问题解决者和决策者，那么这个过程就是赋权"。[①]

赋权理论将个人福祉与更大的社会和政治环境联系起来，并表明

---

① Zimmerman M A. Empowerment Theory：Psychological，Organizational and Community Levels of Analysis ［A］. In：Handbook of Community Psychology ［M］. Boston，MA：Springer US，2000：42-63.

人们需要做出决策的机会以改善生活，从而在社区组织和社区中变得活跃。即使做出错误决定，个别参与者也可能产生一种赋权感，因为他们可以对决策过程有更深入的了解，建立影响他们生活决策的信心，并努力使他们的问题得到解决。组织可能发挥赋权作用，即使没有实现政策改变，因为它们提供了个人可以试图控制自己生活的环境，即使部分努力未成功，也可能增加居民参与政策过程的机会。社区赋权则体现为公民参与维持或改善其集体生活质量的活动。[①] 赋权理论在我国乡村发展中的应用涵盖以下方面：确权、赋能，以及在此基础上的有效参与。在激发村民群体自觉意识的前提下，通过个人、组织、社区等不同赋权单元，推动政治、经济、文化、社会等多层面权利和资源的获得和参与，提高农牧民的综合能力，改善其弱势地位，更好地落实和发挥村民的主体地位作用，促使其积极参与到乡村建设中。

赋权对我国乡村发展有重要意义，能够增强个体的自我发展能力，实现自我改变；能够提升乡村社会组织的参与能力，促进乡村社会整体能力建设；能够提升社区决策能力，按照本地发展需求进行政策调适和修订，为高效脱贫和乡村振兴提供制度保障。赋权在更大程度上是要确保村民在政治、经济、文化、社会等方面的主导权、参与权、表达权、收益权和消费权，激发和培育原来积蓄于村民自身，但因种种原因没有发挥的能力，调动村民的积极性、主动性和创造性，充分行使外部环境赋予的权利。

二　赋权在乡村中的培育和实施

赋权最重要的要求是赋予村民改变弱势地位的权利，注重村民可行性能力的培养，推动参与式发展，实现确权、赋能和参与。这三点

---

① Zimmerman M A. Empowerment Theory：Psychological, Organizational and Community Levels of Analysis [A]. In：Handbook of Community Psychology [M]. Boston, MA：Springer US, 2000：42-63.

无论是在脱贫攻坚还是在乡村振兴中都具有重要意义。如果权利不清、能力不足、参与不够，就会严重影响村民主体性地位的实现，更影响农村脱贫成果的巩固。因此，需要围绕这三点展开工作。

（一）确权

对于弱势群体无权的状况，可以归结为由社会制度、管理体制等造成，故需要完善和夯实各种权利。①需要完善农业相关政策制度体系，为脱贫攻坚和乡村振兴的顺利实施提供土地权利的法律保证。完善乡村土地承包制度、规范土地流转制度、明确农牧民专业合作社制度等各种农业、农村相关制度。调研中发现大兴安岭南麓片区的农牧民专业合作社就是建立在健全的农业政策之上的。②要夯实村民，特别是贫困人群的基本社会权利，如完善新型农村合作医疗制度、制定乡村住房制度、加大贫困家庭教育补助力度、提高农村"低保"补助额度、加大乡村农业灾害救助力度等。在扶贫工作"两不愁三保障"的标准下，青冈县制定并落实了"一免五减""一补三降四提"医疗扶贫政策，解决了"因病致贫"的问题，进行了危房改造工程，还建立了幸福大院等，切实解决了贫困户的住房问题。科尔沁右翼前旗实施了"奖、贷、助、减、补"的教育扶贫政策，从贫困人口的学前教育到大学教育都进行相应补贴，对切断贫困代际传承有重要意义。青冈县为落实社保兜底政策，将农村一类低保户救助标准从省标准线3710元提高到4028元，使"低保"政策进一步完善。③保障村民在利用本地资源禀赋和外来资金建设项目时的决策权、监督权、自主权、自决权、协商权等。要通过召开村民大会或村民代表大会的形式进行讨论，同时对特色产业的发展也要商定，最后决议，不能单纯依靠上级下派任务，而不顾及村民的主体地位。

（二）赋能

阿马蒂亚·森认为贫困的根源是缺少可行能力。"一个人的'可行能力'（capability）指的是此人有可能实现的、各种可能的功能性活动的组合。"① 这些能力包括政治、经济、文化和社会等各方面的能力。通过加大国家对乡村教育方面的投入力度，加快提高农民素质，阻断贫困的代际传承，提升农民基础知识和基本技能，同时又要注意挖掘本土知识，传承本土文化，提升文化素养，加快构建一支有文化、懂技术、善经营、会管理的新型职业农民队伍，努力提升农民经济发展能力、政治参与能力、文化交流能力、社交能力等可行能力。

重视乡村科技教育培训，由国家和政府出资完成。通过开办农民夜校以及各种技术培训班，不仅要培养群众发展农业生产的能力，还要培育其务工经商的技能；不仅要培养其现代科学农业技能，还要培养其传承和利用传统文化发展经济的技能；不仅能够提高其交际能力，还能摆脱其自卑心理，打破交往结构低端化格局。科尔沁右翼中旗为激发农牧民内生动力，组建扶贫车间，进行蒙古族刺绣的免费培训，既能传承传统文化，又能提高农牧民收益。兴安盟各旗重视对农民特别是贫困户的技能培训，鼓励当地职业院校和技工学校招收贫困家庭子女，并依托这些专业院校、盟旗人力资源和社会保障局等组织，围绕农民就业意向和市场需求，开展菜单式培训，让贫困家庭劳动力至少掌握一门致富技能。另外，乌兰浩特市还开展农技推广包村联户服务，组织农业技术推广员深入贫困户家中、服务到田间地头，引导贫困户使用新品种、运用新技术，用科技成果保障贫困户稳定增收致富。开展农技集中培训，在农闲时节及备耕生产的关键时节，聘请专家学者在各镇（园区）定期举办肉牛肉羊饲养管理、测土配方施肥等农牧业生产技能集中培训班、专题讲座 100 场次。

通过农民书屋、讲习所、文化大院、文化下乡、网络覆盖等形式，不仅注重政治素养的培养，还要促进其政策信息获取能力、政治参与能力和表达能力的提高，完善基层民主监督管理制度；不仅提升村民

---

① 〔印〕阿马蒂亚·森. 以自由看待发展 [M]. 任赜，于真，译，刘民权，刘柳，校，北京：中国人民大学出版社，2013.

的知识获取能力，提高文化素养，还能通过网络等形式将民族民间传统文化进行传播。在调研中发现，每个村都有讲习所和农家书屋方便学习党的政策，培养政治素养。兴安盟也实施了内蒙古的"十个全覆盖"政策，并采取了网络智慧扶贫工程，除了偏远地区外，都实现了光纤全覆盖，有线无法到达的地区实现了无线全覆盖，乌兰浩特的各嘎查中一般农户免费用网2年，贫困户免费用网3年，以此作为全盟农民了解党和国家政策方针、熟悉各级脱贫攻坚政策的重要平台，村民还能通过网络学习现代农业的经营管理技能，也能通过"快手"等软件将民间文化传播出去，进行文化交流和发展。借助精准扶贫战略，各村进一步完善村民自治制度，发展基层民主。大兴安岭南麓各贫困县还将扶贫政策和各村扶贫情况等内容进行公示，接受人民监督。

（三）参与

如果确权、赋能是赋权的过程，那么参与则是赋权最重要的结果。参与是村民特别是贫困户作为脱贫攻坚和乡村发展主体的权利实施过程，也是可行能力展现的过程，是新内生发展理论的核心。在乡村发展过程中，村民应积极参与到乡村发展的决策、建设、管理、监督中。针对乡村产业发展方面，不能由政府大包大揽，或依靠外来力量进行建设，应发动群众、组织群众参与到村落建设中，"通过民办公助、筹资筹劳、以奖代补、以工代赈等形式，引导和支持村集体和农民自主组织实施或参与直接受益的村庄基础设施建设和农村人居环境整治。加强筹资筹劳使用监管，防止增加农民负担。出台村庄建设项目简易审批办法，规范和缩小招投标适用范围，让农民更多参与并从中获益"。①

兴安盟实施的菜单式扶贫措施能调动农牧民积极参与乡村发展。菜单式扶贫主要是以乡镇为单位列出菜单，村民点菜。意思是乡镇政府通过调研制定适合当地发展和当地村民需求的产业发展、易地搬迁、

---

① 中共中央 国务院关于坚持农业农村优先发展做好"三农"工作的若干意见［EB/OL］. http://www.gov.cn/zhengce/2019-02/19/content_5366917.htm，2019-02-19.

技能培训共 3 类 55 项脱贫 "菜单"，再由村民根据实际进行选择。如果村民的意愿项目未在菜单中，可以经过调研后加入菜单。另外，产业菜单选定后，贫困户要自筹资金进行组建，政府提供不超过 80% 的补贴，这样村民会更加珍惜此产业，并认真发展。菜单式扶贫能够把选择权交给贫困户，极大地提高了贫困户的参与度和满意度，使贫困户参与到脱贫攻坚中来，增强贫困人口的发展动能，也带来了更多获得感，实现了从 "要我脱贫" 到 "我要脱贫" 的转变。前文提到的 "积分制" 措施，按照有劳动能力和无劳动能力的建档立卡贫困户分别设置积分标准。这样不仅能激励有劳动能力的人，还能引导无劳动能力的人参与乡村振兴。

第四节　创新
——乡村脱贫的灵魂

依据新内生发展理论的要求，乡村脱贫攻坚和振兴不仅要能留住主体、提升主体能力，更为重要的是要让乡村摆脱被动、依赖性发展，能够充分利用当地（内生）资源，将其与外部资源有机整合，进行创新性开发和创造性发展。从当代区域发展的角度看，经济增长也来自创新，故在乡村发展中，创新是发展的灵魂。

一　创新的必要性和原则

（一）创新的必要性

改革开放以来，我国乡村发生了重大变化，农民的创造性和积极性显著提高，已成为新常态、新时代下推动 "大众创业、万众创新" 的人数最多、潜力最大的群体，涌现出一批为农村做贡献的企业家和带头人。但也必须看到我国乡村科技创新资源禀赋不足、创新创业服务体系不健全、农民创新能力和创新活力较低、农业创新思路有待提高等，都制约了我国乡村创新创业的开展。所以在当前和今后一段时间里，脱贫工作和乡村振兴工作都要进一步解放思想、开拓思路、深化改革、创新机制。

乡村发展需要创新，创新有利于推动乡村产业结构改革，培育新的经济增长点，促进农民就业增收；创新服务的加强，有利于创业活动的开展，吸引各种资源要素向乡村汇集，为乡村建设提供内外发展条件和动力；创新能力的培养有利于引领和推动农民按照市场要素进行生产结构调整，为农业供给侧结构性改革提供新力量。[①]

（二）创新的原则

我国各地区资源禀赋结构的差异性导致乡村发展的时空差异，因此，乡村的脱贫攻坚政策要精准，乡村振兴要从实际出发，乡村的创新更要坚持因地制宜的原则。

首先，创新要基于深入调查，掌握乡村的基本情况，了解当地发展的资源禀赋。例如，在精准扶贫中，对乡村发展现状要做到心中有数，弄清楚当地穷在哪里，为什么贫穷，再用 SWOT 分析法，清楚了解当地摆脱贫困的优势、劣势、机遇和挑战，正如习近平总书记所言，"要搞好规划，扬长避短，不要眉毛胡子一把抓。帮助困难乡亲脱贫致富要有针对性，要一家一户摸情况，张家长、李家短都要做到心中有数"。[②]

其次，创新要以发挥农民的主体创造性为基础，改变落后思想，积极参与创新实践活动。村民是乡村发展的主体，要充分发挥其主动性、积极性和创造性，让其参与到乡村创新发展的各个环节。

最后，创新必须因地制宜、因人施策，不能千篇一律地、一刀切

[①]　返乡下乡人员创业创新政策实问实答［EB/OL］．http://www.moa.gov.cn/ztzl/scw/zcf-gnc/201703/t20170331_5546792.htm，2017-03-31.

[②]　习近平：在河北省阜平县考察扶贫开发工作时的讲话［EB/OL］．https://www.gov.cn/xinwen/2021-02/15/content_5587215.htm，2021-02-15.

地去搞运动。在乡村发展的顶层设计中，需科学规划、精准施策，既要吸收其他地区的成功经验，又要因地制宜，体现地区、民族特色，挖掘地方资源禀赋。习近平总书记在河北省阜平县考察扶贫开发工作时指出："要做到宜农则农、宜林则林、宜牧则牧、宜开发生态旅游则搞生态旅游，真正把自身比较优势发挥好，使贫困地区发展扎实建立在自身有利条件的基础之上。"① 实现"一村一品"，推动农业增效、农民增收。

总之，乡村发展的创新要坚持因地制宜的思想，将国家整体规划和地方自主探索结合起来，鼓励地方自主探索和大胆创新，充分发挥农民的主体地位，整合乡村内外各种资源和发展动力，发展基于资源禀赋的乡村特色。

二　创新的措施

推进乡村创新发展，不仅要有为创新创业提供新动能的政策和制度等良好外部氛围，还要在因地制宜的顶层设计基础上，形成长效示范机制。乡村发展的创新具体包括政策创新、组织创新、业态创新和技术创新。

（一）政策创新

政策创新是政府推动乡村振兴的直接动力源，也是乡村发展的外部保障。乡村的发展需要政府在体制机制和支农惠农方面进行改革，支持农村的创新创业活动。① 为调动农民创新创业的积极性，改变乡村传统的产业结构类型，盘活乡村的资源禀赋，全国正在推进土地所有权、承包权和经营权"三权分置"的制度创新，土地资源、房屋、宅基地、农业设施、农机具等可以作为"资产"进行抵押，用于向银行贷款，发展生产，这种制度也可打消农户转让土地经营

---

① 习近平：在河北省阜平县考察扶贫开发工作时的讲话［EB/OL］．https://www.gov.cn/xinwen/2021-02/15/content_5587215.htm，2021-02-15．

权的顾虑，顺利进行土地流转。②国家和地方政府颁布一系列政令，支持乡村创业。创办的企业如果符合政策规定条件，"可享受减征企业所得税、免征增值税、营业税、教育费附加、地方教育附加、水利建设基金、文化事业建设费、残疾人就业保障金等税费减免和降低失业保险费率等税费优惠政策"。①《人社部关于支持和鼓励事业单位专业技术人员创新创业的指导意见》规定了高校、科研院所专业技术人员离岗创新创业，可在 3 年内保留人事关系，离岗创业期间保留基本待遇。②各地政府还鼓励当地大学生、外出打工者等回乡创业，并享受创业资金支持，对村中的创业人员，特别是妇女、贫困户等给予支持和奖励。科尔沁右翼中旗为了打赢脱贫攻坚战，确保农牧民素质提升工程顺利实施，特制定了"一带两转三改"的政策（一带即党组织带动，两转即转变思想观念和转变生产方式，三改即改变居住环境、改变陈规陋习、改变饮食习惯），并通过考评奖励等方式取得了良好的成效，转变了农牧民思想观念和生产生活方式。

（二）组织创新

组织创新是乡村发展主体多样性的表现，也是农村与市场相适应的关键。为强化乡村主体地位，加强乡村与市场的联系，根据地区特点、资源优势、传统习惯、产品特征等，创办不同的经营主体，如家庭农场、专业合作社、产业协会、合作社联盟、小农户等；实行不同经营方式，如经营权流转、股份合作、代耕代种、土地托管、企业与农户合伙人制度等方式。组织创新既便于土地流转，实现规模经营，同时也尊重小农户经营方式，积极引导小农户与现代农业有机结合。

---

① 返乡下乡人员创业创新政策实问实答［EB/OL］. http://www.moa.gov.cn/ztzl/scw/zcf-gnc/201703/t20170331_5546792.htm，2017-03-31.

② 人社部 4 项政策鼓励科技人员创新创业：事业单位技术人员创业"留职不停薪"［EB/OL］. http://www.moa.gov.cn/ztzl/scw/zcfgnc/201703/t20170328_5540160.htm，2017-03-28.

绥化市在全市范围建立代养代种带动机制，支持各种经营主体，采取托牛入场、借母还犊、寄养付酬、反租倒包等模式，带动贫困户发展特色产业。科尔沁右翼前旗采取"龙头企业+合作社+贫困户"的"两带五保一帮"产业化扶贫模式，其中的"两带"一是指带动农机专业合作社发展，贫困户可以将贷款和产业发展资金投资到农机专业合作社，享受固定收益分红；二是指带动甜菜种植大户发展，鼓励贫困户以土地入股合作社或参与种植。富裕县依据地缘优势，依托光明松鹤公司这一类公投企业，确立了"公司+基地+农户"的产业化经营之路，带动了5260户贫困户发展奶牛产业。

（三）业态创新

业态创新是产业脱贫的表征，也是新内生动力源的集中体现。要立足地区资源特色，充分利用国内外各种资本，将其转化为自身发展动力，积极开展创新创业活动。①农产品创新，提升农业发展水平。以市场需求为导向，在当地资源禀赋之上，合理规划农产品区域布局和特色农产品开发建设，并将农业沿着产业链条向上中下游发展，进行农产品生产、加工、销售一条龙发展。镇赉县全县发展庭院经济，发挥旱田区资源优势，种植小冰麦、草莓、花生、果树等，发挥水田区资源优势，种植水稻等作物，形成46个"一村一品"的"蔬菜村""大葱村""果树村"等。②民族文化产业创新，打造品牌。深挖民族传统文化，发展具有民族和地域特色的乡村手工业，培养一批家庭工厂、手工作坊、扶贫车间等。"健全特色农产品质量标准体系，强化农产品地理标志和商标保护，创响一批'土字号''乡字号'特色产品品牌。"[1] ③挖掘乡村价值，加强乡村产业创新。升级农家乐、采摘园等，提升乡村旅游产品和服务的档次，把农业打造成健康养生的幸福产业，把乡村变成乡愁的乐土和人间

---

[1] 中共中央 国务院关于坚持农业农村优先发展做好"三农"工作的若干意见 [EB/OL]. http://www.gov.cn/zhengce/2019-02/19/content_5366917.htm, 2019-02-19.

的香巴拉。让农业生产"接二连三"，三次产业互动，形成良好的产业分工和利益分配关系，让农民参与产业发展并分享第二、第三产业增值收益。① 镇赉县莫莫格的返乡大学生建立了一品鹤种植养殖农民专业合作社，并建立了完整的产业链——大豆花生等榨油，油饼喂鸡，鸡粪放在种植园种蔬菜、瓜果，用这些绿色蔬菜发展蒙古包牧家乐，建立基地，形成规模。科尔沁右翼中旗在考虑易地搬迁后村民的生活时，让村民自由选择从事的产业，特别是为在旗产业园区中养殖獭兔的村民提供优厚待遇，免费给搬迁来的贫困户提供 50 平方米的工作间、200 只种兔和兔笼，并且免费给予技术指导，做好防疫，据介绍年销量好的情况下一户能挣到 7 万元，最少也会有三四万元。非贫困的二十多户村民也在此进行獭兔饲养，虽然政府不给他们提供免费住房，种兔也得自己花钱买，但是可以免费使用 50 平方米的工作间、兔舍和兔笼。④发展乡村电商，将乡村的产品与文化推销出去。例如，乌兰浩特实施网络智慧扶贫工程，加强电商人才培训，围绕电子商务具体应用，通过课堂讲解、现场教学等形式，传授电商创业和网络营销基本技能，用互联网思维调整农村种养结构，强化优质农副、土特产品品牌包装，提升产品价值，让扶贫产业通过网络走向大市场；指导贫困群众使用农技宝等应用软件，搭建专家与农技人员、农技人员与贫困户、贫困户与产业间高效便捷的信息化桥梁。2008 年，望奎县海丰镇恭三村的村民就开始在网上注册了名为"山沟里的绿色美味"的淘宝店铺，主要经营干菜类、豆类、米类等绿色农产品，目前已是拥有皇冠的精品店铺。

（四）技术创新

技术创新是精准扶贫和乡村发展的根本动力。乡村的技术创新包括生物技术、资源技术、设施技术、机械装备技术、信息技术、储藏

---

① 返乡下乡人员创业创新政策实问实答［EB/OL］. http://www.moa.gov.cn/ztzl/scw/zcf-gnc/201703/t20170331_5546792.htm，2017-03-31.

加工运输技术等，能够促使农业增产、节约成本、增加收入，还能保护自然环境。[①] 这些技术的提高必然依靠外部对乡村创新创业的投入，以及农民科学文化知识的提高。科尔沁右翼前旗依托龙头企业，在畜牧业方面进行羊种改良，提高了羊的品质。富裕县依托省农科院在龙安桥镇建立的一处农业高新科技园区，引进先进农业项目 30 多项，并组织种植业大户和贫困户代表来田间参观，还聘请农科院专家现场讲解，使 4000 多户农民受益。同时富裕县有的村子还采用了水稻大中棚钵育超稀植技术、玉米密植通透栽培技术，实现户均增收 300 元以上。科尔沁右翼前旗的爱放牧生物质新材料有限公司，从 2016 年开始运用秸秆炭化工艺与复合技术，将玉米、水稻、小麦等秸秆变废为宝，生产生物质炭基肥及生物质绿色清洁能源、环保新材料，并在一些村子建立秸秆生产合作社，形成绿色新兴产业。镇赉县架其村建有种植大棚，用生物制剂种植蔬菜、小柿子、草莓等，全部供给市里超市，效益较好。

总之，乡村的扶贫和发展的创新，必须将内外动力和资源相结合，发挥农民的主体地位，加强对农民创新创业思想、技术的辅导和培育。要努力搭建农民创新创业示范基地、进一步强化农村创新创业培训、积极提供农民创新创业各项专业服务、不断探索农民创新创业融资模式、切实提高加强农民创新创业服务工作的指导水平。

第五节　合作
——乡村脱贫的保障

合作是新内生发展理论区别于以往的内、外生发展理论的最重要特征之一，强调在基于当地资源和当地参与的同时，充分利用外部市

[①]　以创新推动乡村振兴［EB/OL］. http://theory. people. com. cn/n1/2018/0809/c40531－30218218. html, 2018－08－09.

场、机构和网络等资源，并将其整合成为内部发展的动力。这种整合内外发展动力的新内生发展理论与我国在 2017 年党的十九大报告中提到的"共建共治共享"治理格局有异曲同工之妙，能在尊重村民主体地位的同时，调动政府、市场、社会等力量共同参与乡村建设，既体现了全社会留住美丽乡村的愿望，也形成了在乡村建设中人人有责、人人尽责、多元互补的局面，最终使乡村价值和发展成果惠及全社会。① 因此，合作是精准扶贫和乡村发展的认同形成、赋权实施、创新展开的重要保障，也是它们得以实现的前提条件和必要准备，贯穿乡村发展的各环节，对乡村发展有至关重要的作用。脱贫攻坚和乡村发展中的合作不仅包括不同经济、社会和环境中的各部门、各组织、各地区、各建设主体之间的联动，更强调掌握不同知识结构的各社会行动者之间的协作。

一　知识的合作

在考虑乡村发展过程中各行动者之间的合作时，必须注意一个关键性问题，即负责发展的社会行动者持有不同观点（不同意识、价值体系、行动逻辑）的问题，也就是新内生发展理论强调的不同伙伴群体带来的各种知识。要想更好地进行合作，就必须处理好科学知识、管理知识和地方知识的关系，将其纳入乡村发展的各环节，使其功效达到最佳。②

第一类知识是科学知识，指研究人员的科学研究成果，然后将其应用于整个社会中。这种知识被认为是"客观的"，经过验证并适用于各种环境和条件。它是与特定学科或跨学科相关的专业知识，一般在书籍和科学期刊上都能够看到。科学知识是正式合法的，可以通过

---

① 黎昕. 关于新时代社会治理创新的若干思考［J］. 东南学术，2018（05）：124-131.

② Adamski T，Gorlach K. Neo-Endogenous Development and the Revalidation of Local Knowledge［J］. Polish Sociological Review，2008（04）：481-497.

特定机构和证书得到认证。第二类知识通常被称为管理知识，具有所有科学知识的主要特征，但显然与决策过程和权力的执行有着密切关系，描述了决策的原则和内容以及应用的图式与程序的性质和内容。这种知识并不总是公开的，它有时基于官员或决策者的个人或团体经验。第三类知识是地方知识，是植根于当地的社会、文化和经济背景，基于长期经验得出的，经常通过非正式的家庭或邻里渠道，一代一代口头传播。这类知识通常不会以书面形式传播，是一种"隐蔽知识"，对局外人来说相对不可接近。同时，地方知识不是同质的、一致的，更不是相关乡村共享的，而是在特定的乡村中基于传统和日常经验形成的，虽缺乏合法性，但是多元化的集体智慧的结晶。[①]

乡村的发展需要充分合理地运用这三种类型的知识，既要将相关科学知识和先进技术引入乡村，发展农业和农村经济，同时也要意识到管理知识的重要性，因地制宜地治理乡村。另外在引入外生知识进行发展时，不可忽视地方知识，或被称为乡土知识或本土知识的重要性。这些地方知识是人类"前科学"能力的体现，是村民的基本能力，更是参与式发展的起点。[②] 新内生发展理论要求重视村民的地方知识、技术和技能，尊重他们的决策。地方知识又被称为"米提斯"（metis），指的是某种特殊的技能，是在对不断变动的自然和人类环境做出反应中习得的知识和技能，是一种民间智慧。[③] 它是乡土的，与地方生态系统的共同特征相协调，是在实践参与中获得的，同时它又是特殊的，只在这一群人中传播。乡村的脱贫攻坚和乡村振兴工作必须充分意识到地方知识的重要性，要充分尊重地方特色以及差异性的

① Adamski T, Gorlach K. Neo-Endogenous Development and the Revalidation of Local Knowledge [J]. Polish Sociological Review, 2008 (04): 481-497.

② 叶敬忠，刘金龙，林志斌 . 参与·组织·发展：参与式林业的理论、研究与实践 [M]. 北京：中国林业出版社，2001：73.

③ 赵光勇 . 乡村振兴要激活乡村社会的内生资源——"米提斯"知识与认识论的视角 [J]. 浙江社会科学，2018 (05): 63-69+158.

地方知识，鼓励乡村发展主体积极参与。

在调研中发现，乡村脱贫攻坚和乡村振兴过程中，比较重视科学知识和管理知识。通过教育、培训、投资等形式将现代农业的相关技术和知识引入乡村，并通过第一书记、驻村工作队等行为主体为乡村引入了管理知识，加快推进农业农村的现代化。但是要培养造就一支懂农业、爱农村、爱农民的"三农"工作队伍，充分激活乡村发展的内生动力，就不能忽视地方知识的作用，否则脱贫攻坚会陷入越扶越贫的内卷化怪圈，乡村也会走向消亡。调研中还发现，在脱贫攻坚过程中，有的村子不能将地方知识纳入其中，不听取当地人的意见，打井过程中试验了很多个地方都没有成功，当地老人对村子的自然环境非常熟悉，知道在哪里可以打出水，但他们得不到关注，当这些老人提出意见或建议时，甚至还会受到责备。

二　部门、地区的联动

乡村的发展得益于不同环境下的各部门、各地区、各社会力量的长期合作。乡村发展是一个多层次、多标量的活动，不仅涉及各相关部门一体化，而且涉及机构一体化（地方、区域、国家、大洲）以及城乡之间的经济联系与新的城乡和地方-全球关系。① 乡村脱贫攻坚调研中发现，脱贫工作成果显著的县，其扶贫办必是有作为和担当的部门，而不仅仅是一个协调部门、汇总部门。在扶贫办的统筹规划下，地方各部门通力协作，能够为贫困村和贫困户带去更多福利。在确保打赢脱贫攻坚战时，还要加强全社会对贫困地区的关注，并提出一系列措施进行对口支援，如消费扶贫。消费扶贫是一种社会各界通过消费来自贫困地区和贫困人口的产品和服务，来帮助贫困人口增收脱贫的扶贫方式，这是全社会参与脱贫攻坚的重要途径，能够调动贫困人

---

① Gkartzios M, Scott M. Placing Housing in Rural Development: Exogenous, Endogenous and Neo-Endogenous Approaches [J]. Sociologia Ruralis, 2014 (03): 241-265.

口依据自身努力脱贫致富的积极性。① 在我国扶贫工作中还出现了地区对口支援、单位结对帮扶等举措，不仅能够调动贫困地区村民根据当地资源禀赋积极调整产业结构，按帮扶地区农产品需求安排生产，同时还帮助村民拓展销售渠道，早日脱贫致富。

2013 年以来，科尔沁右翼前旗积极组织引导非公企业家开展"村企共建"活动和"百村千户万人转移就业扶贫行动"，全旗先后有 41 家企业积极投身到新农村新牧区建设和脱贫攻坚工作中，涌现了一批模范典型，为全旗脱贫攻坚提供了强大的社会帮扶力量。为持续发挥社会帮扶作用，构建全社会参与的大扶贫格局，科尔沁右翼前旗于 2024 年 6 月 5 日，启动新一轮"村企共建暨百村千户万人转移就业扶贫行动"。组织旗内 55 家知名企业对口帮扶全旗 23 个深度贫困嘎查（村）和 32 个相对贫困嘎查（村）。从 2018 开始采取了"一企帮一村"的结对方式，力争每家企业每年为村集体办一件以上的实事，每年帮扶 2 户以上的贫困户家庭劳动力完成转移就业，企业每年帮扶合计达 100 户以上，用 3 年时间解决 1000 人以上的就业。

望奎县在每个贫困村都实行了小菜园、小牧园计划，按照帮扶责任人的需求，种植和养殖所需农产品，只要有能力的村民都能进行种植，确保收益。科尔沁右翼中旗的察尔森化嘎查在内蒙古日报社的帮扶下，协调项目资金 302 万元规划建设了木耳菌棒生产车间，不仅供本地的木耳基地使用，还出售给其他地区，解决当地贫困问题。

在信息社会中，互联网的作用不容忽视，它的存在缩短了人与人的物理距离，并加强了跨地区、跨边界、跨人群的合作。通过互联网，可以构建大扶贫格局，加快跨组织、跨区域、跨国家的反贫困信息联

---

① 国务院办公厅关于深入开展消费扶贫助力打赢脱贫攻坚战的指导意见 [EB/OL]. http://www.gov.cn/zhengce/content/2019-01/14/content_5357723.htm, 2019-01-14.

系，加强知识分享，促进反贫困制度和方式创新。此外，"贫困人口也能够通过线上和线下的协同网络参与到脱贫致富全过程，应用科技资本、教育知识、普惠金融资本为自身发展创造更多可能性"。[①] 乌兰浩特在全盟率先实行了广电网络入村行动。建档立卡贫困人口的申报、扶贫项目申报，产业扶贫的技术服务，健康扶贫的远程诊疗，远程教育、社会保障、就业扶贫等政策落实，都在网络平台上建立窗口，让贫困户在平台上能够更直观地了解各类扶贫政策，方便快捷地享受各类服务。

小　结

乡村是中华文明的基本载体，与城市互促互进、共生共存，共同构成了人类活动的主要空间。乡村发展关乎亿万农民的获得感、幸福感、安全感，关乎全面建成小康社会全局。乡村要发展不能仅靠外部供给，还应深入挖掘乡村资源禀赋，盘活乡村各种发展资源，提高农牧民主体地位，整合乡村发展的内外力，共同建设美丽乡村。

"认同、赋权、创新、合作"是新内生发展理论的核心要素，也是乡村脱贫、发展的关键要素。认同是赋权、创新与合作的基础，只有思想上和情感上认同乡村，才能留在乡村、发展乡村；赋权是认同、创新、合作得以开展的关键，只有给村民确权、赋能，并引导村民积极参与其中，才能提升乡村内生动力，发挥村民的主体性；创新是认同、赋权、合作的灵魂和实践，只有在制度上、政策上、业务上、技术上实现创新，才能拉动乡村经济增长，建设美丽乡村；合作是认同、赋权、创新能够实现的重要手段，也是新内生机制的核心要求，只有充分整合乡村发展的内外资源，将其转化为内部发展动力才能更好地

---

① 陈劲，尹西明，赵闯．反贫困创新的理论基础、路径模型与中国经验［J］．天津社会科学，2018（04）：106-113.

建设美丽乡村。因此,"认同、赋权、创新、合作"是新内生发展理论的核心要素,通过本土化实践转化为我国脱贫攻坚的创新机制。该机制在尊重村民主体地位的基础上,鼓励全社会共同参与,最终实现共建共治共享的发展目标。

第五章　全面建成小康社会后大兴安岭南麓地区减贫思考

　　我国从 20 世纪 80 年代开始扶贫，截至 2020 年已经取得了丰硕的成果。习近平总书记在决战决胜脱贫攻坚座谈会上的讲话中指出："贫困人口从 2012 年年底的 9899 万人减到 2019 年年底的 551 万人，贫困发生率由 10.2% 降至 0.6%，连续 7 年每年减贫 1000 万人以上。"[①] 这是中国对世界减贫工作的重大贡献，是中国智慧的反映。2020 年是决战脱贫攻坚之年，也是全面建成小康社会的收官之年，我国继续推进了"三区三州"等深度贫困地区的脱贫工作，巩固已经脱贫摘帽的贫困县和贫困群众的成果，确保不返贫。

　　全面建成小康社会并不意味着贫困的消失，而是工作重心由消灭绝对贫困转向缓解相对贫困。相对贫困较绝对贫困更为复杂，问题和矛盾更多，需要在坚决打赢脱贫攻坚战、巩固拓展脱贫攻坚成果的基础上，保持脱贫政策稳定，建立解决相对贫困的长效机制。可以说，相对贫困正在成为国内学界研究的热点之一。

　　由于自然地理环境限制，各种人为因素作用，以及疫情等突发公共卫生危机的影响，大兴安岭南麓地区在消灭绝对贫困后的发展任务依然繁重。如何缓解相对贫困、进一步推进乡村振兴，成为大兴安岭

---

①　习近平. 在决战决胜脱贫攻坚座谈会上的讲话［N］. 人民日报，2020-03-07.

南麓地区在实现全面建成小康社会后需要更深入思考的问题。

第一节 相对贫困的内涵及特征

一 内涵

贫困是人的一种生存状态，是一个相对的概念，是"一个动态的、历史的和地域的概念，随着时间和空间以及人们的思想观念的变化而变化"。[①] 它只能根据特定的社会或不同社会成员在特定时间可获得的物质和资源来定义。[②] 从经济发展和资源分配角度可以将贫困分为绝对贫困和相对贫困。国外最早提出"相对贫困"概念的是英国学者彼得·汤森（Peter Townsend），他指出贫困不仅仅表现为基本生活必需品的缺乏，还表现为饮食、住房、娱乐等社会资源的缺失和社会活动参与等权利的相对剥夺。[③] "牛津大学贫困与人类发展研究中心认为有五个贫困缺失维度，包括就业、主体性和赋权、人类安全、体面出门的能力，以及心理和主观幸福感。"[④] 我国脱贫攻坚战是针对绝对贫困而展开的，当全面建成小康社会后，需要重点解决相对贫困。相对贫困的内涵包括以下几点。

（一）相对贫困首先要提高收入水平

相对贫困以社会标准作为参照系，指的是当地特定的生产生活条件下，在特定的社会发展约束下，个人或家庭获得的合法收入虽然满足了基本的生存需求，但无法满足当地条件下所认为的其他基本生活

---

① 吴海涛，丁士军. 贫困动态性：理论与实证 [M]. 武汉：武汉大学出版社，2013：3.

② Townsend P. The Meaning of Poverty [J]. The British Journal of Sociology, 1962（03）：210-227.

③ 杨立雄，谢丹丹. "绝对的相对"，抑或"相对的绝对"——汤森和森的贫困理论比较 [J]. 财经科学，2007（01）：59-66.

④ 〔英〕萨比娜·阿尔基尔. 贫困的缺失维度 [M]. 刘民权，韩华为，译，北京：科学出版社，2010.

需求的状态。① 这种合法收入相比社会平均收入少，根据这个差距来对贫困深度进行判定。②

（二）相对贫困更加关注公平分配

相对贫困还可称为"相对剥夺"，指的是处于不同社会阶层的群体或个人在资源占有、机会获得和社会地位等方面存在的分配不公现象③，其中资源占有不仅包括初次的收入分配所得，而且还包括教育、医疗、健康等公共服务资源再分配④。若不公程度加深，将使得一些个人和家庭所占有的资源量远远少于一般大众所支配的资源量，以至于无法享有正常的生活、没有社会认可的生活习惯并缺少正常的社会活动，进而会引发各种社会冲突和社会问题。⑤

（三）相对贫困还表现为能力受限

在吃穿问题解决后，就要考虑人们的发展问题。相对贫困还包括生计能力羸弱，没有进行社会再生产和应对风险的能力⑥，没有摆脱贫困或规避陷入贫困风险的道德能力、智力能力和体力能力⑦。能力受限是相对贫困的重要表现之一，也是较难解决的，老弱病残等均在此行列中，并且"贫困文化"带来的贫困代际传承也是相对贫困的重

---

① 邢成举，李小云．相对贫困与新时代贫困治理机制的构建 ［J］．改革，2019（12）：16-25.

② 张有春．贫困、发展与文化——一个农村扶贫规划项目的人类学考察 ［M］．北京：民族出版社，2014：210.

③ 陈云．再分配与贫困：生活质量研究的深层视角 ［J］．学习与实践，2006（07）：96-100.

④ 左停，苏武峥．乡村振兴背景下中国相对贫困治理的战略指向与政策选择 ［J］．新疆师范大学学报（哲学社会科学版），2020（04）：88-96.

⑤ 林万龙，陈蔡春子．从满足基本生活需求视角看新时期我国农村扶贫标准 ［J］．西北师范大学学报（社会科学版），2020（02）：122-129.

⑥ 毛广雄．"苏南模式"城市化进程中的农村相对贫困问题 ［J］．人口与经济，2004（06）：7-11+36.

⑦ 张琦，杨铭宇，孔梅．2020后相对贫困群体发生机制的探索与思考 ［J］．新视野，2020（02）：26-32+73.

要表现。

归纳起来，相对贫困与绝对贫困有着明显的区别，不再是以人们吃饱穿暖等维持基本生存作为底线，而是认为这是个人、家庭或特定群体在发展中所处的一种相对剥夺状态，主要根据群体能否按照其所生活的社会中的习惯、广为接受和鼓励的方式来生活加以衡量，如果不能正常生活就处于相对贫困状态。① 相对贫困对于不同生命周期、不同时代的人的侧重点也有所不同。② 要想提高"可行性能力"，过上体面的生活，就需要不断缩小社会中的分配差距、改善不平等现象，使贫困者获得能够改变的权利和能力。总体来说，相对贫困更多时候是一种发展型贫困，只能缓解不能去除，减贫的主要目标是维护社会的公平和正义，促进人的更好发展。

二 特征

基于贫困的内涵发生变化，2020 年后我国面临的相对贫困问题较为复杂，特征多样。

（一）多维性和复杂性

从相对贫困的概念可以看出，相对贫困是一个集经济、社会、自然等因素于一体的现象，既包括温饱的生存需求，又包括教育、医疗、卫生的公共服务等基本生活需求，还包括社会参与等发展需求。

（二）长期性和艰巨性

相对贫困是一种"相对剥夺"，自从有了剩余产品之后，其就长期存在于人类社会，并普遍存在于世界各国和各民族中。导致相对贫困的原因复杂多样，并长期存在于人类社会中，这也使得减贫工作具有艰巨性。

---

① Ravallion M，Chen S. Weakly Relative Poverty ［J］. Review of Economics and Statistics，2011（04）：1251-1261.

② 杨菊华. 后小康社会的贫困：领域、属性与未来展望 ［J］. 中共中央党校（国家行政学院）学报，2020（01）：111-119.

（三）相对性和主观性

从相对贫困的内涵可以看出，相对贫困的测定必须得有参照系，相对贫困是相对于同一环境中的其他社会群体或成员而言的，因此相对性较为明显。而从世界范围来看，相对贫困的测定带有明显的主观性，是人为地按照一定的标准进行设定，例如按照平均收入的或中位收入的百分比进行划定，达不到这个标准的被认为处于相对贫困。

（四）发展性和风险性

随着社会和环境的变化，相对贫困的扶贫标准也在不断发生变化，而且随着人们的认知和贫困线的不断调整，呈现出了动态性和发展性等特点。相对贫困致贫风险不仅有自然风险，还有市场、技术以及政策等带来的风险，而且各种风险交织呈现出多元化、不确定性等特点。[①]

此外，相对贫困还具有转型性、结构性、特殊群体性、连续性、政治性等特征。相对贫困定义宽泛、人口规模庞大、特征复杂，使得瞄准和识别的难度都很大，需要对其贫困类型和减贫任务转向做进一步分析。

第二节　相对贫困的原因及减贫任务转向

一　贫困原因

（一）脱贫攻坚政策诱发的贫困

在精准识别的动态调整中，中共中央办公厅、国务院办公厅印发的《关于建立贫困退出机制的意见》显示，在贫困县和贫困村退出机制中，原则上贫困村贫困发生率降至2%以下（西部地区降至3%以

---

① 高强，孔祥智．论相对贫困的内涵、特点难点及应对之策 [J]．新疆师范大学学报（哲学社会科学版），2020（03）：120-128．

下）可以退出，这就意味着即便 2020 年后仍然有绝对贫困人口存在，同时由于处于临界线的非贫困人口不能享受扶贫政策，容易造成贫困"悬崖效应"，一旦受到不可预测事件的影响，会导致新的贫困发生。[①]另外，在脱贫攻坚战中，某些地区实行的运动式筹资方式和大规模的现金发放等减贫措施将会因"筹资资源的枯竭、财政压力的加剧、现金福利刚性的惯性"[②] 等问题难以继续施行，可能造成 2020 年后返贫现象出现。此外，这种运动式扶贫中行政化扶贫是其重要组成部分，随着村工作队、驻村干部、帮扶单位等淡出，可能由于村中人才流失而内生治理能力不足，"等靠要"思想继续滋生，进而引起贫困。[③]

（二）社会结构转型及人口流动带来的贫困

进入新世纪，我国社会结构变迁加剧，不仅表现为社会转型加速和制度碎片化，而且也表现为城乡之间、农村内部，以及我国东西部地区之间的差异和分化持续扩大，这使得身处其中的人们感到各种不适应，加之多维保障的不充分，可能导致 2020 年后依然有贫困人口出现。随着城市化的推进，大量的乡村青壮年开始涌向城市谋求生路，这种城乡间的人口流动一方面造成了农村老弱化、空心化，缺乏人才供给，逐渐衰落；另一方面这些进入城市的群体由于受自身能力以及城市缺乏就业岗位、合适住房和社会保障等因素制约，可能成为资源分配的底层，进而成为城市的贫困人口。此外，这种人口流动和现代化的席卷还冲击着传统的乡村文化，改变了农民个体的需求和文化价值观，传统的价值观逐渐失去认同，对现实物质财富的需求明显增强，

① 郑长德.2020 年后民族地区贫困治理的思路与路径研究 [J]. 民族学刊, 2018 (06)：1-10+95-97.

② 郑秉文."后 2020"时期建立稳定脱贫长效机制的思考 [J]. 宏观经济管理, 2019 (09)：17-25.

③ 李小红, 段雪辉. 后脱贫时代脱贫村有效治理的实现路径研究 [J]. 云南民族大学学报（哲学社会科学版）, 2020 (01)：100-105.

这种丰富性和多样性的趋势使得贫困问题变得复杂。[1] 更重要的是，由于户籍制度改革和公共资源供给制度改革的严重滞后，城乡二元结构没有被打破，容易出现就业歧视，加剧了农民工的相对贫困。[2] 另外，由于农村外出务工的主要是初高中毕业生，但是随着农村人口的不断减少，年轻人逐渐减少，外出务工的人也会逐渐减少，使得农村的工资性收入将会减少，农户收入低，容易引起贫困。随着城市转型升级、产业结构和体制改革，原来的东北等老工业基地资源枯竭、传统产业衰落、新兴产业发展缓慢，使得下岗失业、待业等群体的贫困问题逐渐显现。[3]

（三）社会保障体系不健全、公共服务不足或分配不公引起的贫困

宋朝龙在分析全球范围内的贫困问题后认为有两类贫困存在，第一类是自然性贫困，第二类是现代西方世界新自由主义秩序下因金融资本的放纵性积累而导致的中产阶级再贫困，而中国在 2020 年以后反贫困的侧重点应转移到第二类。[4] 这种收入不平衡、资源占有不均等现象在城乡之间、不同地区之间的逐步扩大容易引发相对贫困。除此之外，国家的社会保障水平和制度设计存在的问题也会引起相对贫困。农村成为 2020 年后反贫困的主战场的重要原因就在于其兜底保障政策的有限覆盖；基础设施条件差，社会保障体系不健全；教育、医疗等社会公共服务缺失、不足和分配不公；等等。

（四）地理环境、自然灾害等引起的贫困

虽然现代科技的发展使得地理环境、自然灾害对人生存和发展的

---

[1] 费雪莱.2020 年后乡村反贫困治理转型探析 [J]. 青海社会科学，2019（06）：130-136.

[2] 张传洲. 相对贫困的内涵、测度及其治理对策 [J]. 西北民族大学学报（哲学社会科学版），2020（02）：112-119.

[3] 黄征学，高国力，滕飞，等. 中国长期减贫，路在何方？——2020 年脱贫攻坚完成后的减贫战略前瞻 [J]. 中国农村经济，2019（09）：2-14.

[4] 宋朝龙. 全球范围内的两类贫困与中国的双重使命——兼论 2020 后中国高质量减贫的侧重点变化 [J]. 人民论坛·学术前沿，2019（23）：8-17.

限制逐渐减少，但也不容忽视。地理环境不仅影响一个地区发展的资源禀赋，而且也影响着人们的思想观念。从脱贫攻坚战中可以看到我国贫困地区主要集中在边疆地区、西部地区、民族地区，特别是三区三州等生态环境脆弱、交通不便的地区。处于这种地理环境下的贫困人口脱贫难度大、返贫风险高，因此，这种空间贫困是未来治理相对贫困必须关注的。除此之外，在农村社会保障和社会救助落后的情况下，处于扶贫边缘的个体小农经济难以应对自然灾害，自然灾害引发的贫困也是不容忽视的。

（五）人们身心限制及能力不足等带来的贫困

相对贫困产生的原因与人们自身的生理局限、能力不足、思想落后等因素也有密切关系。[①] 老弱病残等特殊困难群体是相对贫困群体的重要组成部分，他们自身发展能力较低，只能维持简单的基本生活，靠"兜底保障"脱贫，在脱贫攻坚战后仍然是需要重点关注的对象。其中，农村的留守儿童、留守老人以及农村大龄单身男性的精神层面问题是缓解相对贫困必须正视的问题。个体思想落后、精神贫困明显，以及自身的文化素质低、发展能力和应对贫困的能力不足等微观因素都会导致相对贫困。[②]

相对贫困的产生除了与农业产业发展慢、农业资源紧张、农村老龄化和环境问题严重等因素有关外，还与逆全球化、单边主义、粮食安全风险等因素有关。[③]

总之，相对贫困的致贫原因多种多样，形成了多种类型的贫困，既有老弱病残等特殊群体型贫困，又有因自身能力低、分配不公等因

---

① 范和生，武政宇．相对贫困治理长效机制构建研究［J］．中国特色社会主义研究，2020（01）：63-69．

② 向德平，华汛子．改革开放四十年中国贫困治理的历程、经验与前瞻［J］．新疆师范大学学报（汉文哲学社会科学版），2019（02）：59-69．

③ 尹成杰．关于农村全面建成小康社会的几点思考［J］．农业经济问题，2019（10）：4-10．

素导致的低收入性贫困；既有因疾病、自然灾害、教育和人情往来等造成的支出性贫困，也有因社会转型、城乡二元结构及社会保障不足引起的城乡流动性贫困；既有因贫困政策改变或贫困线上调以及非可控因素引起的边缘性贫困，又有因自然地理状况和社会文化水平差异引起的区域性贫困；等等。这些类型多数情况下是交织在一起的，使2020 年后相对贫困的减贫任务及解决任务更为艰巨和复杂。

二　减贫任务转向

2020 年后随着贫困类型发生变化，贫困治理开始转向常规性减贫，减贫的主要任务也发生了诸多变化。不再仅仅关注生存正义，更多地转向关注公平正义，由开发扶贫的精准扶贫模式转向了防止返贫巩固脱贫的模式，由治理物质性贫困转向治理精神性贫困，由产业扶贫转向精神、健康、保障扶贫，由治理显性贫困转向缓解多维性贫困，由非自愿的常态贫困转向自愿偶发贫困，由政治任务式扶贫转向精细保障式救助，由叠加式兜底转向长效性扶贫，由农村扶贫转向城乡融合发展。

总之，2020 年后我国贫困产生的原因复杂，贫困类型多样，缓解贫困的任务发生了重大变化，需要树立大扶贫观，进行高质量的精准帮扶和高效减贫。

第三节　相对贫困的减贫路径

"我们最终可以消灭绝对贫困，解决贫困人口的基本生存问题，但就消灭相对贫困而言，则是一种空想，一种绝对平均主义思想，一种否认文化相对性与价值相对性的观念。"[①] 为了满足人们对美好生活

---

① 张有春. 贫困、发展与文化——一个农村扶贫规划项目的人类学考察 ［M］. 北京：民族出版社，2014：66.

的向往，实现社会主义本质要求，需要提出针对相对贫困的减贫路径。但这是一项长期而艰巨的任务，需要分阶段逐步解决，其整体的减贫目标是实现高质量扶贫，需要在巩固现有扶贫成果基础上，调整贫困线标准，加强低收入人群的能力建设，提高最低社会保障水平和扶贫精准度，并制定"中国农村扶贫开发纲要（2021—2030年）"，为2035年基本实现社会主义现代化夯实基础。[①] 同时相对贫困的解决还需要制订一个集经济、政治、文化、社会、生态等因素于一体，内外结合、城乡一体、自主式、多维式减贫的高质量减贫方案[②]，建立包括动态识别机制、代际阻断机制、就业促进机制、收入分配机制、兜底保障机制、联动协作机制等在内的解决相对贫困的长效机制，以便实现多维度共治，促进国家贫困治理能力现代化建设[③]。

一 相对贫困线的划定

国际上，通常采用基尼系数来测定收入分配差异程度，反映一个国家和地区的相对贫困状况。2001年欧盟将人均可支配收入中位数的60%作为相对贫困线，此贫困线也已经被联合国开发计划署和联合国儿童基金会作为测度贫困的重要标准。针对我国在完成脱贫攻坚任务后是否划定相对贫困线，以何种标准划定贫困线，学术界主要有以下几种观点。

（一）不划定相对贫困线

汪晨等学者通过比较绝对贫困发生率和相对贫困发生率后认为，中国在2020年后采用相对贫困标准为时过早，会带来一些难以应对的

---

① 周绍杰，杨骅骝，张君忆. 中国2020年后扶贫新战略——扶贫成就、主要目标、总体思路与政策建议［J］. 中国行政管理，2019（11）：6-11.

② 刘勇. 运用系统思维谋划2020后中国高质量减贫［J］. 人民论坛·学术前沿，2019（23）：18-25.

③ 白永秀，吴杨辰浩. 论建立解决相对贫困的长效机制［J］. 福建论坛（人文社会科学版），2020（03）：19-31.

挑战，还是应该"继续采用绝对贫困标准，与联合国及众多欠发达国家保持一致"。① 这对于提升中国在国际上的话语权有重要意义。

（二）城乡分置的相对贫困线

我国相对贫困线的划定应借鉴世界银行的贫困标准，结合我国贫困地区的特征和城乡之间经济、社会、文化等各方面的差异，划分城乡不同群体、不同阶层的贫困线，而不应该在城乡使用相同的一条贫困线。同时城乡贫困线应分别设置为城市和农村居民收入中位数的40%，之后逐步调整到收入中位数的50%，以便与高收入国家贫困标准的算法接轨。②

（三）地域有别的相对贫困线

我国幅员辽阔，各地自然地理环境不同，社会经济发展水平也各有差异。因此，在设定相对贫困标准时，应该根据地方实际情况建立科学的标准体系，在东部、中部、西部地区划定贫困线时，应有所不同，未来的3~5年，中部地区可以考虑将人均纯收入的50%作为相对贫困标准。③ 沿海和内陆的居民收入、社会发展也不相同，应该按照区域分阶段划定，即"非沿海地区实施绝对贫困线相对化、沿海地区实施基于居民可支配收入的相对贫困线，并每5年上调一次；2035年中国进入城镇化后期，相对贫困标准整体进入以全民可支配收入为识别基础的阶段"。④ 另外，我国各省份之间的经济发展差异大，也不应采取统一的标准，而应该按照各省份人均净收入中位数的50%确定相

---

① 汪晨，万广华，吴万宗．中国减贫战略转型及其面临的挑战 [J]．中国工业经济，2020（01）：5-23．

② 沈扬扬，李实．如何确定相对贫困标准？——兼论"城乡统筹"相对贫困的可行方案 [J]．华南师范大学学报（社会科学版），2020（02）：91-101+191．

③ 林万龙，陈蔡春子．从满足基本生活需求视角看新时期我国农村扶贫标准 [J]．西北师范大学学报（社会科学版），2020（02）：122-129．

④ 孙久文，夏添．中国扶贫战略与2020年后相对贫困线划定——基于理论、政策和数据的分析 [J]．中国农村经济，2019（10）：98-113．

对贫困线①，或者在国家统一认定城乡贫困县后，各省份被赋予相应自由裁量权，自主划定贫困县标准并不断上浮，但必须坚守以国家的统一认定标准为最低要求。

（四）城乡一体的相对贫困线

与城乡分置相对的是设定城乡统一的贫困线。中央政府需要将食物、服装、住房、交通等各方面的开支综合起来，划定相对贫困线，并且对不同类型、不同收入水平的个人和家庭按照"非贫""近贫""贫困""赤贫"进行严格量化定义。② 划定的具体数值方面，有学者认为应按照城乡中位收入比例进行划定，也有学者认为需要按照农村人均纯收入的40%～50%进行划定。③ 汪三贵和曾小溪认为应该根据人的基本需求或者最低生活需要来确定贫困标准，"将达不到全部人口收入分布的中值（或均值）收入的一定比例认定为贫困人口，这是一种不同人之间相对收入或生活水平的相对比较，即相对贫困标准"。④

（五）多维贫困线

有些学者认为中国相对贫困原因众多，呈现多维性特征，要考虑中国的现状，在其贫困线划定方面可以采取多维标准，没必要与其他国家的标准接轨。这种多维相对贫困的标准既要有经济维度"贫"的特征，又要包括反映社会发展的"困"的维度，同时还要有生态环境维度，即包括收入和就业的经济维度，考虑教育、健康、社会保障、

---

① 蔡亚庆，王晓兵，杨军，罗仁福. 我国农户贫困持续性及决定因素分析——基于相对和绝对贫困线的再审视 [J]. 农业现代化研究，2016（01）：9-16.

② 白增博，孙庆刚，王芳. 美国贫困救助政策对中国反贫困的启示——兼论2020年后中国扶贫工作 [J]. 世界农业，2017（12）：105-111.

③ 陈宗胜，沈扬扬，周云波. 中国农村贫困状况的绝对与相对变动：兼论相对贫困线的设定 [J]. 管理世界，2013（01）：67-77.

④ 汪三贵，曾小溪. 后2020贫困问题初探 [J]. 河海大学学报（哲学社会科学版），2018（02）：7-13+89.

信息获得的社会发展维度等。针对我国贫困的复杂性，为了充分满足人民群众多层次多样化的需求，让改革开放成果惠及全体人民，有学者提出了基于贫困线来消除相对贫困的三种方法，第一种是较为彻底的方式，主要是通过提高社会福利和社会保障水平实现脱贫，第二种是按照城市和农村的平均家庭可支配收入的40%设定贫困线，第三种是混合城乡人口，但是在不同省份设立不同的贫困线。[①]

这些有关贫困线的讨论中矛盾焦点在于是否划定新的贫困标准，是采用全国统一的标准还是分区设置，但核心还是为了最大范围地惠及更多贫困群体。针对相对贫困，笔者总结出以下几种减贫策略。

二　多维减贫策略

（一）城乡一体缓解贫困

针对我国城乡二元结构的弊端，要解决相对贫困就需要城乡一体、城乡并重的减贫战略，这对于我国2020年后的贫困治理有重要意义。城乡一体不仅需要城乡要素平等交换，使城乡均能享受国家扶贫政策，并在内容、数量和质量上保持均等化，而且还要在社会保障、社会公共物品方面实现并轨，建立长效机制，防止返贫。不仅如此，还要实现城乡要素的双向流动，打破城乡二元管理、要素单向流动、城乡收入差距等限制，实现城乡公共服务均等化、城乡产业协同发展、城乡要素合理流动的社会治理协同机制。[②]而针对农村相对贫困人口多、任务重等问题，应通过发展现代农业，提升农民和农民工的职业技能，加快城镇化发展，以缩小城乡收入差距，并且通过加强农村公共服务供给和农业人口市民化，建立城乡统筹的管理思路，依托户籍进行调

---

① 杨力超，Robert Walker. 2020 年后的贫困及反贫困：回顾、展望与建议［J］. 贵州社会科学，2020（02）：146-152.

② 张协奎，吴碧波. 壮族地区 2020 年后扶贫城镇转向及城乡扶贫共治研究——以崇左市为例［J］. 广西民族研究，2019（03）：167-173.

查监测，形成属地管理、城乡统筹的扶贫开发工作体制。① 总之，城乡一体的减贫策略要求实现城乡之间资金、技术、人才等相互流动，以及公共服务和社会保障的城乡均等化，逐步缩小城乡差距，进而实现城乡融合发展。

（二）社会保障推动减贫

与城市相比，农村的医疗、养老、公共卫生、基本社会保障条件都较差，一旦遭遇突如其来的自然灾害和重大疾病，容易引发贫困。为此，需要从社会保障角度构建解决相对贫困的机制。社会保障制度是扶贫的基础性制度，要对碎片化的社会保障制度进行整合，夯实社会保障制度，将低保、养老保险与医疗保险有机结合，为贫困户树立社会安全保障线。同时要在总结中国扶贫经验基础上，加强对重点低收入人群的监测和保障，把"农村老人的医疗保障、基本生活福利和精神慰藉"作为乡村振兴重要内容，建立"农村社会保障社区化"模式，发展农村社区组织、完善农村社区福利服务、提升农村社会保障水平，制定城乡居民基本保障发展规划，整合全社会资源，构建国家低收入人群保障工作格局，以实现反贫困。在加强社会保障建设的同时，还应树立积极的社会救助理念，将社会救助与乡村振兴衔接，发挥各项救助制度的功能，建立综合型社会救助体系，给予贫困户正面激励等。②

（三）乡村振兴助力脱贫

2017 年党的十九大在深刻把握现代化建设规律和城乡关系变化特征，顺应亿万农民对美好生活向往的基础上提出了乡村振兴战略。"在实践逻辑上精准脱贫是乡村振兴的时序前提和空间基础，乡村振

---

① 王颂吉，白永秀. 城乡发展一体化与全面小康：关系机制及路径选择 [J]. 福建论坛（人文社会科学版），2016（11）：10-16.

② 萧子扬. 农村社会保障社区化：2020 "后脱贫时代"我国乡村振兴的路径选择 [J]. 现代经济探讨，2020（03）：110-116.

兴通过助力产业脱贫和精神脱贫为精准脱贫提供长效内生动力。"① 乡村振兴可以"实现脱贫攻坚可持续性延长、综合性增强和城乡一体化扶贫治理模式的开启"。② 可见，打赢脱贫攻坚战是短期目标，实现乡村振兴是长期目标，应将二者有机结合，建立一种可持续的联动机制。在全面建成小康社会后也应加强相对贫困治理与乡村振兴的统筹衔接，不仅要在产业上和可持续发展上衔接，加强多维贫困治理，而且还要利用乡村振兴将非贫困户和非贫困村与贫困户和其他村衔接，实现共同发展；要将缓解相对贫困与乡村振兴协调并重，以欠发达地区和低收入群体能力建设为基础，创新扶贫政策设计，构建益贫性经济增长新机制，推进基础设施建设，补齐短板，构建缓解相对贫困和乡村振兴的绿色发展新机制，以及垂直和水平的治理结构，实现高质量的减贫。③

（四）多元主体共治贫困

在相对贫困治理的主体方面，政府应该担当起政治主体性和行政主体性的责任，贫困群体是贫困治理的实践者，二者良好互动，才能解决贫困问题。有学者认为需要建立政府、社会、农户三位一体的联动参与的扶贫机制。④ 还有学者提出应构建全社会参与的大减贫格局，不仅需要明确国家在统筹规划中的牵头作用，编织农村相对贫困群体的社会保护网，财政、财税、金融等国家有关部门应制定宏观政策，落实属地责任，而且还要明确各参与主体特别是省市县各级政府、市

---

① 庄天慧，孙锦杨，杨浩．精准脱贫与乡村振兴的内在逻辑及有机衔接路径研究［J］．西南民族大学学报（人文社会科学版），2018（12）：113-117．

② 豆书龙，叶敬忠．乡村振兴与脱贫攻坚的有机衔接及其机制构建［J］．改革，2019（01）：19-29．

③ 王小林．新中国成立70年减贫经验及其对2020年后缓解相对贫困的价值［J］．劳动经济研究，2019（06）：3-10．

④ 姜会明，张钰欣，吉宇琴，顾莉丽．2020年后扶贫开发政策转型研究［J］．税务与经济，2019（06）：48-54．

场、社会组织的分工，构建权责明确、各负其责、多部门共同参与、协调联动机制，最大程度调动企业、居民、社会组织的积极性，构建相对贫困治理长效机制的"三力模型"，即减贫干预的回应力、市场经济的益贫力和社会力量的参与力，也就是要多元共治。① 可以认为，多元共治是缓解相对贫困的有效途径，是实现各类主体共同利益最大化、保障资源效益有效地公平分配、改善人民生活的重要渠道。

除了这几点之外，我国 2020 年后减贫战略应分为几个阶段进行，第一个阶段是扶贫成果巩固阶段，第二个阶段是扶贫新战略确定并快速推进阶段，第三个阶段是国家减贫战略稳步推进阶段，通过三个阶段的发展实现我国全面小康和全民富裕。② 同时还应积极立法，健全贫困救助法律体系，建议中央政府出台"城乡居民最低生活保障条例"。③ 上述减贫措施不是单一存在的，而是相互交织共同构成我国减贫策略。

第四节 大兴安岭南麓地区脱贫摘帽后的脆弱性

2020 年 3 月 6 日，习近平总书记在决战决胜脱贫攻坚座谈会上发表了重要讲话，他说道："已脱贫的地区和人口中，有的产业基础比较薄弱，有的产业项目同质化严重，有的就业不够稳定，有的政策性收入占比高。据各地初步摸底，已脱贫人口中有近 200 万人存在返贫风险，边缘人口中还有近 300 万存在致贫风险。"④ 这 500 万人口将成为脱贫后的重点关注人群。要对这些退出的贫困县、贫困村、贫困人

---

① 吕方．迈向 2020 后减贫治理：建立解决相对贫困问题长效机制［J］．新视野，2020（02）：33-40．

② 张琦．减贫战略方向与新型扶贫治理体系建构［J］．改革，2016（08）：77-80．

③ 白增博，孙庆刚，王芳．美国贫困救助政策对中国反贫困的启示——兼论 2020 年后中国扶贫工作［J］．世界农业，2017（12）：105-111．

④ 习近平．在决战决胜脱贫攻坚座谈会上的讲话［N］．人民日报，2020-03-07．

口保持现有帮扶政策稳定，并且"扶上马送一程"。

一　脱贫后脆弱的表现

（一）可持续发展能力不足

1. 产业项目同质化现象严重

在调研中能够看到每个地区都有光伏发电项目，依靠光伏发电产生的效益，对贫困户进行分红，这种分红的措施，对于增强群众内生动力不利，只可作为社会兜底的一项收入支撑。这种政策性收入占比高的现象在众多贫困地区比较普遍。如果过渡期结束，这些措施退出脱贫地区，就会造成当地的内生动力不足。另外，木耳产业也成了各地都实行的脱贫项目，但是这种同质性的产业项目也会造成区内竞争，而且过去采取的扶贫干部收购或者送到食堂等销售措施受到影响，也不利于持续脱贫。

2. 产业基础比较薄弱

在脱贫攻坚中发展起来的产业，较多的还是普通的农产品初级加工业，还有诸多是靠外来资本介入支持的，而且产业链条延伸不足，较为低端。农村中第一、第二、第三产业发展仍然不平衡，第一产业仍占有很大的比重。在调研中发现，虽然强调产业扶贫、产业兴旺，但是三次产业并没有协调发展。主要发展的是传统的种植业和养殖业，即便如此，也没有实现农业现代化。而第二产业、第三产业发展更为滞后。村子里很少有工厂，村民在家乡可以打工的地方实在极少。旅游业等第三产业发展大多数还处于萌芽阶段，个别的采摘园也是刚起步。即使发展较好的莫莫格自然保护区，其资源开发也没有实现自然旅游资源、人文旅游资源和社会旅游资源的协调发展，且莫莫格自然保护区的收入都要上交到白城市，对当地没有产生经济效益，反而受生态所限，还会影响周边村子的发展。

3. 飞地现象突出

飞地是指在发展乡村产业的时候出现的一种情况：当地经济落后，

建不起基础设施和相应的厂房等设施，单靠自己的力量很难形成拉动经济的产业，便依靠外来投资在当地建起了各种大型设施，使得这片土地像是飞来的一块地一样。飞地最明显的就是所建的产业、企业等资本来自外部，所用的工人也大多数来自外部，他们掌握着核心的技术和高额的工资，而当地的居民只能从事低端的工作，拿到很少的收入。在调研中能够发现，由于受 2020 年必须完成脱贫攻坚任务的硬性指标影响，各地开始广泛地"拉赞助"，将一些企业引入当地发展，并且强调必须带动足够数量的贫困户就业。但是进一步调研发现，这些贫困户所从事的职业和所获得的收入，以及最终带给当地的收益，其实甚微。

4. 贫困文化仍然存在

在 2023 年 11 月，采访莫莫格乡 WLZ 村 K 主任时，她说：

> 这里刚开始的时候是林业局帮着种了很多柳条，卖钱就行，后来看到有编制这个的，就去学习，请人来教大家学。最后给大家家里送上柳条，编完了 3 元一个卖掉。卖柳条、编柳条等一个月也有千八百的收入。但是有的脱贫户不愿意干，不愿吃苦，懒得很。要哄着，墨迹着，答应其他的好处才行。

5. 农民专业合作社发展不健全，土地流转慢

合作社作为新型农民合作组织，不仅能够节约劳动力，还能将有限的资源整合起来发挥最大的效益。虽然国家已经在诸多会议中提到发展新型职业农民和农村新型经营主体，特别是合作社。但是在调研中能够发现，大兴安岭南麓地区没有一个地方的合作社是非常成熟的。有的地方甚至没有合作社，有的地方的合作社还处于发展的初级阶段，没有发挥应有的作用。在镇赉县农村调研时发现，农民专业合作社很多是空有头衔，实际上只是个空壳子，没有产生合作效益。即使发展

起来，产生效益的合作社，也只是名义上的农民专业合作社，实则只有很少人参加，没有吸纳村中大多数人参加，村民对合作社几乎无概念。上文提到产业扶贫措施中的合作社，不是村民入股，共同承担收益和损失，也不是靠村委会来管理，而是由县政府投钱，然后建立棚膜，之后承包出去，可以是个人，也可以是集体、企业等。这种农民专业合作社其实就是一种政府变相投资，让扶贫资金钱生钱的做法。2018 年 2 月 27 日镇赉县 J 主任说：

> 这边出去打工的比较多，打工的和无劳动能力的人的土地基本上流转出去了，但是也并不是给了大户，而是给了亲戚或者邻居。那种大型的土地流转还没出现，也就是刚起步。

但是在调研中发现，汪清县的农村合作社较少。即使存在也不能成为共同获益、共担风险的自负盈亏的组织。2020 年 8 月 27 日汪清县扶贫办 C 主任谈道：

> 我们县名义上的合作社有 8000 多个，但是真正效益很好的，做得好的不多。

6. 农村空心化和老龄化情况越来越严重

仅从第七次全国人口普查数据就能够看到，大兴安岭南麓片区人口流失现象严重。这造成乡村的空心化，而且受外出务工潮的影响，村里剩下的更多的是老年人。他们在体力上、精力上不如年轻人，只能说是半劳动能力人口。这些人口的脱贫，目前主要靠的是社会兜底保障措施，这也给政府带来了沉重的压力。

7. 过度依赖帮扶责任人

为了完成脱贫攻坚任务，各地都设置了扶贫干部和帮扶责任人。

在调研中也能发现，这些人员对贫困地区的作用十分明显，他们为脱贫事业做出了重大贡献。但是也能够看到，一些贫困村和贫困人口过度依赖这些责任人，比如让他们帮忙进行售卖家中的农产品，让他们提供就业信息等。如此，不仅加重了帮扶责任人的负担，而且也没能使村庄和农户形成内生能力。

8. 社会保障力量依然薄弱

在调研中看到公共基础设施依然有不完善、不健全、不整修的现象，而且医疗卫生条件落后，村卫生室的成效不明显。贫困地区的养老问题依然严重，幸福大院等较少。教育、结婚的成本依然较高。特别是众多的村落中不再设有小学，乡里也没有了中学，这给农村带来了巨大的压力，孩子们要到县城读书，家长还需要陪读，这样给原本贫困的地区带来了更大的问题。

（二）不稳定因素依然存在

首先，贫困村与非贫困村、贫困人口与非贫困人口差异明显，内部不平衡。在调研中笔者发现，贫困村的基础设施和产业建设得比一般非贫困村要好。这在不同村子之间产生了不平衡。拼搏奋斗一辈子的农村，其基础设施却不如贫困村的，有的非贫困村连路都没有全部硬化，群众出现不满情绪。针对这方面，2018 年 2 月 27 日 J 主任这样说：

> 县里在各农村建立一系列的基础设施，有体育广场、文化广场。但是现在有一种情况，统筹整合资金。也就是说贫困资金整合到一起，就往贫困村投，其他村没有。这样出现一种现象，在贫困村有文化广场，水泥路户户通等，而在非贫困村却什么都没有。这造成了地区发展的不平衡。其实县里也想解决，但是没钱。只能通过贷款，又比较麻烦。非贫困村或者非贫困户有时候得不到各种待遇或补贴，所以在扶贫过程中也有很多问题需要解决，做通群众工作。

在这几年的调研中，到处都能听到非贫困户的抱怨，比如自己家辛苦挣钱盖起了房子，结果贫困户国家直接给建；受灾后，贫困户那边政府给发放免费的种子、化肥，而他们没有；非贫困村的道路建设等不如贫困村的；等等。这一系列的问题，也导致贫困人口与非贫困人口之间产生矛盾，不利于整体发展。

其次，新冠疫情的影响。从 2020 年开始全球发生了疫情，这给脱贫攻坚和巩固脱贫成果都带来了重大影响。根据 2019 年国务院扶贫办的统计，全国有 2729 万建档立卡贫困劳动力在外务工，这些家庭 2/3 左右的收入来自外出务工，涉及 2/3 左右建档立卡贫困人口。但是受疫情影响，外出打工受到限制，而且即便能够外出，受疫情影响诸多企业破产倒闭，或者长时间停工，这对于靠外出务工获取收入的贫困户而言，无疑是雪上加霜，还产生了新的贫困户。另外，因为疫情，扶贫产品销售和产业扶贫变得更为困难。很多贫困地区的农畜牧产品卖不出去，农用物资运不进来，严重影响农户增收。而且众多的扶贫车间被迫停工，基础设施建设也不能按计划进行，这给农村的扶贫工作带来了巨大的挑战。

最后，自然灾害下的抗风险能力差。农业受自然影响相对其他产业较大，"靠天吃饭"的情况下，大风、干旱、洪涝等都会使粮食减少产量，使农户面临损失。例如 2022 年这一年的雨水较多，很多地区洪涝灾害频发，如通榆地区，洪涝使得当地粮食减产严重，诸多农民面临贫困风险。在调研中问及农户是否有农业保险时，村民 T22 说：

> 农业保险没上，赔也不给多少钱，没啥用处。赔付的那一点啥也指望不上，还要去找卖保险的要，他们再来根据损失程度划定。太麻烦了。

对于贫困户来说，农业保险也是一部分开支，较少人愿意把钱投在这个上面。而且在调研中也了解到农业保险在吉林省推广较慢，且发展不成熟，自身面临诸多问题，也较少有公司愿意开展农业方面的保险业务。

二　脱贫后脆弱的原因

（一）脆弱的内因

第一，中国边陲相对封闭的自然地理环境。放眼大兴安岭南麓片区，可以看到地理位置对经济的影响较为明显。大兴安岭南麓地区地处边陲，位于我国的边疆。地理位置偏远，造成交通运输、物流仓储等方面的不便，众多农牧产品难以销售出去，特别是在疫情期间更难以运输出去。交通的不便，也阻碍了民族旅游的发展，使其产业发展受到影响。

第二，文化方面的影响。首先，民族传统文化在面临现代化时，其发展会遭遇诸多瓶颈，贫困地区在平衡传统文化保护与现代化发展方面也面临较大困难。其次，在长时间的贫困影响下，这些地区存在着一种贫困文化，而且这种文化影响深远，在扶贫政策的推动下，"等靠要"的思想更为明显。即便在脱贫攻坚期间采取了一系列的激励机制，但这种深层次的文化影响仍然难以在短期内消除，由此造成个人的发展意愿普遍较弱。

第三，个体能力不足。贫困地区的人们整体科学知识水平比较低，受教育程度不足，这个现象不是仅靠脱贫攻坚的几年就能够彻底改变的，这是一个长期的过程。正因为如此，在过渡期仍然会受到当地居民受教育水平的影响。另外，乡村的空心化和老龄化，使得个体功能降低，缺乏完整的劳动力，这也不利于当地的可持续发展。

（二）脆弱的外因

第一，运动式扶贫带来的影响。精准扶贫其实就是一项政治任务，是一种运动式治理手段，这种运动式治理手段是短期的，每个人的身份都是临时的，因此，政策执行到基层，就会出现背离政策初衷的现象，关系运作、数字扶贫、精英捕获、弱者吸纳等问题是无法克服的。还有的地方形式主义、官僚主义严重。这样不利于提升当地的发展能力，也容易在脱贫摘帽后出现返贫。

第二，监管不力。在扶贫过程中，基础设施建设是一项由政府出钱解决民生问题的公共服务措施。例如，在建设时某些政府部门将项目承包出去监管却不严，既不能以工代赈，还破坏了生态。这样不仅没有给脱贫户带来好处，而且让政府的形象受到严重影响。另外，还有一些基础设施，如农田水利设施、广场中的体育器材等，政府只负责找人修建，却不负责管理和维护，不过一年就如同废品一般。这样造成了人力、物力、财力的损失，不符合可持续发展理念，也不利于乡村振兴。

第三，城乡二元结构的弊端依然存在。城乡二元结构导致农村和城市间的人财物等不能正常地双向流动，这对于农村发展极为不利。近年来，农村外出务工的人员越来越多，农村空心化、老龄化越来越成为需要关注的问题。这也导致农村人才短缺、产业发展不足等，影响脱贫成果的巩固。

第四，突发事件和天灾等外来风险影响。"黑天鹅""灰犀牛"事件会给巩固脱贫成果带来严重影响，同时新冠疫情这种危机也严重影响群众可持续发展，有的甚至因此而返贫或者成为新贫。内生力量弱，加上外来风险因素的影响，使得民族贫困地区和贫困人口抗风险能力差，韧性不足。加之社会保障力度不足，保险等不到位，也会加重不稳定因素的存在。此外，扶贫措施都是针对贫困人口的，对于临界贫困、边缘性贫困人口来说，并未得到帮扶，一旦遇到突发事件，这部分群体会迅速陷入贫困。

第五，帮扶与需求错位。造成贫困户内生动力不足的一个重要原因是政策帮扶与群众需求错位，上层未能充分尊重和了解群众的想法，这会导致群众参与不足，在遇到突发事件时，没有抵御风险的能力，并再次陷入贫困。

三 脱贫后脆弱的后果

（一）内生动力不足，易发生返贫

1. 内生动力不足，影响扶贫效果

内生动力不足的表现是，贫困户没有发展目标与发展方向，在文化取向方面也存在一定的问题，优良的民族传统精神没有得到合理的发挥。同时信心不足，"等靠要"的思想严重，积极向上、努力工作的劲头不足。受到社会体制的影响，自身能力无法充分展现，同时由于基础设施和公共服务等条件限制，学习发展能力不足。这些内生动力不足的情况会直接影响群众对扶贫产业的参与度，以及对扶贫工作的热情度，最终使扶贫、乡村振兴变成了政府的事情。在调研中能够深刻地感受到，群众普遍认为精准扶贫、乡村振兴都是政府的事情，是政府要去建产业、政府要去建广场，他们还是自己过自己的日子。从农民的视角看扶贫、看乡村振兴，与官员或者学者的视角是完全不同的。正因为有这种想法，他们不会主动积极地参与到乡村建设中，参与到民族地区发展中。

2. 农村的新业态扶贫导致韧性不足

在扶贫过程中能够看到，在国家提出"乡村旅游"带动脱贫政策的影响下，几乎每个县都开始进行旅游建设。这种看似高收入的新业态，不是传统农村该有的产业，它脱离了小农生计的需要，农业的季节性生产特点无法让农民实现充分就业，但是实现了弹性就业。农闲的时候外出务工，农忙的时候回乡务农，这样能够有两部分的收益。但是新业态的出现，不仅在收入上挤压传统农业，而且在总体效用上也会加速"去农化"。所带来的后果就是看似增加了收入，但是一旦遇到大的风险，农民将会陷入贫困。另外，新业态的出现也会导致农民生计结构的脆

弱，进而产生去土地化，不能抵御风险。这种新业态相对于小农这种脆而不折、弱而不息的优势来说，风险较大。特别是新冠疫情的发生，更加席卷了原本力量弱小的乡村旅游。此外，大兴安岭南麓片区在发展乡村旅游、民族旅游的时候也面临着空心化、老龄化的诸多影响，旅游开发的规模小、层次低，吸引游客前来的能力不足，不仅浪费了资源，也给农民带来负担。这也是使得贫困地区脱贫后返贫的又一个原因。

（二）不利于边疆的稳定和民族的发展

位于边疆的大兴安岭南麓地区脱贫攻坚的效果，以及得到巩固和更好地发展，直接关系到民族的团结、边疆的稳定和社会的整体发展。边疆的稳定靠的不仅是边防部队，还需要当地群众的守护。随着边疆人口的大量外流，我国的边防压力增大，边疆安全面临威胁。而人口的外流更大原因是当地没有能够更好生活的条件。这也是由当地内生发展能力不足引起的。除此之外，脱贫后的脆弱性也加速了人口的外流，毕竟想要过上体面的生活是每个人心中的愿望，而安土重迁的思想在现实生活中显得苍白无力。

民族地区的脆弱性容易导致返贫和出现新贫，对于民族团结是不利的。我国的少数民族大多生活在边疆地区，而且是多民族聚居，在这种情况下，若脱贫成果不能很好地巩固，会导致返贫和出现新贫。另外，返贫出现后也会给政府造成信任危机，不利于政府工作的开展，也不利于扩大内需、实现乡村振兴，这对于大兴安岭南麓片区的经济和文化都会产生消极影响。

第五节　大兴安岭南麓地区脱贫成果巩固初步探索

一　脱贫成果巩固的目标和原则

（一）脱贫成果巩固的目标

面对大兴安岭南麓地区脱贫摘帽后的脆弱性，需要按照国家提出的 5 年过渡期进行补短板、堵漏洞、强弱项。总的来说，巩固脱贫成果就是要做到"四个不摘"，并且针对过去扶贫的措施，每一项都进行优化调整。这些巩固脱贫成果的措施最终是为了形成民族地区的韧性治理，增强脱贫户和脱贫地区的抗逆力。

韧性也称弹性、恢复力、抗逆力，指的是各类主体在面对外界风险和扰动时所具有的抗压、恢复和持续发展的能力。在脱贫攻坚胜利之后，脱贫户和脱贫地区依然面临诸多风险和挑战，在面对这些风险和挑战时能够表现出相应的抗逆力和可持续发展的能力，实现稳定脱贫和高质量脱贫，避免返贫，这才是巩固脱贫成果需要做的。这种治理被称为韧性治理。"在对贫困问题进行韧性治理中，其核心是构建一个最初依靠外力帮扶，而后具备自我恢复能力的面向脱贫人口的贫困治理机制。这种治理机制不但要求在面对风险和各种不确定因素时具备相应的抗击能力和规避能力，而且在此过程中不断通过各种方式来寻求自我能力的提升和创新意识的培育，最终实现自我内生动力的形成。"[①] 其实也就是外力催化形成内生动力，进而提高自身整体力量。

韧性治理的结果是形成韧性小农和韧性乡村，并使其具有以下特点：①适应性，针对外部环境，如自然地理环境、人文社会环境等表现出的适应性，并能够从中获得高利益；②稳定性，内部有内在的力量，能够应对各种压力；③灵活性，也就是能够在克服困难中，加强彼此之间的分工合作，对村中产业等进行调整，并且能够适时调整自家产业配置，灵活应对各种风险；④吸纳力，能够吸纳外部资源资金和人力进入乡村，能够包容各种外来文化；⑤救助性，可以通过寻求外部帮助的方式进行内部的调整，例如通过血亲、乡绅、村民和政府救济的方式实现村里的内部救助。这种韧性其实不仅是脱贫地区和脱

---

① 李博．后扶贫时代深度贫困地区脱贫成果巩固中的韧性治理 ［J］．南京农业大学学报（社会科学版），2020（04）：172-180.

贫人口需要的，同时也是整个乡村和中国需要的。

（二）脱贫成果巩固的原则

巩固脱贫成果，实现韧性治理，需要坚持以下原则。

1. 主体性发展原则

脱贫攻坚和巩固脱贫成果，以及目前的乡村振兴都需要遵循主体性发展原则。这一原则要求发展要以主体性的实现为基础，不能忽视主体性的地位和作用，要调动群众，进行发展建设。韧性治理是面向脱贫户和脱贫地区的治理，认为它们才是治理的主体。要求脱贫户和脱贫地区在面临疾病、灾害等不确定因素时能够具有抗逆力，能够规避风险、化解风险。同时脱贫户和脱贫地区要有自我发展能力、可行能力和内生动力，可以从整体发展的需求出发，突破单一以经济发展为目的的脱贫模式。

2. 文化本位原则

在巩固脱贫成果时，要注意对民族文化的保护和开发。大兴安岭南麓地区不同于其他地区，民族众多、文化丰富是其主要特点。在对脱贫地区进行发展时要尊重当地民族优秀的传统文化，并且加强民族间的交往交流交融，来实现民族地区空间、心理、文化、社会、经济的全方位互嵌，提升当地民众对中华民族文化的认同感。这样的巩固脱贫成果措施才最能增强民族团结，体现各民族共同繁荣共同发展的要求。同时各项扶贫项目不能以消解传统文化为代价，破坏民族文化生态和文化空间。同时还要充分了解脱贫户、脱贫地区和脱贫民族的整体历史变迁、经济文化类型、文化禁忌；从民族的角度理解事物，从内部看文化，以当地村民最容易接受的方式开展工作。

3. 权利平等原则

在巩固脱贫成果与实现乡村振兴的过程中都要遵循权利平等原则，从法理上确定各民族掌握自己发展命运的权利和义务。同时政府要协助知识精英、社会精英培养人才，培养一支懂农业、爱农村、爱农民的"三农"工作队伍。

4. "在地化"原则

一切的发展都需要落地，与当地地方性知识相结合，这样在地化建设和在地化发展才能得到当地村民的拥护，才能实现真正的参与式发展。前文提到的"去农化"的新业态发展未必真的符合农民的发展逻辑和农民的需求。因此要了解农民，了解农民的思维和叙事的方式。这样项目才能真正落地，才能真正调动农民的积极性。

二 脱贫成果巩固的做法

（一）合力识别——监测预警机制

按照上文提到的巩固脱贫成果的目标和原则，以及使用的新发展理论等，脱贫成果巩固的监测预警机制的监测对象应包括县域脱贫户的脱贫效果、边缘群体的抗逆力、帮扶负责组织和个人的帮扶落实情况。监测内容应涉及县域产业、脱贫户就业、可持续收入、民族文化、社会兜底和风险预测等。同时，可组建由政府、学者、村民、各社会组织构成的小组，负责贫困动态识别、数据收集评估。预警传递方式应是通过相关软件对信息进行处理分析，预测风险、研判贫困趋势，进而发出警示并启动救助方案。此外，调研发现，各民族地区均已建立了自己的监测预警机制。

镇赉县是大兴安岭南麓片区最早脱贫的国家级贫困县，在脱贫后也是率先进行巩固脱贫成果的。在多年的调研中，能够看到镇赉县扶贫工作做得较为到位，各部门联动、协调能力强，无论是原扶贫办还是乡村振兴局，以及如今的农业农村局都能够发挥自身应有的作用，整合全县的力量进行精准扶贫和乡村振兴。

1. 普查

针对全县的全部农户进行大排查，了解整体情况，这也可称为普查。在 2022 年 3 月 10 日，电话访谈镇赉县乡村振兴局副局长 S 时，他介绍道：

> 我们县巩固脱贫成果做得比较好。首先是针对全部农户进行了大排查和比对，特别是原来精准扶贫的时候的建档立卡脱贫户，看看他们现在的情况，还有就是一些脱贫不稳定的人群和那些处于边缘的容易发生贫困的群体都有哪些。还有受到新冠疫情和每年的洪涝或者干旱影响生活困难的群体，防止他们滑落到贫困户行列。还有就是那些因病致贫的，也需要关注，这些人毕竟没有多少劳动能力，有的还是重度残疾没办法干活。另外，就是我们县划定了一个标准，人均可支配收入低于6000元的农户也必须重点关注。

从中可以看到，镇赉县巩固工作中的硬性任务就是实现"两不愁三保障"，这也是最基本的扶贫底线，之后就是进行大规模的普查，而且还会定期进行排查，加强对饮用水安全的日常监管，上报县里；实时动态监测群众的住房安全，进行及时的维修或改造；在教育方面，建立义务教育控辍保学常态化报告工作机制；在医疗方面，注重筛查慢性病患者，并为病患提供用药指导、健康咨询和定期跟踪随访等服务。确保"两不愁三保障"任务高质量完成。

2. 建立行业部门信息的比对预警机制

镇赉县制定了很好的行业部门信息比对预警机制，对脱贫不稳定户、边缘户和因病因灾支出骤增收入骤减户，每月开展一次核查监测，有针对性地采取重点帮扶措施。[①] 2021年4月18日镇赉县扶贫办（5月12日镇赉县乡村振兴局正式挂牌）的J副主任在介绍防贫监测系统的时候强调：

---

① 镇赉：赓续攻坚精神 走向乡村振兴［N］. 白城日报，2021-07-26.

　　我们每个部门都有自己的监督系统，定期将全县各部门的相关信息进行比对排查，就能够提前发出信号，提前预防贫困。比如说我县教育局每学期开学前后就进行一次辍学的排查，看看是否有辍学的，还有看看这些义务教育阶段学生的基本情况，为什么会辍学。根据这个制定台账，送到县扶贫办，以后就是乡村振兴局。住建局会定期排查房屋的安全问题和质量问题，并且跟踪原来的那些贫困户的房屋改造情况，特别是那些房屋一旦遇到洪涝灾害等，会不会发生倒塌等安全隐患，并且制订出来计划，提前预防。水利局也会进行常态化的水质检查，看看水质是否达标、水量是否充足，让群众用上安全用水。如果检测质量出现异常，及时进行排查上报县里。气象局针对气象条件做出预测，比如大风、大雨、霜冻等，这样能够提前做好准备。还有应急管理局就是常规地进行天灾的排查。

　　除此之外，在调研中还了解到，县乡村振兴局作为主要的监测预警负责部门，定期会调度县里各部门进行排查比对工作，建立台账，而且会实地调查，看看是否在预警监测范围内，并且协调各部门进行预警和帮扶。农业农村局主要负责的是农村的扶贫产业发展情况，了解那些分红产业的分红情况以及经营情况。受疫情影响，卫健局的任务主要是常态地进行排查农村医疗机构情况，并且对乡村的卫生室、卫生院的功能、药品种类进行核查，排查各村用药情况、村医情况、水质检查情况。医保局主要负责排查基本新农合、大病保险、慢性病管理情况，通过排查能够发现有哪些人患大病或者突发意外情况，需要多少医保外的费用，如果一个月自费医药超过4000元，就要报送乡村振兴局，进行预防。民政局主要监测那些纳入农村低保的人群，了解他们补助的落实情况。社保局主要关注养老保险，不能因为年老而陷入贫困。可以看到，镇赉县的防贫监测预警办法就是调动一切可以调动的部门，全方位立体化地进行识别、预警。乡村振兴局是各部门信息的最后汇集之地，经过实地调查、风险消除和动态管理，将监测对象信息纳入全国防返贫监测信息系统，对已消除风险的对象在系统中进行标记，实现精准施策、动态管理。①

3. 建立"四网一点"监测工程

这也是镇赉县的重要特色。"四网"指的是行业部门信息比对网、驻村监测网、基层排查网和"一村一员"排查网。"一点"指的是巩固脱贫成效观测点。通过"四网一点"形成镇赉县的多元、立体监测网格。上文介绍了行业比对的基本情况，其实总的来说就是各部门形成联动互动的机制，定期进行核查、监管。2022 年 7 月 5 日，镇赉县乡村振兴局 S 副局长告诉笔者：

> 除了之前给你们介绍过的 10 个部门联动的网格外，现在的这个网格已经覆盖到了 141 个行政村，让这些驻村干部工作队和乡村振兴指导员都能够在村里有人，他们熟悉了村子就可以提前了解当地的贫困情况和各家各户的基本情况，形成驻村监测网；在村"两委"干部的日常工作中，也要求他们做到日常监测、数据上报，这样能够更好地形成基层排查网；同时还实行一村一员的排查网，现在有 141 个行政村，我们一共有 146 个监测岗位，每个月都要进行入户排查，看看有没有致贫返贫的威胁隐患，然后进行上报。同时，还选了 3 个村子，在每个村子选出来 15 户进行重点观测，点对点地进行调研、分析。真正做到早发现早帮扶，还要定期地更新数据。

---

① 关于印发《镇赉县建立行业部门防返贫排查比对网工作方案》的通知［EB/OL］. http://zwgk.jlzhenlai.gov.cn/zcbm/fgw_97992/xxgkml/202208/t20220813_942685.html，2022 - 05 - 06.

在调研村子的时候能够看到，莫莫格 WLZ 村有一个屋里，存放了很多这方面的材料，包括村"两委"干部的日常监测上报材料，还有一个专门的监测岗位，这个岗位由村小组长担任。村小组长对村子的情况较为了解，熟悉每户家庭的基本情况。而且村里还会采取村民上报、村集体核实、驻村干部上报的方式，形成上下联动的预警机制。

4. 多种手段进行监测

疫情给监测工作带来了一定的困难，但是镇赉县充分利用村里的监测员和村"两委"，大力开展监测工作，还不断地转变传统的工作方式，采取电话、短信、微信群等各种方式进行排查，做到不漏一户。这也是应对疫情较为妥当的方式。

（二）外力协助——返贫帮扶机制

大兴安岭南麓地区脱贫成果的巩固不仅需要有监测预警机制，还应该有帮扶机制，这里的帮扶不仅指对脱贫攻坚时期贫困对象的外部帮扶，而且还指对新贫或者返贫对象的帮扶。首先，加大产业帮扶力度，让产业实现可持续发展，带动全体村民致富，与乡村振兴的产业兴旺相衔接，而不是仅限于脱贫户，产业的发展涉及全部村民；其次，完善基础设施建设，在水电网等物质需求的建设得到加强的基础上，还要注重对村民精神需求的建设；最后，做好社会保障工作，形成基本医疗保险、大病保险和大病救助三条保障线。

1. 加大产业帮扶力度

脱贫攻坚取得胜利但仍然存在脆弱性，在分析其背后原因后发现，产业方面存在诸多问题，如产业促进机制不完善。故在五年过渡期中，要重点发展的依然是产业，尤其要重点发展基于农民技能和当地特色的帮扶产业。受疫情影响，大家不再一味地热衷于"新业态"的发展。

（1）发展建设高标准农田，增加粮食产量。大兴安岭南麓片区，特别是镇赉县的发展定位应该是粮食产地，这是优势也是特色。调研发现，通过农田改造、大力实施高标准农田建设、发展标准化种植、加快土地流转经营，可以促进经济发展，巩固脱贫成果。特别是在百年未有之大变局中，守好粮食口袋，把饭碗牢牢端在自己手中，显得更为重要。调研得知这几年粮食价格上涨，玉米每斤1.4元，这是原来的两倍。而且随着养牛量的增加，玉米秸秆也成了供不应求的产品。通过进行规模化种植，既能够缓解因疫情不能外出务工的影响，同时能够增加村民收入。例如，镇赉县"依托黑土地增量产业带建设，深入开展黑土粮仓科技会展，扩大保护性耕作面积，推广玉米水肥一体化、稻田综合种养等技术，确保做到以地增粮、以水保粮、科技兴粮"。①

（2）发展畜牧业，稳定增收。畜牧业是大兴安岭南麓地区发展较好的产业。镇赉县的畜牧业主要是发展奶牛、肉牛，依托瑞信达原生态牧场，力争奶牛养殖规模达到6万头，日产鲜奶1000吨，年产值达到16亿元。依托飞鹤乳业、瑞信达牧业重点企业改扩建项目，实现婴幼儿配方奶粉生产、功能奶粉生产、奶酪制品生产等新突破，推动"吉林省乳业第一大县"目标实现。还不断扩大肉牛产业项目建设，力争肉牛的饲养量突破10万头，而且还进行科学的良种培育。这样既能够让秸秆得到合理利用，又能够增加脱贫户的收益。同时还推出"寄母还犊"项目，让农牧民增收。特别是在蒙古族地区，发展畜牧业能够提高农牧民的参与度，毕竟蒙古族传统上以畜牧为主。

（3）发展杂粮杂豆、木耳等经济作物，获得更多收益。镇赉县依托杂粮杂豆产业优势，调整优化种植结构，在建平乡做强做大甜瓜产业，打造"镇赉甜瓜"品牌；在东屏镇、坦途镇等巩固稳定烤烟产业；在莫莫格乡巩固花生、谷子种植面积；在镇赉镇南岗子村、哈拉村等大力发展小冰麦产业；杂粮杂豆向精细化、绿色、营养健康方向

---

① 关于印发《镇赉县2022年巩固拓展脱贫攻坚成果同乡村振兴有效衔接工作要点》的通知［EB/OL］. http://zwgk.jlzhenlai.gov.cn/zcbm/fgw_97992/xxgkml/202208/t20220813_942683.html，2022-06-02.

发展，依托杂粮杂豆优势，重点发展葵花、小冰麦、花生、谷子以及各种豆类小包装精品，推动开发健康食品、休闲食品、功能饮料等。

除此之外，在大农业方面，镇赉县还继续引导贫困户和监测户开展特色作物种植和庭院养殖，完成了 2 个庭院经济特色乡（镇）、24 个庭院经济特色村建设任务。另外，依托莫莫格进行水产开发，推广稻田养蟹、稻田养鱼等综合种养模式，实现养殖、加工、冷链、物流、销售一体化融合发展。2023 年，养殖水域面积达到 60 万亩，稻田综合种养面积达到 20 万亩，水产产量达到 3.5 万吨，实现产值 6 亿元，水产养殖户达到 1500 户，带动农民增收 2 亿元，实现"水产+"全覆盖。在发展这些传统农业的同时，还发展了其他产业。

（4）继续利用光伏发电，给脱贫户分红。大兴安岭南麓地区所在的各旗（县）几乎都有光伏发电项目，这个项目能带来持久性收益，要持续利用，给脱贫户分红，之后逐渐将其转化为集体经济，用以增加集体收入。光伏发电项目不断拓宽受益人口覆盖面。在覆盖脱贫户基础上，进一步扩大到边缘易致贫户和突发严重困难户等监测对象，并通过安排抗疫公益岗、村级小型公益事业等方式帮助他们增加收入。同时，在疫情防控期间，发挥光伏项目收益补贴作用，继续支持脱贫人口公益性岗位、小型公益事业和奖励补助，确保脱贫人口和监测对象的劳务及分红收入不减少，实现稳定增收。

（5）合理发展旅游，拉动经济发展。镇赉县利用莫莫格生态保护区等优势，以及蒙古族民族特色文化，加快建设特色旅游和发展观光农业，并且逐步开发建设万宝山国家草原自然公园、乌兰昭民族特色村寨、环城国家湿地公园和北方渔岛项目。

（6）就业扶贫车间继续发挥作用。就业扶贫车间是脱贫攻坚时期的一个地方特色，是一种离土不离乡的就业之路，能够带动脱贫户更好地实现持续性的发展。

（7）发展电商经济，用消费拉动生产。疫情之后，各民族地区出现了一个特殊现象，即第一书记"带货"，发展互联网经济。镇赉县继续推进"互联网+"农产品出村、进城工程。完善县、乡、村三级电子商务服务体系，加大力度开展线上线下促销活动，做好产销对接，推动农产品上行，拓宽农产品销售渠道，精准对接市场，促进传统产业与电子商务深度融合，构建起本地产品企业与电商企业之间沟通的桥梁。

2. 完善基础设施建设

在贫困脆弱性的分析中能够看到，由于地理位置等因素，以及长期的城乡分隔，大兴安岭南麓地区的公共基础设施不完善、不健全。为了进行返贫帮扶和满足民族生存发展需要，大兴安岭民族地区不断建设百姓安居乐业的生产性、生活性、生态性和社会发展的基础设施。

（1）路网的建设，解决人们生活最基本的需求。在道路方面，镇赉县 2020 年投资 9310 万元共修建农村公路 112.5 公里；投资 392 万元改造危桥 2 座；完成农村公路路面灌缝 134 万米，处理病害 500 平方米，补垫翻浆 5.5 万平方米，整修路肩 2530 公里。2022 年又新改建农村公路 10.6 公里。镇赉县实现农村地区 4G 网络信号全覆盖，乡镇政府所在地 5G 网络全覆盖。房屋方面，根据监测预警机制，对需要改善的房屋抓紧改善。①

（2）重视农村环境改善建设。镇赉县 2022 年已经修建庭院围栏 155 万延长米、栽植苗木花卉 3000 余万株，村屯面貌焕然一新。另外镇赉县还不断加强人居环境建设，持续开展农村厕所革命，推进 3000 户完成农厕改造。

不仅如此，各地还兴建农民活动室、文化广场等。例如，镇赉县"对村级综合服务设施实施改建、扩建和新建，提升数量不少于村总数的 20%，面积每百户不低于 30 平方米，且总面积不低于 200 平方米；配

---

① 数据来自笔者 2023 年 11 月 6 日在镇赉县乡村振兴局的调研资料。

套建设室外文化活动广场，面积不小于1000平方米；实施送演出下基层文化活动，年度场次不少于90场；完成应急广播体系建设"。①

3. 做好社会保障工作

在巩固脱贫成果的时候，需要构建防止农村致贫返贫的体系，包括社会救助、医疗卫生、养老教育等，并完善相关救助措施。这些被救助的人群，在监测预警机制中也是重要的监测对象。

（1）提高教育水平、优化知识结构，阻断贫困文化的代际传递。在面对因学致贫、贫困文化影响脱贫工作的时候，需要健全控辍保学长效机制，确保义务教育阶段脱贫户学生无一人失学辍学，从贫困文化产生的根上进行阻断。镇赉县不断加大教育扶贫力度，在2022年11月通过电话回访伊通镇中心校时，S校长这样介绍：

> 今年受疫情影响，我们充分利用学生家长微信群、QQ群、家长会等加大教育扶贫政策宣传力度，虽然不能够当面进行传播，但是通过手机等方式也比较方便。而且在每学期开学初和期末的时候对学生进行总的监测，特别是对建档立卡学生信息进行更新，同时严格控制辍学率，争取让所有学生都能上学，给他们发放补助，不让他们因学致贫和因贫辍学。

（2）加大医疗保险力度，社会兜底不放松。镇赉县严格落实对农村贫困人员、特困人员、低保群体，以及容易致贫人群的医疗服务保障，实行先诊疗后付费的政策，实现并保持乡村医疗卫生服务全覆盖；拓展医疗救助对象覆盖范围，将农村易返贫致贫人口纳入医疗救助范围。对于政策范围内个人自付的医疗费用，起付标准以上的部分，在

---

① 关于印发《镇赉县2022年巩固拓展脱贫攻坚成果同乡村振兴有效衔接工作要点》的通知［EB/OL］. http://zwgk.jlzhenlai.gov.cn/zcbm/fgw_97992/xxgkml/202208/t20220813_942683.html, 2022-06-02.

年度救助限额内，救助比例原则上不低于60%，切实减轻农村易返贫致贫人口医疗费用负担；持续提升农村残疾人增收能力，扶持农村残疾人发展生产，满足残疾人基本康复服务需求。

（三）内源打造——内生发展机制

大兴安岭南麓地区脱贫攻坚任务完成后，依然存在诸多脆弱性。究其内因，是脱贫群众和脱贫地区的内生动力不足、发展能力不持久。这种不足既源于人群自身能力，也受政策等外因影响。所以必须提升内生发展能力，将巩固脱贫成果与乡村振兴结合，为实现农业农村现代化和农业强国建设奠定基础。能力不足具体包括：个体功能不足，例如健康状况差、年龄偏大、智力存在障碍等；知识储备不足，例如没有获得资源的技能、没有专业知识、文化素质低、对现代网络技术的掌握不足、法律知识不够、预测市场能力不足、社交能力弱等；观念存在问题，例如思想保守、存在宿命论和狭隘的思想、依赖性强、法治意识淡薄、缺乏冒险精神、没有政治意识；抗风险能力不足，例如缺乏健康保障，应对自然和市场风险的能力弱，易因突发事件陷入贫困。这些都是内生能力不足的表现，严重制约了脱贫成果的巩固和乡村振兴的推进。因此，需要对症下药，增强内生动力，使村民自立、自信、自强。

大兴安岭南麓地区在脱贫攻坚战中就开始注意到这方面问题，并不断探索"扶志扶智"的措施，特别强调通过发展教育阻断贫困传递。同时加强培训，增强群众的发展能力。还通过举办各种文体活动，激发群众的积极性和对民族、乡村优秀文化的自信，并且通过积分刺激、参评表扬等方式提升群众志气。

（1）治心强器工程的开展。要针对脆弱人群进行治心，帮助他们树立积极向上的价值观，明确生活和奋斗的目标；同时加强心理辅导，在心理方面进行精准扶贫，积极增强其斗志；还要帮助他们树立主人翁意识，特别是对年轻人加强引导，帮助他们摆脱贫困束缚。此外，还要加强基础设施建设，这在前面提到过，要加强网络建设、教育建设和交通建设，为脱贫群体和广大农户创造与外界交流、沟通的机会；要加大社会保障、社会救济的力度，并通过社区营造等资助制建设，激发群众参与积极性。最后，需建设一批符合群众需求的项目，以调动其积极性和创造性。

（2）扶志增智工程的开展。2021年2月25日，习近平总书记在全国脱贫攻坚总结表彰大会上的讲话中提到"志之难也，不在胜人，在自胜"。① 脱贫必须摆脱思想意识上的贫困，需要将扶贫与"扶志"和"扶智"相结合，既富口袋也富脑袋，引导贫困群众依靠勤劳双手和顽强意志摆脱贫困、改变命运。为了增强斗志，需要引领贫困群众树立"宁愿苦干、不愿苦熬"的观念，鼓足"只要有信心，黄土变成金"的干劲，增强"弱鸟先飞、滴水穿石"的韧性，让他们心热起来、行动起来。大兴安岭南麓地区的强志工程主要是通过文化体育活动，激发群众积极性，并且将民族、乡村的优秀文化传播出去，增强民族自信、文化自信。同时还通过开展积分制度，激励群众积极投身到建设中，增强其自立的能力；通过教育、参评、表扬等形式，提升志气，比如对各地制定的乡规民约进行大力宣传，形成良好的氛围。增智工程主要是依靠发展教育事业，特别是基础教育，阻断贫困的代际传承；加强就业培训，包括外出务工和在乡务农的各种培训，提升村民的各种本领；通过加强乡村文化建设、培养精英带头人的方式，带动群众发展生产，振兴乡村。

小　结

相对贫困的治理必须在总结脱贫攻坚成功经验的基础上，进行预

---

① 习近平. 在全国脱贫攻坚总结表彰大会上的讲话［N］. 人民日报，2021-02-26.

测、分析并提出相应措施。在消灭绝对贫困过程中，中国取得了举世瞩目的成就，积累了丰富经验，这些经验对 2020 年全面建成小康社会后的贫困治理具有重要意义。笔者认为缓解相对贫困需要注意以下几点。

（1）在贫困线的划定问题上，可以借鉴绝对贫困线的划定来进行讨论，实事求是、因地制宜。农村和城市在各方面都存在重大差异，若采用统一的贫困线，看似城乡协调一致，但实则是新一轮的剥夺。应实行城乡分置，针对农村的相对贫困，应在绝对贫困线基础上划定全国统一的相对贫困线，同时各省份根据实际情况可以灵活调整，但一定要守住国家底线。

（2）"两不愁三保障"应提高标准，在保证义务教育入学率基础上，提高农村教育的整体水平和质量，"留住孩子"；要广泛开展各种社会教育，向农民免费提供各种技术培训，转变贫困文化，提升贫困家庭的人力资本，让百姓留得住，出得去，活得好；要加强农村医疗建设，建立城乡一体的公共卫生和医疗服务体系，同时还要注重防治结合，特别是预防为主，体医结合，提升农民身体素质；在住房方面，既要住得舒适、安全，更要考虑与乡村生产生活生态的协调，不能一味强调农民上楼。

（3）在脱贫攻坚的实践中，以行政力量牵头、动员、影响和改变地方社会的行政模式，应在相对贫困治理中继续发挥功效，第一书记的作用尤为关键。同时，需注重组织衔接机制，整合进乡村振兴小组，并将常态化扶贫工作与乡村振兴统筹推进。

大兴安岭南麓地区脱贫成果巩固的长效机制主要分为监测预警机制、返贫帮扶机制和内生发展机制。不同地区采取的政策虽有差异，但基本采用由上到下和由下到上相结合的方式，农户、村"两委"、扶贫干部、乡镇、县，以及县中各部门互联互通、上下联动共同监测。监测的对象主要是脱贫不稳定户、边缘致贫户和突发严重贫困户，不同类型有着不同的测评标准。在进行申请成为监测对象的时候，也是由农户自主提出，经过层层审核，最后被确认，确认后会得到相应的帮扶。可以说，监测预警机制是防止发生返贫和出现新贫的有效措施，能够提前预测，提前帮扶，使农户免受更大的损失，也为脱贫攻坚成果的巩固提供保障。帮扶机制主要是针对存在返贫新贫和风险或新增贫困的群体，同时也包括那些脱贫户，他们依然享受一些帮扶政策，如产业帮扶、社保帮扶等，如通过光伏发电项目分红进行帮扶。在过渡期还逐渐地将帮扶范围扩展到其他农户，例如完善基础设施、强化社会保障和产业扶持，从而提升全村发展水平和内生动力。无论是靠合力监测还是外部帮扶，最终目标是增强农户的内生发展能力。对于脱贫户来说，他们的内生能力还比较脆弱，需重点提升其自主发展能力，同时也要兼顾所有农户，推动村庄、地区及民族的整体发展。要以新内生发展理论为指导，做到治心强器、扶志增智、赋权参与、合作创新，从整体上提升农民的内生发展能力。

总之，通过预警监测、合力帮扶、内生发展，能够提升脱贫户和所有农户的发展能力，增强韧性和抗逆力，从而化解发展的脆弱性问题，更好地实现可持续的脱贫和乡村振兴。

结　语

　　贫困是全人类所面临的问题，具有长期性和复杂性特征。我国民族地区受其所处的自然地理环境、历史文化背景、政治社会结构等影响，贫困状况复杂，脱贫难度大。消除贫困、改善民生、实现共同富裕，是社会主义的本质要求，是铸牢中华民族共同体意识的需要，也是实现民族团结、共同繁荣发展的需要，是我国社会稳定和发展的必然要求。因此，小康路上一个都不能少。大兴安岭南麓地区是我国脱贫攻坚的主战场之一。我国的脱贫攻坚战主要针对绝对贫困展开，确保全国人民不愁吃不愁穿，医疗、教育、住房等有保障，基本满足人民的生产生活需求。但同时也要看到，即便是进入小康社会，也不能完全消灭贫困，只是扶贫的工作重心进入了更为复杂的相对贫困的减贫阶段。究其原因在于，贫困的根源是人的全面发展未能得到满足。无论是绝对贫困还是相对贫困，都聚焦在人的生理、心理、精神、社会等需求方面。如果人的全面发展需求得不到满足，就会有贫困存在。因此，在分析和治理贫困时，需要因地制宜、因人施策、靶向瞄准，同时还要加强社会公共服务建设，避免造成社会失衡；要在总结脱贫攻坚成功经验的基础上，注意地方性知识的作用；要在以满足人民全面发展需求为目标的基础上，建立脱贫长效机制，将全社会纳入扶贫体系中，建立大扶贫体系和认同、赋权、创新、合作四要素有机结合的新内生发展机制。

调研发现，对于大多数贫困地区来说，外出务工无疑是最能带动全家脱贫的举措。但随着外出务工人数及收入的增加，农村空心化、老龄化问题日益凸显，任由乡村衰落下去，会影响中华民族的长远发展，甚至削弱中华文化的传承根基。因此，如何既保证不返贫，实现人的发展，又能留住乡愁、振兴乡村，成为未来治理相对贫困需要注意的问题。此外，在社会发展的过程中，传统乡土中国的社会结构发生着变革，但是中国乡村是否会完全消失，是否彻底变成城市中国，中国的城乡关系未来如何发展，乡土社会以何种形式影响了城市，也是需要关注的。

另外，农民究竟需要怎样的生活，是否愿意留在农村？调研发现，只要有进城就业的机会，青壮年农民就会选择进城，留在村中的是那些缺少机会或无法务工的人。他们不愿意进城吗？当然不是。农民当然愿意进城。城市相对农村有更好的教育、医疗、交通等设施和公共服务。但农民会考虑成本问题，若进城生活，成本远高于农村，没有高收入做支撑，农民是不会进城的。著名学者贺雪峰强调，对于农民来说，没有"乡愁"，有的是"城愁"。农民需要的是体面的生活，若在城中只能艰难度日，他们宁可待在农村，最起码农民和土地结合，有熟人、有土地、有房子，即便收入不高，也能在生活水平低的农村过上体面的生活。

可以说，当前农民关心的不是将农村建成与城市一样的美丽乡村，而是要更好地体面生活，实现人的全面发展。因此，如何更好地实现乡村振兴，怎样切实维护农民利益，都是必须高度重视的。

附　录

附录1　兴安盟"菜单式"脱贫产业奖补目录

脱贫产业	项目名称	建设内容	标准	补助标准
养殖业	养猪	建设猪舍	砖混结构、钢架半封闭结构、彩钢瓦屋顶，房高3米	每平方米补助100元
		购买母猪	两年以上，100公斤以上	每头补助500元
		购买仔猪	两个月以上，10公斤以上	每头补助180元
	养鸡	建设鸡舍	砖混结构、彩钢屋顶、全封闭，高2.5米	每平方米补助100元
		购买鸡雏	15天以上	每只补助3.5元
	养羊	建设羊舍	砖混结构、彩钢屋顶、全封闭，高3米	每平方米补助100元
		购买适龄母羊	两年以上，30公斤以上	每只补助320元
		羔羊	15公斤以上	每只补助120元
	养马	购买肉马（基础母马）	两岁以上，200公斤以上	每匹补助7000元
		架子马	50公斤以上	每匹补助400元
	养鹅	购买鹅雏	15天以上	每只补助16元
	养牛	购买奶牛	两岁以上，300公斤以上	每头补助12000元
		购买种公牛	三岁以上，450公斤以上	每头补助15000元
		购买肉牛（基础母牛）	两岁以上，300公斤以上	每头补助6000元
		购买架子牛	50公斤以上	每头补助400元

续表

脱贫产业	项目名称	建设内容	标准	补助标准
养殖业	养驴	购买肉驴（基础母驴）	两岁以上，150公斤以上	每头补助7000元
		购买架子驴	75公斤以上	每头补助1000元
	养蜂	购买蜜蜂		每箱补助800元
	养鸭	购买鸭雏	15天以上	每只补助3.5元
	养鱼	修建鱼塘	养殖成规模，已经放养鱼苗，正常生产	每亩补助0.5万元
	养孔雀	购买成年孔雀	一年以上，5公斤以上	每只补助2000元
	养火鸡	购买火鸡幼雏	15天以上	每只补助32元
种植业	温室	日光温室	砖混结构、钢架结构、脊高2.8米以上、彩钢瓦顶，棉被卷帘机、操作室齐全，并已完成种植	每平方米补助150元
	冷棚	冷棚	钢架结构、脊高3米，并已种植植物	每平方米补助25元
	韭菜及蔬菜	种植韭菜及蔬菜、茄果类	畦田种植和垄作及膜下滴灌	韭菜每平方米补贴2元、茄果类每株补助0.5元
	葡萄	葡萄苗	一年生或二年生营养钵	每棵苗补助10元
	油桃	油桃	二年生营养钵	每株苗补助10元
	果树	果树苗	三年生	每株苗补助10元
	药材	种植药材	引进优质品种，亩保苗达到品种要求	每亩补助300元，成活率90%
农田改造	打井	钻井及配护壁管	配套机泵管带，井壁完整，井径219毫米，壁管厚3毫米钢管，出水量每小时20吨以上	每延长米补助100元，并配套机泵管带
商业	开办商品超市	房、贷、手续齐全	房屋50平方米以上	按上级人均补助标准确定
相关服务业	成立服务实体	成立服务实体	验收时要验看营业执照（贫困户本人或其家庭成员为登记负责人）、营业地点、从业人员，同时已经正常营业，以上要件全部具备才予补助	补贴金额不超过全部发生费用合计同时不超过每人15000元的补贴上限

附录 2　贫困户培训菜单

序号	科目名称	培训内容	脱贫方式
1	农作物种植	设施农业种植、庭院作物种植	创业或务工
2	舍饲养殖	舍饲养殖、动物疫病防治	创业或务工
3	养老护理员	老年生理、心理特点、常见疾病、营养、护理方法	务工
4	育婴员	婴儿生理、心理发育特点、保健与护理、能力教育	务工
5	保健按摩师	基础知识、基本作用、解剖、经络基础、操作技能	务工
6	计算机操作员	软硬件基础、输入法、图文信息处理及网络操作	务工
7	动物检疫员	鉴别、检查，识别动物疫病和病害产品无害化处理	务工
8	餐厅服务员	饮食卫生、礼貌礼节、接待及端托、摆台等服务	务工
9	客房服务员	计量知识、清洁设备知识、客房用品知识及服务操作	务工
10	维修电工	工具量具、仪器仪表、故障检修、配线安装及调试	务工
11	混凝土工	施工准备、管理、操作、常见质量缺陷、工料计算	务工
12	医药购销员	常见病及常用药物基础知识和医药商品学知识	务工
13	装饰美工	文字图像绘制、平面装饰、道具制作、布置与安装	务工
14	中式面点师	面点原料、制馅工艺、面坯调制、成型、熟制工艺	务工
15	花卉园艺师	花卉生理、土壤肥料、花卉分类、繁殖、修剪养护	务工
16	中式烹调	原料初加工、调配与预制加工及菜肴制作	务工
17	汽车修理工	常用材料、工具及发动机、底盘、电气诊断与排除	务工
18	保育员	婴幼儿生理学、心理学、教育学、卫生保健及营养	务工
19	手工编织	绳编工具及使用方法、常用结及编法、制作工艺	务工
20	砌筑工	识图、构造、砌筑材料、砖砌体工程及施工管理	务工
21	电焊工	材料、准备、工艺、质量检测及电弧焊操作技能	务工
22	美容美发	发式造型、护肤、洗剪吹、烫染护、盘束发技能	务工
23	农艺工	农作物的播种、栽插、管理及农机具的使用维修	务工
24	园艺工	植物生理、土壤肥料、园林树木、花卉栽培、养护	务工
25	化妆师	化妆种类、服务内容及化妆设计、操作、梳理等	务工
26	服装设计与制作	服装设计、剪裁、缝制	务工
27	汽车驾驶员（C1）培训	道路交通法律法规、车辆使用常识及安全驾驶技能	务工
28	创业能力培训（SYB）	创业意识、能力、管理、计划书、政策等方面培训	务工

附录3 调研时间一览表

序号	时间	地点	序号	时间	地点
1	2017年7月29日~ 2017年7月31日	龙井市	13	2018年7月31日~ 2018年8月7日	镇赉县、大连金州区
2	2017年8月15日~ 2017年8月22日	通榆县、镇赉县、大兴市	14	2018年8月29日~ 2018年9月2日	伊通满族自治县
3	2017年9月14日~ 2017年9月17日	富裕县	15	2018年10月2日~ 2018年10月6日	大连金州区、吉林市昌邑区
4	2017年10月12日~ 2017年10月15日	甘南县	16	2018年10月18日~ 2018年10月20日	伊通满族自治县
5	2017年10月25日~ 2017年10月28日	伊通满族自治县	17	2018年11月25日~ 2018年12月8日	望奎县、青冈县、兰西县、明水县
6	2017年11月4日~ 2017年11月12日	泰来县、克东县、拜泉县、林甸县	18	2019年4月25日~ 2019年5月4日	富裕县、龙江县
7	2018年2月26日~ 2018年3月2日	镇赉县	19	2019年7月16日~ 2019年7月29日	兴安盟各县（旗）
8	2018年3月3日~ 2018年3月5日	伊通满族自治县	20	2019年7月30日~ 2019年8月4日	甘南县
9	2018年4月26日~ 2018年4月30日	汪清县	21	2020年10月1日~ 2020年10月5日	镇赉县、通榆县
10	2018年5月3日~ 2018年5月6日	甘南县	22	2021年4月17日~ 2021年4月20日	镇赉县
11	2018年5月17日~ 2018年5月21日	伊通满族自治县	23	2023年6月15日~ 2023年6月22日	富裕县
12	2018年7月15日~ 2018年7月30日	兴安盟各县（旗）	24	2023年11月3日~ 11月10日	镇赉县

附录4 访谈提纲

一 针对县、乡等地扶贫办工作人员的访谈

这部分的访谈内容主要是掌握该地区贫困整体状况和脱贫措施。

1. 贫困人口有多少，主要分布地。

2. 贫困成因及反贫困过程中遇到的问题。

3. 产业扶贫有哪些项目，效果怎样。

4. 是否有生态移民或易地搬迁，如何解决后续生计问题。

5. 教育方面怎么扶贫的。

6. 是否有少数民族分布，他们的扶贫有何不同。

7. 社会保障的措施。

8. 危房改造及其存在的问题。

9. 第一书记和驻村工作队情况。

10. 接下来乡村振兴有什么计划。

二 针对县、乡中的其他政府部门的访谈

这部分是侧面了解其他部门如何参与到精准扶贫工作中的。

1. 该部门参与的反贫困措施。

2. 扶贫中遇到的困难和问题。

3. 你认为扶贫最重要的是什么。

4. 在脱贫攻坚中的感受。

三 针对村主任（村支书）的访谈

这部分主要是为了在入村调研时，全面了解一个村的整体情况。

1. 全村的人口、民族、家庭结构、收入结构。

2. 总面积，耕地林地草地等面积，亩产，农业收入占比。

3. 养殖业情况，养殖类型，整体规模，生产形式。

4. 外出务工情况及存在的障碍，去向、从事的职业、收入、外出时间、男女占比等。

5. 全村的贫困人口，主要扶贫措施，特别是文化方面的扶贫措施有哪些。

6. 全村一、二、三产业融合现状。

7. 村中幼儿园、小学、中学等情况。

8. 脱贫障碍。

9. 对精准扶贫国家政策和地方实施的看法。

四　对贫困户的访谈

这部分主要是了解贫困户的贫困状况和扶贫措施实施情况。

1. 家庭人口、年龄、教育程度、职业、收入情况、健康状况。

2. 生计方式（养殖、种植、务工情况）。

3. 贫困认知（是否贫困、贫困原因、需要解决的问题）。

4. 参与的脱贫项目情况。

5. 社会保障的状况。

6. 对国家和当地扶贫政策、驻村干部的态度。

7. 对民族文化的认知和态度。

五　对一般百姓的访谈

这部分主要从村中他者的眼光看扶贫，既包括贫困村中的非贫困人口，也包括非贫困村中的非贫困人口。

1. 家庭结构、收入状况。

2. 贫困认知（自己是否贫困、对该村贫困户的看法、对国家和地方的扶贫认知）。

3. 扶贫给村集体和自己带来的好处。

4. 对乡村发展的看法、对民族文化的认知。

参考文献

一 著作

［1］〔印〕阿马蒂亚·森.以自由看待发展［M］.任赜，于真，译，刘民权，刘柳，校，北京：中国人民大学出版社，2013.

［2］〔美〕奥斯卡·刘易斯.桑切斯的孩子们：一个墨西哥家庭的自传［M］.李雪顺，译，上海：上海译文出版社，2014.

［3］陈庆德，等.发展人类学引论［M］.昆明：云南大学出版社，2001.

［4］程丹峰.中国反贫困——经济分析与机制设计［M］.北京：经济科学出版社，2000.

［5］范红忠.中国城市经济转型发展［M］.武汉：华中科技大学出版社，2018.

［6］高福海，楚蕴源.体育与健康［M］.苏州：苏州大学出版社，2007.

［7］胡兴东，杨林.中国扶贫模式研究［M］.北京：人民出版社，2018.

［8］经济合作与发展组织.新农村范式：政策与治理［M］.陈强，徐瑞祥，译，上海：同济大学出版社，2011.

［9］李新.百年中国乡土教材研究［M］.北京：知识产权出版社，2015.

［10］李友梅.上海调查：新白领生存状况与社会信心［M］.北京：社会科学文献出版社，2013.

［11］马克思恩格斯文集（第1卷）［M］.北京：人民出版社，2009.

［12］〔美〕讷克斯.不发达国家的资本形成问题［M］.谨斋，译，北京：商务印书馆，1966.

［13］潘天舒.发展人类学十二讲［M］.上海：上海教育出版社，2019.

［14］潘毅，卢晖临，张慧鹏.大工地：建筑业农民工的生存图景［M］.北京：北京大学出版社，2012.

［15］〔英〕萨比娜·阿尔基尔.贫困的缺失维度［M］.刘民权，韩华为，译，北京：科学出版社，2010.

［16］吴海涛，丁士军.贫困动态性：理论与实证［M］.武汉：武汉大学出版社，2013.

［17］伍琼华，闫永军.贫困孤岛的参与式反贫困研究：来自云南边境边远山区的回音［M］.昆明：云南民族出版社，2014.

［18］〔美〕西奥多·W.舒尔茨.论人力资本投资［M］.吴珠华，等译，北京：北京经济学院出版社，1990.

［19］习近平.摆脱贫困［M］.福州：福建人民出版社，1992.

［20］习近平：在河北省阜平县考察扶贫开发工作时的讲话［EB/OL］.https://www.gov.cn/xinwen/2021-02/15/content_5587215.htm，2021-02-15.

［21］兴安盟地方志编纂委员会.兴安盟志［M］.呼和浩特：内蒙古人民出版社，1997.

［22］叶敬忠，刘金龙，林志斌.参与·组织·发展：参与式林业的理论、研究与实践［M］.北京：中国林业出版社，2001.

［23］张有春.贫困、发展与文化——一个农村扶贫规划项目的人类学考察［M］.北京：民族出版社，2014.

［24］中国大百科全书总编辑委员会《教育》编辑委员会，中国大百科全书出版社编辑部．中国大百科全书·教育［M］．北京：中国大百科全书出版社，1985.

［25］周擎．和谐文化与中华文化认同［M］．北京：中国工商出版社，2007.

［26］朱启臻，等．留住美丽乡村——乡村存在的价值［M］．北京：北京大学出版社，2014.

［27］Myrdal G. Economic Theory and Under developed Regions［M］．London：Duck-worth，1957.

［28］Rowntree B S. Povery：A Study of Town Life［M］．Macmillan，1902.

［29］Zimmerman M A. Empowerment Theory：Psychological，Organizational and Community Levels of Analysis［A］．In Handbook of Community Psychology［M］．Boston，MA：Springer US，2000.

二 期刊论文

［1］白永秀，吴杨辰浩．论建立解决相对贫困的长效机制［J］．福建论坛（人文社会科学版），2020（03）.

［2］白增博，孙庆刚，王芳．美国贫困救助政策对中国反贫困的启示——兼论2020年后中国扶贫工作［J］．世界农业，2017（12）.

［3］蔡荣生，赵亚平，金驰华．有效转移的前提是有效培训［J］．经济，2005（05）.

［4］蔡亚庆，王晓兵，杨军，罗仁福．我国农户贫困持续性及决定因素分析——基于相对和绝对贫困线的再审视［J］．农业现代化研究，2016（01）.

［5］陈劲，尹西明，赵闯．反贫困创新的理论基础、路径模型与中国

经验［J］. 天津社会科学，2018（04）.

［6］陈前恒，方航. 打破"文化贫困陷阱"的路径——基于贫困地区农村公共文化建设的调研［J］. 图书馆论坛，2017（06）.

［7］陈庆德. 发展理论与发展人类学［J］. 思想战线，1998（08）.

［8］陈云. 再分配与贫困：生活质量研究的深层视角［J］. 学习与实践，2006（07）.

［9］陈宗胜，沈扬扬，周云波. 中国农村贫困状况的绝对与相对变动：兼论相对贫困线的设定［J］. 管理世界，2013（01）.

［10］崔红志. 乡村振兴与精准脱贫的进展、问题与实施路径——"乡村振兴战略与精准脱贫研讨会暨第十四届全国社科农经协作网络大会"会议综述［J］. 中国农村经济，2018（09）.

［11］都阳，朴之水. 劳动力迁移收入转移与贫困变化［J］. 中国农村观察，2003（05）.

［12］豆书龙，叶敬忠. 乡村振兴与脱贫攻坚的有机衔接及其机制构建［J］. 改革，2019（01）.

［13］范和生，武政宇. 相对贫困治理长效机制构建研究［J］. 中国特色社会主义研究，2020（01）.

［14］费雪莱. 2020年后乡村反贫困治理转型探析［J］. 青海社会科学，2019（06）.

［15］高梦滔，姚洋. 健康风险冲击对农户收入的影响［J］. 经济研究，2005（12）.

［16］高强，孔祥智. 论相对贫困的内涵、特点难点及应对之策［J］. 新疆师范大学学报（哲学社会科学版），2020（03）.

［17］贺雪峰. 精准扶贫与农村低保的制度绩效问题［J］. 江苏行政学院学报，2019（03）.

［18］黄承伟. 中国扶贫开发道路研究：评述与展望［J］. 中国农业大学学报（社会科学版），2016（05）.

[19] 黄征学，高国力，滕飞，等．中国长期减贫，路在何方？——2020年脱贫攻坚完成后的减贫战略前瞻［J］．中国农村经济，2019（09）．

[20] 姜会明，张钰欣，吉宇琴，顾莉丽．2020年后扶贫开发政策转型研究［J］．税务与经济，2019（06）．

[21] 黎昕．关于新时代社会治理创新的若干思考［J］．东南学术，2018（05）．

[22] 李博．后扶贫时代深度贫困地区脱贫成果巩固中的韧性治理［J］．南京农业大学学报（社会科学版），2020（04）．

[23] 李小红，段雪辉．后脱贫时代脱贫村有效治理的实现路径研究［J］．云南民族大学学报（哲学社会科学版），2020（01）．

[24] 林万龙，陈蔡春子．从满足基本生活需求视角看新时期我国农村扶贫标准［J］．西北师大学报（社会科学版），2020（02）．

[25] 刘合光．激活参与主体积极性，大力实施乡村振兴战略［J］．农业经济问题，2018（01）．

[26] 刘勇．运用系统思维谋划2020后中国高质量减贫［J］．人民论坛·学术前沿，2019（23）．

[27] 刘志，张兴平，董杰．对打破西部农村"贫困文化恶性循环"的思考［J］．攀登，2007（05）．

[28] 吕方．迈向2020后减贫治理：建立解决相对贫困问题长效机制［J］．新视野，2020（02）．

[29] 罗康隆．论民族生计方式与生存环境的关系［J］．中央民族大学学报（哲学社会科学版），2004（05）．

[30] 罗康智，郑茂刚．论乡村振兴主体的缺失与回归［J］．原生态民族文化学刊，2018（04）．

[31] 毛广雄．"苏南模式"城市化进程中的农村相对贫困问题［J］．人口与经济，2004（06）．

［32］沈丽丽．论地方性知识的贫困文化［J］．重庆交通大学学报（社会科学版），2009（06）.

［33］沈扬扬，李实．如何确定相对贫困标准？——兼论"城乡统筹"相对贫困的可行方案［J］．华南师范大学学报（社会科学版），2020（02）.

［34］宋朝龙．全球范围内的两类贫困与中国的双重使命——兼论2020后中国高质量减贫的侧重点变化［J］．人民论坛·学术前沿，2019（23）.

［35］孙久文，夏添．中国扶贫战略与2020年后相对贫困线划定——基于理论、政策和数据的分析［J］．中国农村经济，2019（10）.

［36］汪晨，万广华，吴万宗．中国减贫战略转型及其面临的挑战［J］．中国工业经济，2020（01）.

［37］汪三贵，曾小溪．后2020贫困问题初探［J］．河海大学学报（哲学社会科学版），2018（02）.

［38］王颂吉，白永秀．城乡发展一体化与全面小康：关系机制及路径选择［J］．福建论坛（人文社会科学版），2016（11）.

［39］王小林．新中国成立70年减贫经验及其对2020年后缓解相对贫困的价值［J］．劳动经济研究，2019（06）.

［40］王晓毅．易地扶贫搬迁方式的转变与创新［J］．改革，2016（08）.

［41］向德平，华汛子．改革开放四十年中国贫困治理的历程、经验与前瞻［J］．新疆师范大学学报（汉文哲学社会科学版），2019（02）.

［42］萧子扬．农村社会保障社区化：2020"后脱贫时代"我国乡村振兴的路径选择［J］．现代经济探讨，2020（03）.

［43］邢成举，李小云．相对贫困与新时代贫困治理机制的构建［J］．改革，2019（12）.

［44］熊丽英．贫困文化和文化贫困［J］．求索，2004（02）．

［45］杨菊华．后小康社会的贫困：领域、属性与未来展望［J］．中共中央党校（国家行政学院）学报，2020（01）．

［46］杨力超，Robert Walker．2020年后的贫困及反贫困：回顾、展望与建议［J］．贵州社会科学，2020（02）．

［47］杨立雄，谢丹丹．"绝对的相对"，抑或"相对的绝对"——汤森和森的贫困理论比较［J］．财经科学，2007（01）．

［48］叶敬忠，贺聪志．基于小农户生产的扶贫实践与理论探索——以"巢状市场小农扶贫试验"为例［J］．中国社会科学，2019（02）．

［49］尹成杰．关于农村全面建成小康社会的几点思考［J］．农业经济问题，2019（10）．

［50］尹飞霄．人力资本与农村贫困研究：理论与实证［D］．江西财经大学，2013．

［51］曾小溪，汪三贵．易地扶贫搬迁情况分析与思考［J］．河海大学学报（哲学社会科学版），2017（02）．

［52］占堆，李梦珂，鞠效昆．西藏异地扶贫搬迁策略在农区的实践与牧区的困境［J］．西藏大学学报（社会科学版），2017（04）．

［53］张车伟．营养、健康与效率——来自中国贫困农村的证据［J］．经济研究，2003（01）．

［54］张传洲．相对贫困的内涵、测度及其治理对策［J］．西北民族大学学报（哲学社会科学版），2020（02）．

［55］张环宙，黄超超，周永广．内生式发展模式研究综述［J］．浙江大学学报（人文社会科学版），2007（02）．

［56］张琦．减贫战略方向与新型扶贫治理体系建构［J］．改革，2016（08）．

［57］张琦，杨铭宇，孔梅．2020后相对贫困群体发生机制的探索与思

考 [J]. 新视野, 2020 (02).

[58] 张协奎, 吴碧波. 壮族地区 2020 年后扶贫城镇转向及城乡扶贫共治研究——以崇左市为例 [J]. 广西民族研究, 2019 (03).

[59] 张艳华, 李秉龙. 人力资本对农民非农收入影响的实证分析 [J]. 中国农村观察, 2006 (06).

[60] 赵光勇. 乡村振兴要激活乡村社会的内生资源——"米提斯"知识与认识论的视角 [J]. 浙江社会科学, 2018 (05).

[61] 郑秉文. "后 2020" 时期建立稳定脱贫长效机制的思考 [J]. 宏观经济管理, 2019 (09).

[62] 郑长德. 2020 年后民族地区贫困治理的思路与路径研究 [J]. 民族学刊, 2018 (06).

[63] 周绍杰, 杨骅骝, 张君忆. 中国 2020 年后扶贫新战略——扶贫成就、主要目标、总体思路与政策建议 [J]. 中国行政管理, 2019 (11).

[64] 庄天慧, 孙锦杨, 杨浩. 精准脱贫与乡村振兴的内在逻辑及有机衔接路径研究 [J]. 西南民族大学学报 (人文社会科学版), 2018 (12).

[65] 左停, 苏武峥. 乡村振兴背景下中国相对贫困治理的战略指向与政策选择 [J]. 新疆师范大学学报 (哲学社会科学版), 2020 (04).

[66] Adamski T, & Gorlach K. Neo-Endogenous Development and the Re-validation of Local Knowledge [J]. Polish Sociological Review, 2008 (04).

[67] Atterton J, & Thompson N. University Engagement in Rural Development: A Case Study of the Northern Rural Network [J]. Journal of Rural and Community Development, 2010 (03).

[68] Bloom D E, & Canning D. The Health and Wealth of Nations [J].

Science, 2000（287）.

［69］ Bosworth G, et al. Empowering Local Action through Neo-Endogenous Development: The Case of LEADER in England ［J］. Sociologia Ruralis, 2016（03）.

［70］ Christopher R. Culture Economies: A Perspective on Local Rural Development in Europe ［EB/OL］. http://www.doc88.com/p - 9072354715280.html, 2001.

［71］ Gkartzios M, Scott M. Placing Housing in Rural Development: Exogenous, Endogenous and Neo-Endogenous Approaches ［J］. Sociologia Ruralis, 2014（03）.

［72］ Grossman M. On the Concept of Health Capital and the Demand for Health ［J］. Journal of Political Economy, 1972（80）.

［73］ Lewis W A. Economic Development with Unlimited Supplies of Labour ［J］. Manchester School, 1954（22）.

［74］ Mushkin S J. Health as an Investment ［J］. Journal of Political Economy, 1962（72）.

［75］ Petrick M. Halting the Rural Race to the Bottom: An Evolutionary Model of Rural Development to Analyse Neo-endogenous Policies in the EU ［J］. European Journal of Education, 2010（01）.

［76］ Ravallion M, Chen S. Weakly Relative Poverty ［J］. Review of Economics and Statistics, 2011（04）.

［77］ Rozelle S, Taylor J E, & DeBrauw A. Migration, Remittances, and Agricultural Productivity in China ［J］. American Economic Review, 1999（89）.

［78］ Scott L C, Smith L H, & Rungeling B. Labor Force Participation in Southern Rural Labor Markets ［J］. American Journal of Agricultural Economics, 1977（59）.

［79］Townsend P. The Meaning of Poverty ［J］. The British Journal of So-
ciology，1962（03）.

三 报纸资料

［1］鞠鹏. 习近平在中央扶贫开发工作会议上强调 脱贫攻坚战冲锋号
已经吹响 全党全国咬定目标苦干实干 ［N］. 人民日报，2015-
11-29.

［2］习近平. 在决战决胜脱贫攻坚座谈会上的讲话 ［N］. 人民日报，
2020-03-07.

［3］习近平. 在全国脱贫攻坚总结表彰大会上的讲话 ［N］. 人民日
报，2021-02-26.

［4］镇赉：赓续攻坚精神 走向乡村振兴 ［N］. 白城日报，2021-
07-26.

四 网络资料

［1］大兴安岭南麓集中连片特困地区贫困县全部“摘帽” ［EB/
OL］. http：//www. xinhuanet. com/politics/2020-05-13/c_1125978800.
htm，2020-05-13.

［2］多措并举精准施策 打赢脱贫攻坚战——全国人大常委会就脱贫攻
坚工作情况开展专题询问 ［EB/OL］. https：//www. rmzxb. com.
cn/c/2017-09-01/1764956. shtml，2017-09-01.

［3］发展改革委出台全国“十三五”易地扶贫搬迁规划 ［EB/OL］.
https：//www. gov. cn/xinwen/2016-09/23/content_5111114. htm，
2016-09-23.

［4］返乡下乡人员创业创新政策实问实答 ［EB/OL］. http：//www.
moa. gov. cn/ztzl/scw/zcfgnc/201703/t20170331_5546792. htm，2017-
03-31.

［5］ 关于印发《生态扶贫工作方案》的通知 ［EB/OL］. http://www.
cpad. gov. cn/art/2018/1/26/art_46_77286. html，2018-01-26.

［6］ 关于印发《镇赉县建立行业部门防返贫排查比对网工作方案》的
通知 ［EB/OL］. http://zwgk. jlzhenlai. gov. cn/zcbm/fgw_97992/
xxgkml/202208/t20220813_942685. html，2022-05-06.

［7］ 关于印发《镇赉县 2022 年巩固拓展脱贫攻坚成果同乡村振兴有效
衔接工作要点》的通知 ［EB/OL］. http://zwgk. jlzhenlai. gov. cn/
zcbm/fgw_97992/xxgkml/202208/t20220813_942683. html，2022-
06-02.

［8］ 国务院办公厅关于健全生态保护补偿机制的意见 ［EB/OL］. ht-
tp://www. gov. cn/zhengce/content/2016-05/13/content_5073049.
htm，2016-05-13.

［9］ 国务院办公厅关于开展国家脱贫攻坚普查的通知 ［EB/OL］. ht-
tp://www. gov. cn/zhengce/content/2020-06/29/content_5522558.
htm，2020-06-29.

［10］ 国务院办公厅关于深入开展消费扶贫助力打赢脱贫攻坚战的指
导意见 ［EB/OL］. http://www. gov. cn/zhengce/content/2019-01/
14/content_5357723. htm，2019-01-14.

［11］ 国务院关于进一步加强农村教育工作的决定 ［EB/OL］. http://
www. gov. cn/zhengce/content/2008-03/28/content_5747. htm，
2008-03-28.

［12］ 国务院关于印发国家八七扶贫攻坚计划的通知 ［EB/OL］. ht-
tps://www. ah. gov. cn/content/article/8107451，2002-08-29.

［13］ 国务院关于印发国家基本公共服务体系"十二五"规划的通知
［EB/OL］. http://www. gov. cn/zwgk/2012-07/20/content_2187242.
htm，2012-07-20.

［14］ 国务院关于印发"十三五"脱贫攻坚规划的通知 ［EB/OL］. ht-

tp：∥www. gov. cn/zhengce/content/2016－12/02/content＿5142197.
htm，2016-12-02.

［15］国务院关于印发中国农村扶贫开发纲要（2001—2010 年）的通
知［EB/OL］. http：∥www. gov. cn/zhengce/content/2016－09/23/
content＿5111138. htm，2016-09-23.

［16］黑龙江省推进健康扶贫工作 有效遏制因病致贫因病返贫现象
［EB/OL］. http：∥health. china. com. cn/2016－09/12/content＿
9030515. htm，2016-09-12.

［17］吉林省“因病致贫、因病返贫”人员约31. 85 万［EB/OL］. ht-
tps：∥www. sohu. com/a/75838866_362024，2016-05-17.

［18］教育部等六部门关于印发《教育脱贫攻坚“十三五”规划》的
通知［EB/OL］. https：∥www. gov. cn/xinwen/2016－12/29/con-
tent＿5154106. htm#1，2016-12-29.

［19］两部门关于印发《深度贫困地区教育脱贫攻坚实施方案
（2018—2020 年）》的通知［EB/OL］. http：∥www. gov. cn/xin-
wen/2018-02/27/content＿5269090. htm，2018-02-27.

［20］内蒙古着力解决“因病致贫返贫”问题［EB/OL］. https：∥
www. sohu. com/a/390081495_120209821，2020-04-22.

［21］1986 年 1 号文件：关于 1986 年农村工作的部署［EB/OL］.https：∥
www. cctv. com/special/C22314/20081009/105124. shtml，2008－
10-09.

［22］1984 年 1 号文件：关于 1984 年农村工作的通知［EB/OL］.https：∥
www. cctv. com/special/C22314/20081009/105109. shtml，2008－
10-09.

［23］1985 年中央 1 号文件：关于进一步活跃农村经济的十项政策
［EB/OL］. http：∥www. ce. cn/cysc/ztpd/08/ncgg/ngr/200809/24/
t20080924_16903087. shtml，2008-09-24.

［24］1983 年中央一号文件：当前农村经济政策的若干问题［EB/OL］. https：//www. docin. com/p-387137081. html，2006-3-24.

［25］1982 年中央一号文件：全国农村工作会议纪要［EB/OL］. https：//news. ifeng. com/c/7fYSJyNdnXa，2008-10-08.

［26］农村危房改造政策问答［EB/OL］. https：//www. mohurd. gov. cn/gongkai/fdzdgknr/zcjd/201905/20190505_240448. html，2019-05-05.

［27］农业部办公厅关于印发《大兴安岭南麓片区农牧业发展规划（2012—2020 年）》的通知［EB/OL］. http：//www. moa. gov. cn/nybgb/2013/dsiq/201805/t20180505_6141439. htm，2013-04-20.

［28］全国扶贫日｜建立医疗兜底保障机制，让贫困人口看得起病［EB/OL］. https：//www. sohu. com/a/197256127_452205，2017-10-11.

［29］让贫困人口在健康路上携手同行［EB/OL］. https：//www. gov. cn/xinwen/2018-10/18/content_5331931. htm，2018-10-18.

［30］人社部 4 项政策鼓励科技人员创新创业：事业单位技术人员创业"留职不停薪"［EB/OL］. http：//www. moa. gov. cn/ztzl/scw/zcfgnc/201703/t20170328_5540160. htm，2017-03-28.

［31］脱贫攻坚这几类低保平均标准每人每年多少钱？［EB/OL］. http：//www. chinanews. com/gn/2020/03-15/9125793. shtml，2020-03-15.

［32］兴安盟大兴安岭及周边地区已垦林地草原退耕还林还草工程阶段性进展情况［EB/OL］. https：//lcj. nmg. gov. cn/xxgk/zdlyxxgk/202101/t20210108_425388. html，2020-04-15.

［33］兴安盟：健康扶贫力挺脱贫攻坚［EB/OL］. https：//inews. nmgnews. com. cn/system/2017/12/13/012428330. shtml，2017-12-13.

［34］兴安盟深入推进易地扶贫搬迁助力脱贫攻坚［EB/OL］. https：//
www. sohu. com/a/410203088_120214179，2020-07-28.

［35］以创新推动乡村振兴［EB/OL］. http：//theory. people. com. cn/
n1/2018/0809/c40531-30218218. html，2018-08-09.

［36］镇赉县全力推进棚膜经济和庭院经济发展［EB/OL］. http：//
www. jlzhenlai. gov. cn/xxgk/xxzb/201707/t20170719_376991. html，
2017-07-19.

［37］镇赉县"志智双扶"组合拳打出脱贫攻坚好成效［EB/OL］.
http：//www. jlzhenlai. gov. cn/ztzl/zlxc/jrzl/201808/t20180827_640
909. html，2018-08-27.

［38］中共中央 国务院关于帮助贫困地区尽快改变面貌的通知［EB/
OL］. https：//www. pishu. cn/jzfpjyzj/tzggjddfpzcn/zdzc/553614.
shtml，2020-08-07.

［39］中共中央 国务院关于打赢脱贫攻坚战三年行动的指导意见
［EB/OL］. http：//www. gov. cn/zhengce/2018-08/19/content_531
4959. htm，2018-08-19.

［40］中共中央 国务院关于坚持农业农村优先发展做好"三农"工作
的若干意见［EB/OL］. http：//www. gov. cn/zhengce/2019-02/
19/content_5366917. htm，2019-02-19.

［41］中共中央 国务院关于实现巩固拓展脱贫攻坚成果同乡村振兴有
效衔接的意见［EB/OL］. https：//www. gov. cn/zhengce/2021-
03/22/content_5594969. htm? eqid=aae1836c0004c2ef0000000364
6761db，2021-03-22.

［42］中共中央 国务院印发《中国农村扶贫开发纲要（2011—2020
年）》［EB/OL］. http：//www. gov. cn/gongbao/content/2011/con-
tent_2020905. htm，2020-09-05.

［43］中国十年扶贫开发成绩突出 贫困人口减至2688万人［EB/OL］.

https：//www. gov. cn/jrzg/2011-11/16/content_1994713. htm，2011-11-16.

［44］中华人民共和国 2019 年国民经济和社会发展统计公报［EB/OL］. https：//www. gov. cn/xinwen/2020 - 02/28/content _ 54843 61. htm，2020-02-28.

后　记

作为出生于东北山区一个小村落的女生，我从小深知要想改变命运、走出大山，必须努力学习，考上重点大学。进入兰州大学读本科后，我也从未对学业有一点点放松。顺利保研后，我选择了兰州大学西北少数民族研究中心的民族学专业，并在此攻读了硕士、博士学位。感谢研究中心的所有老师，特别是我的博士生导师切排教授。在他的严格要求下，我顺利在三年内毕业，并发表了 10 篇论文，其中 3 篇为 CSSCI 期刊论文，同时培养了较强的田野调查能力。

工作后，我将研究方向由西北的民族地区转向了东北的民族地区，开始关注民族地区的贫困问题，并在吉林、辽宁、黑龙江、内蒙古东部进行长期的田野调查。功夫不负有心人，2017 年我成功申报了国家社会科学基金青年项目。本书就是基于此项目修改而成。

为了完成此课题，我在大兴安岭南麓地区进行了长期的田野调查。在这里，我要感谢所有给予我帮助的人，感谢陪我调研的课题组成员，感谢所调研的各县的扶贫办主任、各乡（镇）的乡（镇）长、各贫困村的村主任、村委会成员等，更感谢朴实热情的农民。课题完成后，我又继续探讨此区域如何将巩固拓展脱贫攻坚成果同乡村振兴有效衔接。虽然田野调查很辛苦，但能够为脱贫工作贡献自己的力量，分享当地成功的经验，也是一件高兴的事。

最后，感谢家人在生活上对我的照顾，使我得以顺利完成书稿的写作。

图书在版编目（CIP）数据

大兴安岭南麓地区脱贫经验研究 / 王兰著 . --北京：
社会科学文献出版社，2025.6. --ISBN 978-7-5228
-4640-8

Ⅰ.F127.35

中国国家版本馆 CIP 数据核字第 2025RY1541 号

大兴安岭南麓地区脱贫经验研究

著　　者／王　兰

出 版 人／冀祥德
责任编辑／周志静
文稿编辑／郭晓彬
责任印制／岳　阳

出　　版／社会科学文献出版社·人文分社（010）59367215
　　　　　地址：北京市北三环中路甲 29 号院华龙大厦　邮编：100029
　　　　　网址：www.ssap.com.cn
发　　行／社会科学文献出版社（010）59367028
印　　装／三河市龙林印务有限公司

规　　格／开　本：787mm×1092mm　1/16
　　　　　印　张：15　字　数：200 千字
版　　次／2025 年 6 月第 1 版　2025 年 6 月第 1 次印刷
书　　号／ISBN 978-7-5228-4640-8
定　　价／98.00 元

读者服务电话：4008918866